中国当代教育名家文库

（全新修订版）

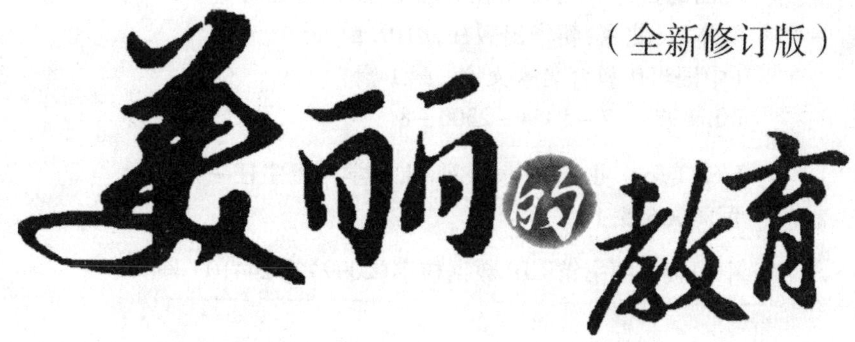

美丽的教育

——写给年轻的班主任

孙蒲远◎著

朝華出版社

图书在版编目(CIP)数据

美丽的教育 :写给年轻的班主任/孙蒲远著.—修订本.—北京:朝华出版社,2010.1
(中国当代教育名家文库.第1辑)
ISBN 978-7-5054-2300-8

Ⅰ.①美… Ⅱ.①孙… Ⅲ.①小学-班主任-工作
Ⅳ.①G625.1

中国版本图书馆CIP数据核字(2009)第244103号

美丽的教育——写给年轻的班主任(全新修订版)

作　　者 孙蒲远

选题策划 杨　彬　王　磊
责任编辑 王　磊
特约编辑 刘长源
责任印制 张文东
封面设计 大象设计

出版发行 朝华出版社
社　　址 北京市车公庄西路35号　　**邮政编码** 100048
订购电话 (010)68413840　68433213
传　　真 (010)88415258(发行部)
联系版权 j-yn@163.com
网　　址 www.mgpublishers.com
印　　刷 北京外文印刷厂
经　　销 全国新华书店
开　　本 710mm×1000mm　1/16　　**字　　数** 280千字
印　　张 17.5
版　　次 2010年2月第1版　2010年2月第1次印刷
装　　别 平
书　　号 ISBN 978-7-5054-2300-8
定　　价 32.00元

导读

孙蒲远老师是爱的大师。

孙蒲远老师是脱离了浮华的爱的大师。

《中国少年报》“知心姐姐”卢勤在她的《告诉孩子，你真棒》一书中深情地写道：

一天，特级教师孙蒲远老师给低年级学生上课，讲“爱是什么”。

“我们爱自己的妈妈，爱我们周围的花草树木，爱我们伟大的祖国。今天，我们要表达出我们发自内心的爱。”一开课，孙老师就充满感情地对孩子们说了这样一番话。

“你们看见的‘爱’是什么颜色的？从你手中的彩色纸里找出这个颜

色，再说说为什么是这个颜色。”孙老师进一步启发着孩子们。

“爱是红色的，因为红色鲜艳，国旗就是红色的。”一个学生这样说。

“爱是黄色的，因为黄色明亮，菊花就是黄色的。”一个学生又这样说。

“爱是白色的，因为新娘穿的白色婚纱太美了，特别让人喜欢。”

“爱是黑色的，因为黑色是大地母亲的颜色。”

“爱是绿色的，大树和小草都非常可爱。”

“爱是金色的，因为太阳是金色的。”

……

孩子们争先恐后，举起手中五颜六色表达爱的纸条。

“大家说得都很好。再想想，还有没有同学认为爱是别的颜色的？”孙老师笑眯眯地问。

“有！”一个男孩站起来，“爱是无色的。因为空气是无色的，我们谁也离不开空气！”

“太好了！”孙老师满意地说，“那么，请大家再想想‘爱’是什么声音的？你能表达出来吗？”孙老师提出了第二个问题。

“爱是大声的！我爱祖国，就对着红色的国旗大声喊：‘祖国妈妈，我爱你！’”一个女生激动地回答。

“爱是小声的！我看见公园里叔叔小声地对一个阿姨说：‘我爱你。’”这个男生的回答，引起全班哄堂大笑。

“还有不同的答案吗?”孙老师又问。

“爱是无声的，妈妈的爱是无声的。”

孩子们精彩的回答，再一次得到老师的赞扬。

“我再问你们，你认为爱应该是什么味道、什么感觉的?”孙老师提出第三个问题。

“爱是甜甜的、甜甜蜜蜜的。爱是香香的，像花一样香。”

“爱是温柔的，让人很舒服。”

“爱是光滑的，爱是暖暖的。”

最后，孙老师让每个孩子都总结一下:“你对爱的最深感受是什么?是颜色?是声音?是样子?是感情?……”伴随着孩子天真的回答，教室里回响着歌颂爱的音乐。

对学生来说，上这样的一堂课简直就

是一种享受！老师引导、启发得多么精彩、巧妙，可谓“润物细无声”。看得见的爱、看不见的爱、有声的爱、无声的爱，都让孩子们感觉到了，这就是爱的启迪的教育。

人生最先应当接受的就是爱的教育。没有情感或感情淡漠的人，他的人生肯定是没有光彩、不幸福的。

据说，“知心姐姐”卢勤早年就毕业于孙蒲远老师任教的学校——史家胡同小学。

如今，孙蒲远老师已是桃李满天下了。

她的学生不乏功成名就者。

然而，孙蒲远老师朴实依旧，天真依旧，美丽依旧。

她总是说：“我只是一个班主任。”

她还说：“我觉得我头顶上的阳光最灿烂，我是世界上最幸福的人！”

本书是一部不可多得的精品，值得广大班主任、德育工作者、中小学校长以及热忱于教育事业的年轻同志阅读。

孙蒲远，著名教育专家、特级教师。因工作成绩突出，曾被评为全国少先队优秀辅导员和新长征突击手、北京市新长征突击手和三八红旗手，多次接受中央领导同志接见。曾荣获北京市“紫禁杯”优秀班主任特等奖。

孙蒲远老师先后应邀到中央电视台、中央人民广播电台、中国教育电视台、北京广播电台做专题节目，深受广大观众欢迎。孙老师的教育作品有《班主任之歌》、《和谐教育的旋律》、《校园里的诗歌》等。而本书是孙老师毕生心血之作，在未出版之前，就受到了教育界的高度重视。全国著名教育专家孙云晓教授几乎是一个字一个字地认真阅读了全书，深受感动与启发，并欣然挥笔作序。

著名教育专家
林　格

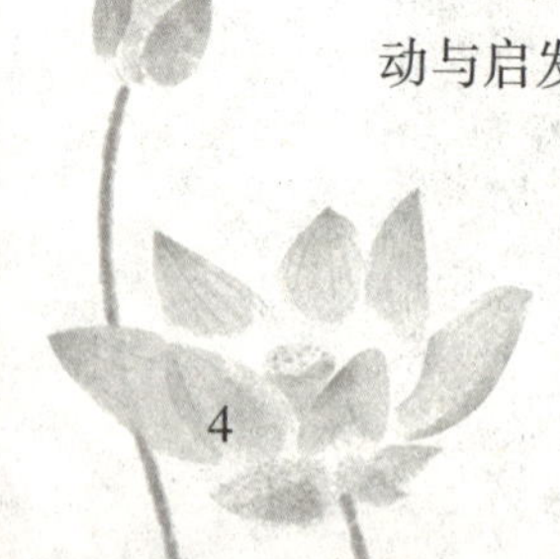

教师的魅力来自人格

孙云晓

做重要的事情永远是有时间的。这句话是我的座右铭和行动准则。因此，当孙蒲远老师请我为她的书写序，我欣然答应下来，尽管这一段是我写作非常紧张的时间。

家人和好友甚为不解，因为由于忙碌，我谢绝了许多媒体的采访和重要会议的邀请，现在却答应为一位退休的小学教师写书评。其实，我完全清楚这是一项艰苦的劳动。首先我要挤出大量业余时间，逐字逐句把这部厚厚的书稿读完，然后才能写一篇短短的文章。但是，面对孙蒲远老师，我心里涌动着一种崇高的敬意和巨大的好奇，使我无法拒绝这本书的强烈诱惑。

我认识孙蒲远老师二十多年了。在我的印象中，这是一个为儿童终生操劳的人，她的“善”绝不仅仅表现为慈眉善目、笑容可掬，更是从心灵深处对孩子的理解与关爱。有一年，她邀请我到她当班主任的四年级班里，与同学们谈一谈怎样读书。当我走进她的班里，就像走进了快乐王国，孩子们的眼睛明亮得让我吃惊，他们灿烂的笑脸显示出自信，自由的提问让我领略了当代小学生敢于探索的勇气。我知道，这一切都来自于孙蒲远老师的悉心调教。

从培养下一代的角度来说，班主任是世界上最重要的主任。这是我读完本书的第一感受。诚如孙蒲远老师所说：“班主任在小学生心目中的地

位可以说是至高无上的，孩子对自己的班主任简直到了崇拜的程度。小学班主任对自己的学生影响非常大，班主任提倡的东西将会酿成这个班的班风，班主任的好恶将会成为这个班学生的是非标准，班主任的要求将会形成这个班学生的习惯，班主任常说的话将会成为这个班学生的座右铭，班主任的言谈举止对学生性格气质的形成都起着举足轻重的作用……”是的，完全是这样！也正是由于这个原因，孙蒲远老师的高尚人格对她的学生产生了非凡的魔力。请读一读《美丽的教育——写给年轻的班主任（全新修订版)》这本书吧，这是一部生动形象的小学生心理学和教育学，也是新的教育诗篇。我敢说，即使是高明的理论家和文学家，也难以写出这样栩栩如生、纷繁多样的儿童现实生活。孙蒲远自1961年当小学教师，用43年的心血与智慧磨一剑，其态度之严谨、功夫之深厚，天下谁不敬服？

人们常常把儿童教育称做“小儿科”，其实小儿科远比大人科复杂，因为儿童在发育之中，器官娇嫩柔弱，又不善于表达，“儿科医生”需要更高的水平。这便是对小学教师的要求。

一个刚入学不久的小男孩，在课间怯生生地走到孙蒲远老师面前，递给她一件东西，说：“我自己做的，送给您。”孙老师一看，是一个把画报撕碎又粘在一起的看不出模样的东西。孙老师看着男孩那庄重的样子，她没有笑，努力发挥着自己的想象力，终于看出来了，“一个机器人?”男孩眼睛一亮，“对!”

教育家陶行知先生说得入木三分，“您不可轻视小孩子的情感，他给您一块糖吃，是有汽车大王捐助一万万元的慷慨。”孙蒲远是理解孩子的，她谢过男孩，并把那个机器人认真地夹在教科书里。

在孙老师的班里，上课的时候学生也可以去上厕所。如果去的时间长了没回来，孙老师会让另一个学生带着手纸去厕所，看看是不是那位同学碰到了什么困难。有人担心地问，您这么宽容，会不会让孩子养成一上课就去厕所的习惯？孙老师摇摇头说，几十年的实践证明，孩子们没有这样。在孙老师的心目中，“班主任是在用自己的人格来培养学生的人格，是在用自己的灵魂塑造学生的灵魂。”

有一个女孩得了耳聋病，家长怕影响全班的平均成绩，决定让女儿退学。但是，孙老师执意留下她。她说：“如果我班的平均分低一些，最多别人说我教学质量低，这只影响我个人的名利问题，这个女孩能不能上学却是她一生的大问题。”孙老师让这个女生坐在第一排，看她的口型上课，终于使她读完了小学，升入了初中。后来，这个女孩顺利地参加了工作，还建立了幸福的家庭。有一天，她带着爱人来看孙老师，很感动地说：“要不是您，我妈妈说我现在只能打哑语和别人交谈。”

教育的核心问题是人格的塑造，而教育的艺术则在于习惯的养成。这正是孙蒲远老师的教育特色，在细微之处求效果。

多年以前，孙老师发现学校在给“三好学生”颁发奖状时，校长用双手把奖状递给学生，可有的学生却用一只手把奖状随意抽过去，晃晃悠悠地下了领奖台。孙老师感到难受，她认为，这不是孩子的错，是班主任没有尽到自己的职责。从此，她开始培养学生双手接物的行为习惯，并且每天训练。每天发作业本时，孙老师总是双手递给学生，如果学生忘了，单手来接，她不会递出去，直到学生伸出双手。久而久之，她的学生们形成了习惯，递给老师的哪怕是一块小小的橡皮，也一定用双手来递。孙老师相信，这种良好的习惯会使孩子更懂得尊重他人。

史家胡同小学是北京的一所名校，自然会吸引许多不同家庭背景的孩子。在第一次家长会上，孙老师就亮出了自己对学生一视同仁的原则。她说：“我不看孩子的家庭背景，因为这样对孩子没有好处，应该让孩子在公平中去竞争。”曾有一位在国家外事部门工作的家长打来电话，问孙老师：“我的儿子为什么当不上小队长？”孙老师回答：“队长是队员们选的。”“他为什么选不上？”“他虽然学习成绩不错，但是上课不太遵守纪律，上课经常带不齐学习用具。这些可能会影响他在同学中的威信，同学们就会选表现更好的同学。”“我刚从美国回来，在美国，你说的这些问题根本不是问题，上课说话、不带齐用具，这是原则问题吗？”“这些的确称不得原则问题，但我们是中国，我们的国情就是与西方不同。我们是四五十人一个教学班，没有纪律保证，没法进行教学活动。顺便问一下，现在您的儿子是不是在您身边听您给我打电话呢？”“对。”“他听您这样跟我说话，他就更加不重视他的问题。比如，人家都在做手工作业，他没带材料，他在手工课上做什么呢？不会老老实实坐一节课吧！您可能是一位了不起的外交家，可是教育孩子，您还得听我们老师的观点，是不是？”孙老师不卑不亢、实事求是的推理分析，终于让那位家长心悦诚服，答应配合班主任工作，他的孩子也有了进步。

教育专家认为，好的关系胜过许多教育。当我研究过孙蒲远老师之后发现，她与每个孩子既有师生之谊，更有挚友之情。所以，她对孩子有着天使般的影响力。让人难以置信的是，她的课间休息时间几乎都在与孩子们一起玩耍。有位女生的母亲由于不理解学校的某些做法，曾找孙老师大吵大闹，夜晚还指使人打电话威胁孙老师。但是，第二天课间，孙老师照常与那位女生下跳棋，有说有笑，就像什么不愉快的事情也不曾发生。有一个三年级的女生，总也不完成作业，批评也不见效果。孙老师试着用孩子的方式与她“拉钩”，约定完成作业，居然取得了成功。这位女生写道，当她不想写作业时，想起了孙老师，“老师温暖的手紧紧地拉着我，我怎么能辜负老师呢？我要守信用，不能骗人！”

一个班级能否形成坚强而和谐的集体，是班主任工作成败的试金石。教育家马卡连柯说：“教育了集体，团结了集体，加强了集体，以后，集体自身就成为很大的教育力量了。”如果把孙蒲远老师的经验归结为一点，就是培养了一个好的集体，让集体成为每个学生快乐成长的摇篮。她说：“班级群体就叫‘班集体’吗？不一定。形成班集体是有一定条件、有一定标准的。它应该有共同的奋斗目标，有坚强的领导核心，有正确的舆论，有优良的班风和传统，有严格的组织纪律，有严密的管理制度，特别是能够开展生动活泼的班队活动。”她认为，建设班集体的水平反映了一个班主任的综合素质。

那么，孙蒲远老师在建设班集体方面的主要经验是什么呢？仔细阅读《美丽的教育——写给年轻的班主任（全新修订版）》一书，我们会发现最重要的是两条：

第一，引导老师、家长特别注意欣赏和赞扬孩子身上的优点，这几乎成了孙老师的第一法宝。她说：“老师在班上常说什么、常做什么，对集体舆论起着导向作用。你常常看到同学们的长处，常常强化这些地方，同学们的情绪就会是愉快和稳定的。”每当发现某位同学做了对集体有益的事情，孙老师在班上大加表扬之后，总会郑重地宣布：“记入中队光荣册！”中队光荣册是孙老师制作的中队闪光集锦《闪光的足迹》，每人一页，有学生本人的彩照，有他喜欢的格言，有班主任写下的学生闪光点。写完谁的闪光点，谁可以拿回家给父母看，并请父母写下感受。原团中央第一书记李克强同志看了光荣册之后写道：“当我的孩子谈到他们中队的光荣册时，言语中流露出某种自豪。我想，大概她的所有小伙伴都会以类似的心态来对待这样的做法。由此可见，赞扬，或者说符合儿童心理的表扬，对一个孩子来说是多么大的鼓舞和激励。”显然，光荣册成了激励学生奋进的有效“强化物”。

第二，培养批评与自我批评的习惯，努力形成明辨是非、知错就改的班风。孩子是在犯错误中长大的，但这并不等于犯错误无所谓。能否认清是非对错，是能否成长进步的关键。一次，四年级班级之间要举行拔河比赛。一班有一个大力士宋某，哪个班都很难赢他们班。孙老师教的三班的高某竟然想出一个“行贿”的办法。他见宋某想要他的胶泥棒，就以此为条件，让宋某拔河时不使劲儿。谁知，还没比赛，“行贿案”就暴露了，弄得三班非常狼狈。孙老师得悉此事，马上找到宋某，让他在比赛中全力以赴为本班争光。比赛中，三班果然负于一班。三班同学回到教室都哭了。孙老师也认为这是一个“惊心动魄的事件”，立即组织大家批评和自我批评。同学们纷纷指责高某。孙老师引导说：“高某想为班集体争光的想法是好的，但手段是错的。为班集体争光要靠实力，要通过正当手段，否则，只能是为集体抹黑。”同学们讨论的结果，是几个同学陪同高某去一班赔礼道歉，一班同学以热烈的掌声表示了原谅。经过这件事，同学们的是非观念明显增强了。

读完《美丽的教育——写给年轻的班主任（全新修订版）》一书，我一直在想，小学教育是一个多么丰富的世界啊！有了孙蒲远这样的老师，多少孩子会绽放梦想的花朵，而让童年色彩缤纷；有了孙蒲远这样的老师，多少校园和家庭会变成彩虹两端，而让孩子的心灵在蓝天白云间舒展。

我们可以称孙蒲远为小学教育的大师，她完全是当之无愧的。更让人欣慰的是，这位大师不是一个受苦受难的形象，而是一个终生快乐的形象。奥妙何在？一个字的谜底，那就是“爱”！爱使她苦中有乐，爱使她不断学习，爱使她多才多艺，爱使她与孩子一起成长。

也许，可以为班主任写一首短歌：

如果孩子是鸟，
你就是天空；

如果孩子是鱼，
你就是大海；
如果孩子是花，
你就是春天。

（作者系中国青少年研究中心副主任，《少年儿童研究》杂志总编辑，研究员）

目录

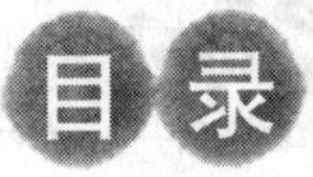

第一章

美丽的教育

◆你热爱班主任这个岗位吗？

班主任工作是一项创造性的工作，当你热爱这个岗位时，你的主动性、创造性就会充分地发挥出来，你就会创造出无数的奇迹。班主任是在用自己的人格来培养学生的人格，是在用自己的灵魂塑造学生的灵魂。一个人格高尚、知识渊博、性格乐观幽默、风度优雅的班主任，就会带出不同一般的学生来。应该庆幸自己当上了班主任。

我觉得，班主任工作是教师工作的根，做教师就要从当班主任做起。因为班主任和学生的接触是最密切、最频繁的，了解学生是最全面、最深入的。班主任能够从繁忙的事物中锻炼自己的工作能力，从处理学生大量的问题中总结教育经验，从实践和思考中掌握教育学生的一般规律。我认为，班主任这个岗位最适合我，和孩子的交往可以净化灵魂，完善自我，不断进取，永葆青春的活力。我甚至觉得在这个岗位上最能体现我的人生价值。因此，即便我有机会去做别的工作，我也没有去，仍然坚守在班主任这个岗位上。

◆你了解班主任在小学生心目中的地位吗？

班主任在小学生心目中的地位可以说是至高无上的，孩子对自己的班主任简直到了崇拜的程度。小学班主任对自己的学生影响非常大。班主任提倡的东西将会酿成这个班的班风，班主任的好恶将会成为这个班学生的是非标准，班主任的要求将会形成这个班学生的习惯，班主任常说的话将会成为这个班学生的座右铭，班主任的言谈举止对学生性格气质的形成都起着举足轻重的作用。学生会模仿你说话的语调、说话时的动作、走路的姿态，甚至会模仿你的字体……我的一个学生在整队时动员同学们要精神一些，旁边的一位老师说：“孙老师，您瞧，她说话的语气、她的动作，太像您了！”前些日子，一位已经50岁的毕业生来家里看我，她说：“孙老师，我的字很像您的字。”有一次，我遇见一位从内蒙建设兵团回来的毕业生对我说：“我无论是在兵团，还是回北京以后在工厂，都把您的话作为我做人的准则。”她的话使我吃惊，我一毕业就教她，一直教了五年多，那时年轻，不知道自己都信口说了些什么，她却都拿去作为她的做人准则去了！可见班主任在学生的心目中有多高的地位了。

◆怎样建立教师的威信？

教师在学生心目中没有威信，就很难进行教育教学工作。那么，教师威信是怎样树立起来的呢？是自己的行为树立起来的。我认为，树立教师的威信最重要的是以下几个方面：人品正，学生尊敬，家长敬重；业务精，学生佩服，家长认可；爱学生，学生爱你，家长放心。

人品正，就是要做到为人正直，对学生一视同仁，平等对待每一个学生，不以自己的好恶与得失来对待学生；业务精，就是要精通所教的学科，有比较渊博的知识，有灵活的教学方法，教学安排有一定的艺术性，能够调动起学生的学习积极性，学生爱上你的课，教学质量高；爱学生，对学生有一种诚恳亲切的态度，关心学生的成长，让学生能够感受到老师的爱，产生一种安全感。

◆为什么要建立民主平等的师生关系？

一个真正把爱倾注在教育事业上的教师，不仅能做到热爱孩子、尊重孩子的人格，而且能够做到把自己和孩子放在完全平等的位置上，以培养孩子的民主精神。这是一种新型的师生关系，一种有利于孩子个性发展、有利于培养孩子创造性、能有效地实施素质教育的师生关系。具体说，师生之间的关系是民主平等、彼此理解、相互尊重、相互信任、心灵相通、互相学习、共同促进的一种关系。只有这样，才能培养社会发展所需要的新型人才。

建立民主平等的师生关系是时代的需要。在信息发达的现代社会，孩子们获取信息的渠道远远不止是学校的课堂，电视、网络等媒体已经把世界变成了一个地球村。特别是孩子接受事物快，学生的知识都由教师传授吗？不见得！在很多方面都有一个教师向学生学习的问题。教师以陈旧的观念来教育已经接触现代思想的学生，不产生矛盾才怪呢！我想，解决这个问题的方法，一是教师要加强学习，尽可能跟上时代的步伐；还有一个最有效的办法就是建立民主平等的师生关系，在教与学、教育者与被教育者的互动中促进师生关系的发展。这种关系的形成关键还在教师。

师生关系是否和谐、融洽，直接影响着教育效果。学生喜欢并佩服你这个老师，他就会喜欢你所教的学科；学生热爱并尊敬你这个老师，他就会信服你讲的道理。师生关系融洽，教师会千方百计营造一种和谐宽松的课堂氛围，使孩子在愉快的心理环境中获取知识、提高能力；师生关系融洽，孩子愿意接近教师，也愿意把自己的想法告诉教师，这样便于教师了解学生，从而有的放矢地进行工作。我们在做工作时，很希望把自己的所爱所恨以及知识的火花从我们的心里移植到孩子的心里去，这不仅需要热情和坚忍不拔的精神，更需要师生之间心灵的沟通。师生之间心心相印，师生之间情感的纽带就变成了一座智慧的桥梁，它会把孩子带进一个高尚、丰富多彩、充满阳光的世界。师生关系平等，学生就敢于提出疑问，敢于发表不同的意见，也有兴趣和老师一起探讨新的问题，产生创造思维的火花。

建立民主平等的师生关系是实施德育的保证。班主任是学校对学生实施德育的重要渠道。融洽的师生关系能够使学生信服老师的教导，老师能够在孩子的心灵深处播下真善美的种子，这会影响孩子的一生。

师生关系平等，教师可以从自己学生身上吸取新鲜的活力和营养。实际上，在建立民主平等的师生关系的同时，也培养了学生的民主意识。由于我们对学生的尊重，由于我们为孩子的成长创造了一个宽松的环境，孩子的健全人格得到了充分的培养，使他们能够也敢于坚持真理和维护自己的合法权益，使他们养成从小就能够倾听别人意见、发扬民主作风的好习惯。总之，师生关系融洽是进行教育教学工作的前提和基础。

◆"爱学生"是什么意思?

老师爱学生主要是对学生诚心诚意的"关注"。你要细心发现他的闪光点，认可他的努力，鼓励他的点点滴滴的进步，理解他的苦衷和需求，关心他的生活和学习，帮助他解决生活和学习中的困难，充分发挥他的特长，让每个孩子都抬起头走路。一天，中国儿童艺术剧院一位扮演老师的演员急匆匆地跑到学校，说："孙老师，我们导演问我一个问题，就是'老师为什么要热爱学生'，我答不上来，他说让我来请教您。"我说："你们导演问了你一个十分关键的问题，可以说这是当好教师的最基本、最重要的问题。因为孩子是民族的希望，是祖国的未来，师爱就源于教师对民族、对国家的一片赤子之心，是一个教师对国家、对民族未来的一种责任。可以说，教师对学生的爱是出于一种民族责任感，是热爱祖国的思想感情的自然流露。这是一种很高尚的感情。"基于这样一个认识，老师热爱学生就应该是全员的，是面对所有学生的，不应有任何附加条件，无论他是聪明的还是迟钝的，是听话的还是不顺从的，是老实的还是淘气的，是漂亮的还是难看的，是整洁的还是邋遢的，也无论他来自什么样的家庭。他们在老师心目中是一律平等的，享有同等的受教育的权利。

爱学生不是一种工作形式和方法，而是师德的根本和实质。班主任对学生的爱是一种巨大的能源，它是学生积极向上的动力，它是点燃学生心灵火花的燃料，也是后进生能够进步的希望。

◆你的学生感受到你的爱了吗?

我们做的一切都是为学生好，但是学生不见得能够体会到我们是爱他的，也就是说，学生未必能感受到我们的爱。有时候因为我们的小小失误，还会使学生完全感受不到我们的爱。因此，我们不但要做到热爱学生，还要让学生感受到你的爱，享受到师爱的幸福。一天中午，我正在教室里批改作业，一个淘气的孩子哭着进来了。我问他为什么哭，他说："我妈妈恨不得我死了！"我说："不是这样的，你妈妈肯定爱你，就是恨铁不成钢。""根本不是这样的！"我看一两句话也说不服他，就说："老师对你还是不错的嘛。"谁知他说："其实您也不喜欢我。""为什么这么说？""您讲课的时候，只要一看见我，就到别的同学跟前讲去。""有这种情况？""肯定的！"后来，我上课时注意了一下，噢！真的是这样！我讲课时，一看到他在玩东西、不听讲，我心里就有些反感，又不愿意中断讲课，于是就不由自主地躲开不看他，从他的前面转向专心听我讲课的孩子面前去。这几乎是一个下意识的动作，就使孩子产生了"老师不喜欢我"的印象。当我认识到我的这一举动不符合教师行为的时候，我就有意识地改变自己。我对自己提出"爱每一个孩子"的要求，做起来虽然困难，但必须做到！于是，再看到这个孩子不听讲时，我就提醒他一下或叫他回答问题，把他拉回到参与教学过程中来，让每个孩子都能感受到班主任的爱。

我喜欢给孩子们照相，总想给他们欢乐的童年留下一段美好的记忆。一次秋游，我给孩子们照了几十张照片，不知怎么，就没照上一个胖胖的小女孩。打上操铃前，大家已经站好了队，她忽然从队列里跑出来，到我跟前小声问我："孙老师，您还喜欢我吗？"我知道她是指照片的事，马上搂着她，真诚地说："当然喜欢！没照上你，我不是有意的，真是对不起！"现在的孩子都不缺照相的机会，她跟我要的不是她的照片，是老师对她的爱。所以，老师对每个孩子的爱都是忽视不得的，必须做到让每个孩子都觉得"老师是爱我的"。只有当孩子有这种感觉的时候，老师的教育才起作用。

◆什么叫"给特殊的学生以特殊的爱"？

所谓特殊的学生，就是他的情况特殊，比如有生理心理机能障碍的学生、学习特别吃力的学生、淘气的学生、单亲家庭的学生等。我们得认识到，这些特殊情况的形成都是有原因的，而这些原因不应该归罪于孩子，这样的孩子在人际交往与学习过程中，几乎都存在着比较严重的问题或者困难。我们不能嫌弃他们，要理解和同情他们，给他们以更多的爱，让他们和其他孩子一样有一个欢乐的童年。这将影响他们的一生。老师对这些孩子的态度是至关重要的。你关心他，同学们都会关心他；你嫌弃他，大家都会瞧不起他。当然，这样的孩子会给我们的工作带来一些麻烦，需要我们付出更多的时间和精力，但是想到他们的家庭，想到孩子的未来，我们的付出是值得的。

一个孩子因病不长头发，合唱比赛让不让他上场？不上？他也是班集体中的一员啊！于是这位班主任就让全班同学上场时都戴着帽子。这样做，不仅照顾了那位不长头发的同学，同时也用行动告诉全班同学，大家都要为别人着想，不应该放弃或者歧视任何一个同学。

◆怎样对待生理机能有障碍的孩子？

所谓有生理机能障碍，就是生理上有毛病或者有缺陷、残疾。

一个小男孩刚入学时，不仅淘气，而且说话口吃。但他敢当着大家的面讲故事，一边讲一边表演。我带头鼓掌。看到他这样，我还是挺高兴的，因为，虽然这个孩子有生理机能障碍，心理却很健康。他这是刚刚上学，还不曾受过什么打击，如果我们忽视了对他的保护，他的口吃一旦受到讥笑，他就会产生自卑感，不再敢在众人面前讲话了，这将损害他的心理健康。所以我必须保护他，方法就是善于发现他的闪光点，在同学们面前肯定他的长处。我对他的支持和鼓励，使得同学们都不会笑话他。我把学习汉语拼音的儿歌教给同学们，让他们回家说给妈妈听，第二天汇报情况，别的孩子都说妈妈听了说很好，而这个孩子却绘声绘色地说：“妈妈听了，乐……乐……乐疯了，抱着我转……转……转了好几个圈儿。”我说：“大家看，你们都说妈妈说‘你说得很好’，他却能把妈妈高兴成什么样儿形容得这么具体生动，大家应该为他精彩的发言鼓掌！”接着又对他说，“你说得真的很好，说话别着急，不要重复，我们会等你把话说完的。”后来，他发言越来越勇敢。

为了能够让这样的孩子抬起头走路，仅仅做到保护他还不够，得千方百计发挥他的才能，让同学们从心里佩服他。他善于表演，我就编了进行文明礼貌教育的童话剧《小猫钓鱼》，让他扮演小黑猫，在全校大会上演出。临上场时，他害怕了，担心地对我说：“我说话结……巴，怎……么办?”这又是给孩子鼓劲的关键时刻，于是我说：“没关系，剧里的小黑猫说话就是这个样子，你演得很好，上!”他带着老师的信任上场了，演得很出色，博得了全校师生的热烈掌声。

培养教育一个孩子可不是一劳永逸的事情，必须得有连续性。一年级第一学期期末，我又为他编写了小相声《我爱上学》，在全校的新年联欢会上演出，这次，他口吃的毛病减轻了许多。我把他的剧照贴在我们的光荣册上，称他为“出色的小演员”。

升入二年级后，一次，导演尹力同志来我校挑演员，我竭力推荐他，结果，他真的被选中演了两部电视剧，演得相当不错。奇怪的是，他演电视剧时一点儿也不口吃。中央电视台拍我校的《闪光点》纪录片时，两位校长把他作为典型又一次送上了银幕。后来，他的家长写信给我：“孩子的进步使我们感到意外，孩子说话有弱点，老师不歧视，鼓励孩子说，这样，他的自尊心受到了保护，自信心得到了鼓励，让他身上的一点点闪光的东西发扬光大起来，这是多么宝贵的经验啊!”

有一个孩子得了耳聋病，家长决定让她退学，她的家长是怕孩子影响我们班的平均分。但是，我执意要留下她。这是出于对残疾孩子的同情和爱。我觉得，当班主任，思想境界应该高。为自己想得少一些，孩子就得益多一些。平均分低，最多别人说我教学质量低，这是我个人的名利问题，而这个孩子能不能继续上学却是她一生的大问题。于是我到她家，诚心诚意地向她妈妈表示，我要留下她继续在我班学习。她的家长非常感动。我让这个孩子坐在第一排，看着我的口型上课，读完了小学，升入了初中。后来，她顺利地参加了工作，还建立了幸福的家庭。有一天，她带着爱人回来看我，很感动地对我说：“要不是您，我妈妈说我现在只能打哑语和别人交谈。”

这个孩子小时候是听觉有障碍，还有一个孩子走路吃力，她们两个都是很可爱的孩子，但学校组织的很多活动没办法让她们参加。恰好有一次学校派我带12个孩子去中山公园参加六一儿童节游园活动，我就把她们两个都带上，一手拉着听力差的，怕她丢了；一手扶着脚不方便的，怕她摔着，看节目时，只要有座位，大家都让她坐。这一天，她们两个穿得特别漂亮，玩得也特别高兴。我尽管很累，心里却得到了前所未有的满足。因为我为这样的两个孩子带来了欢乐，而孩子的欢乐就是我的欢乐。

◆怎样才能发现学生的闪光点？

一个班里总是有各方面都让老师不省心的学生，不遵守纪律，学习成绩不理想，还总是和同学发生矛盾。老师每每看到他又给班集体惹事时，总想说他“成事不足，败事有余”，似乎在这样的孩子身上就找不到一点优点似的。其实不尽然！为了孩子的进步，也为了给自己一点信心，必须用“显微镜”来寻找他身上的闪光点。课堂上找不到，课下找；学校找不到，家里找；今天找不到，明天接着找；你一个人找不到，发动全班同学一起找……一定能够找到！找到一点，就要如获至宝，就要让这星星之火燎原。

如果你是真诚地热爱你的学生，从心里欣赏你的学生，你就会随时随地、不断地发现孩子身上迸发出的可爱的火花。从教学活动中可以捕捉到他的创造思维和表达能力，从课间活动中可以发现他的与人为善、谦让精神和组织能力，从少先队活动中能够发现孩子的特长和爱好，从家访中了解孩子热爱劳动、孝敬父母的情况……发现之后就要及时表扬。发现学生身上的闪光点越多，对学生的爱就越深；发现学生身上的闪光点越多，能够把学生教育好的信心就越强；发现学生身上的闪光点越多，教育学生的方法也就随之更加灵活。

我曾教过一个三年级的男孩子，平时我总感觉他对同学冷冷的。他妈妈来学校和我交谈时，我听到他妈妈说：“我有病时，他知道给我拿药、倒水，知道照顾我。”我如获至宝，在全班表扬他知道关心妈妈。作为班主任，可千万别这样想：“你瞧这孩子这么讨厌，可在他妈妈眼里还跟一朵花似的！”每个孩子在自己妈妈眼里就是一朵花，其实，如果每个孩子在我们班主任的眼里也是一朵花似的，我们的教育成功率就会更高！就是这个孩子，在公园春游时，我无意中发现了他的一个闪光点。女同学们在跳皮筋，皮筋一紧，一个抻皮筋的女同学手被勒破了，他关切地走过去，并且拿出自己的干净手绢帮同学包扎。在春游的总结会上我又特意表扬了他，并且告诉了他的家长。

还有一个孩子，学习十分吃力，也不会与人交往，可是在中队活动课上，我让学生讲自己知道的课外知识，他能够清楚地介绍一些星座，一边画图一边讲，同学们听得非常入神，这个孩子的这一闪光点得到了充分的展示。他在同学心目中的地位提高了一大截，也增强了他的自信心。

◆表扬学生可以采取什么方式?

台湾台南大学林正文教授在他的《儿童行为的塑造与矫正》一书中，非常强调“正增强”（即正强化）的作用，他指出：“身为成人的父母、师长，假如能设身处地为孩子想想，当你整日被人批评指教，何等难堪！何况只是稚嫩孩童。因此一般人，特别是孩子，对于旁人给予的肯定的评价和令人鼓舞的重视，都会心中暗喜，表现得更好。”其实，这也是众多心理学专家的共同看法。

学生非常重视班主任老师对他的评价。老师对他的充分肯定，往往可以激励他向更高的层次迈进；老师的一次赏识，也许就能引发出他创造的源泉；老师的一句鼓励，足以唤起他“抬起头走路”的自尊；老师的一句赞扬，说不定就点燃了他内心要求上进的火花。善于把表扬作为班主任工作艺术的老师，就意味着赢得了教育上的主动权。因为这样做，容易建立起融洽的师生关系，能够创设和谐宽松的课堂氛围，有利于培养学生健康的心理素质，有利于学生思维的发展，有利于后进生的转变。

当我有了以上的认识以后，我便千方百计地挖掘和努力发现每个孩子身上的闪光点，用各种方式予以鼓励，怀着极大的热情把每个孩子的闪光点充分地展示出来，使之成为奠定孩子自信心的基石，让每个孩子都能“宣告大写的‘我’的存在，从人的自尊感的源泉中吸取力量，感到自己并不低人一等，而是一个精神丰富的人”。

对孩子积极评价的作用我是清楚的，所以我常常抓住一切机会把孩子的闪光点展示出来。我在给一个孩子画的生日贺卡中写道：“好奇心是你的宝，喜欢探索是你获取知识的源，酷爱读书是你走向成功的路。”并把他组装60架飞机模型的事告诉了大队辅导员，大队辅导员特意到他家录像，播放给全校同学看。对这个孩子的钻研精神给予了充分的肯定。

有一次过新年，我给全班每个同学都亲手画了一张贺年卡，外边是画，里边是文字，内容都是赞美他们最闪光的地方的。如：

“张磊同学，你是我们班的小画家，你画的阿童木和雷欧给我们留下了极其深刻的印象，希望你的画将来能在美术馆展出。”

“李全胜同学，批改你的作文对于我来说简直是一种享受!”

“刘晖同学，你的到来为我们中队增添了光彩，你在很多方面为大家做出了榜样。”这个孩子长大后是《中国儿童画报》的编辑。

“彭澎同学，你是我们中队的小诗人，说不定将来我会在《诗刊》上看到你的作品。”后来这个孩子随父亲去香港上学，假期回京探亲时，特意来我家告诉我，他的诗发表在香港的报纸上了。

教育家苏霍姆林斯基认为：“我们和孩子每时每刻都在进行着心灵的接触。”我要在这每时每刻的心灵接触中传递我对他进步的惊喜，对他所做努力的赞叹！心理学家也提醒老师们在课堂上不要吝惜对孩子参与教学活动的积极反馈。我发现，几乎每个孩子在念完课文之后都要看我一眼，我不会让他们失望，在我们师生目光对视的一两秒钟内，我会微笑着冲他点一下头，或者向他竖一下大拇指。每当这时，孩子们的眼睛里总会放射出喜悦的光芒。相信他明天还会主动练习朗读课文，积极参与课堂活动的。

早上，有些孩子一进教室就开始默默地温习功课，我会一声不响地走过去摸摸他的脑袋。辅导班上，如果谁的作业写得正确而又工整，我会给他评一个大大的红5分，再给他写上“很好”两个字，有时还盖上一个“真棒”的印章，学生交作业本时，我也许会热情地拍拍他的肩膀或郑重地与他握握手。学生都明白这一切是老师对他所做的努力给予的鼓励。一个孩子在他的周记中写道：“孙老师用各种方法鼓励着我们，孙老师的表扬伴随着我们成长。”

我常常提醒自己，接受表扬决不仅仅是好学生的专利，对于基础差、能力低的学生，老师的鼓励尤为重要。一个后进生在家长、老师和同学们的帮助下，在自己的努力下，默写字词得了100分。不仅如此，她在课间跑遍校园，把本小队的同学叫回班改错字。我知道后，紧紧地拥抱了她，并和她脸贴着脸、非常动情地在她耳边说道："你今天太使我感动了！"她也激动不已，回家还把这件事告诉了妈妈，她妈妈也很感动。这个学生从此开朗了许多。

口头语言表扬是最经常的，它贯穿于我们教育教学的始终。不过，应注意的是表扬要有具体内容，他做得好，好在哪儿，而不是泛泛地说："你做得挺好的。"最好具体一些，比如表扬一个听讲有进步的同学，就可以这样说："你今天上课一直看着老师，听讲非常专心，还举了两次手。你的进步真让老师高兴！"

应当注意的是，对学生的表扬要实事求是，要适当和适度，还要因人而异。表扬过度了就会失去表扬的作用，也会使有些学生滋长骄傲情绪，产生过高评价自己的偏差。一般来说，我表扬的侧重点在于孩子通过努力所取得的进步，或者孩子正在做出的努力，有些是孩子本身在行为上所具有的可爱之处，我希望他巩固和发扬的地方。我想通过我的表扬告诉学生什么是对的、什么是好的、什么是值得追求的东西，以此来引导孩子们往好的方向发展。同时，又要教育学生做好事不是为了得到老师的表扬，是为了培养自己健全的人格，所以我对默默无闻做好事而不求表扬的孩子更为欣赏。二十多年前，我在王府井小学当班主任时，带领孩子们洗刷学校的厕所。有一次洗刷前，我发现一个厕坑非常脏，就在我接电话不在的工夫，那个厕坑已被洗刷干净。我一定要问清楚是谁，原来是一位普通同学。我好好表扬了她一番，因为她做这件事不是做给老师看的，也就是说不是为得到老师的表扬，我就特意称赞她这种默默无闻为大家服务的精神。当时，不少小干部都表示向她学习。

这样教育的结果，学生虽然希望得到表扬，却不以得到表扬为目的。一次周末评优秀小队，其中三个小队的红旗总数一样多，唯有第三小队少了一面。我想，找个借口给第三小队加一面，四个小队都优秀，皆大欢喜得了，就说："今天第三小队的小队长语文课发言积极，给第三小队加一面红旗，大家同意吗？""同意！"全班呼应了我。我以为第三小队的队员会惊喜、鼓掌，甚至会欢呼。出乎意料的是第三小队的13名队员没有一点笑容，好几个孩子眼里含着泪，有的在摇头，有的在摆手，表示不接受这面似乎是白给的红旗。我的心被震撼了！我意识到了刚才自己的轻率，检讨说："我太小瞧第三小队了，你们要的是真正的荣誉，这是有志气的表现，相信下周你们一定会努力的！"结果在期末，第三小队被评为校级优秀小队。

我们在研究班主任工作中如何表扬学生的时候，一点儿也不排斥严格的管理和适当的批评。但即使是批评，也必须是具体而有说服力的，诚恳地分析其危害，并且应指导孩子如何改进。孩子一旦进步，立即给予肯定。

班主任对孩子的优点和点滴进步能否给予充分的肯定和热情的鼓励，这不仅是一个方法问题，也是一个教育观念的问题，在我们研究如何更好地实施素质教育的今天，更具有深刻的意义。

◆怎样用老师的感受表扬学生的优良行为？

有一天，同学王某进来找我，进门就哭，吓我一跳，我问："出了什么事？"他非常伤心地说："我没考好。"我说："你们王老师批评你了？"他说："没有。""那你为什么哭？"他不说话，只是哭。我说："就是自己心里难过？"他点点头，说："王老师说我有进步，可我觉得我没有进步。"我握住他的手，说："听了你的话，我很感动，其实你今天的表现就说明了你的进步。你为自己没有考好这样懊悔，我可一句都不想批评你，我只想帮助你。考试前，你温书了没有？""我每天都让妈妈帮我默写。"我点点头，因为我知道他的基础很差，就说："分析文章的内容不会？"他点点头。我说："从今天起，上课好好听王老师讲课，尽快跟上来。"我把他领到班主任王老师那里，把刚才的过程向她说了一遍，并说："他虽然没有考好，但是他今天的表现非常令人感动，他一定会进步，是不是？"王老师表示赞同。组内其他老师也说："看王某多有进步，我得上我们班说说去，都要向王某学习。"当我向全校同学讲自己管自己是最有效的道理时，我用的就是他的例子，并且把班级与姓名都说了，这时王老师也做得很到位，带领全班同学为他鼓掌。

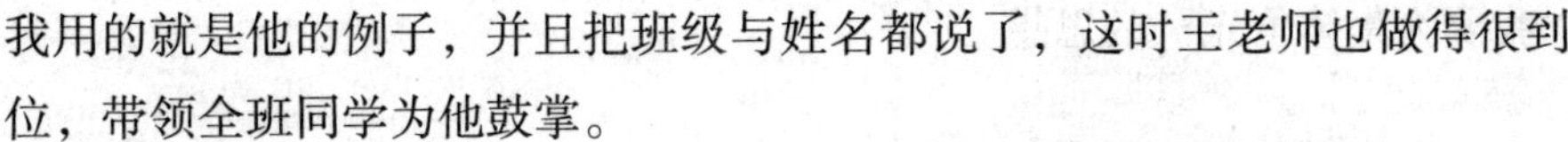

◆怎样用学生的感受强化学生的优良行为?

用学生的的感受来强化学生的优良行为为什么有效？因为这是让学生再一次体验他的优良行为。李某是班里一个非常淘气的学生，一天上操时，我在我们班队伍的前边看大家做操，这时，我听见带操的体育老师在喊完“立正”的口令后说：“我看看大家是不是立正站好了，如果谁有小动作，我会点班的！”我看到我们班的李某很严肃地立正站好，一动不动。下操回班后，我当众问李某：“在体育老师说看哪班同学有小动作的时候，我看见你一动不动地站着，当时你在想什么?”他说：“我想，我得站好了，可不能因为我，被体育老师点了我们班的名字。”我说：“大家听见了吧！这就是咱们班的同学！这就叫热爱班集体，这就叫集体荣誉感！”大家情不自禁地为他鼓起掌来。

一天上操，我们班的队列走得特别整齐，得到了三位体育老师的夸奖。孩子们一回到班里，我马上问：“刚才上操时，三位体育老师看见我们班的队列都说什么了？他们说的时候什么表情？做了什么动作？你是怎么想的?”一个同学说：“大王老师用手比成照相机的样子，大声说‘小有名气的三三班走过来了’。我听见了，心里特别高兴。”另一个孩子说：“张老师冲我们班竖着大拇指，笑着说‘三三班真棒’，我觉得特别自豪。”还有一个孩子说：“焦老师冲我们班鼓掌，微笑着说‘三三班的队伍真精神’。我想，我得走得更好，为咱们三三班争光。”一个高个子同学说：“孙老师，当时我还看见您赶紧走到咱们班队伍前边，激动地对同学们说：‘老师们都表扬我们了，看我们的排头走得多好啊！’我也是排头，听了心里乐开了花，走得更带劲儿了。”其实，他是一个平时很淘气的孩子。接着，我让大家马上拿出小作文本，把这一瞬间发生的事情记录下来。通过以上的讨论和写作，我要用“回忆”（想）“说”“听”和“写”作为强化物，强化集体荣誉感，感受成功的喜悦，增强全班同学的自信心，形成

“我要为集体争光”的思想。

◆为什么批评学生的内容必须具体？

有的老师发现学生有不良行为时懒得做具体分析，上来就不耐烦地扣大帽子：“你怎么这么讨厌啊！”“你好不了！”“你这孩子坏透了！”“你将来成不了大事”……学生不知道自己错在什么地方，还会产生烦躁心情和逆反心理。

想纠正孩子的一个错误认识，就要具体问题具体分析。在我刚刚接三三班时，孩子们的很多认识是模糊的。比如，早操因有同学不守纪律得了3分，我带孩子们去操场看全校的评分黑板，想用以激发孩子们的集体荣誉感。然而回班讨论时，却使我大失所望，竟然有一个孩子说：“咱们班不是最差的，还有得2分的班呢！”

为了引导大家，我给孩子们讲邱少云为了战斗的胜利遵守战地纪律、烈火烧身不动摇的高贵品质和高尚行为，然后再让大家讨论。我的意思是想通过英雄用牺牲生命的代价来遵守纪律的事例，教育大家为集体应该自觉遵守纪律，没想到叫起一个同学，他居然说：“我没什么想法。”我还没说什么呢，一个女孩子突然站起来，快言快语地说：“我知道他是怎么想的，他准是想，‘中国人有的是，死一个少一个。’有时候我也是这么想的。”一个男孩子听出了这话里的问题，马上问道：“你说‘死一个少一个’是指电影里的还是指平常？”女孩子回答：“电影里的。”“混蛋！”男孩子急了。“不能骂人！”我说。男孩子说：“她说得不对！”可他又说不出是怎么个不对。我说：“她说得是不对，但骂人是解决不了问题的。我明白你说的‘平常’是指‘现实生活中’，你说的‘电影里’是指‘文艺作品中’，对吗？”孩子点头。我又接着说，“她说得为什么不对呢？因为文艺作品中无非是有这么几种情况：一种是坏人被好人打死了，那是死一个少一个；但如果是好人被坏人打死了，那可就不是死一个少一个了，比如地下党党员被敌人打死了，那叫壮烈牺牲，是我们党失去了一个好同志，是革命事业的巨大损失；即便是一个普通的老百姓在旧社会冻死、饿死了，也是值得同情的，也不是死一个少一个。我今天讲的是一个真实的故事，邱少云烈士就是为了整个战斗的胜利而牺牲了自己的宝贵生命，他是遵守革命纪律的模范，当然是值得我们学习的！你们说，老师说得对不对呀？”

大家点头了，我再接着说：“我们班的同学都是很聪明的，聪明的孩子不该落在别人的后面，那么多班级都是5分，我们班才得了3分，这是很难看的一件事。做人得有上进心和羞耻心，不求好的人是自尊心差的人，没有羞耻心的人可不是好人，不知道尊重自己的人，别人也不会尊重你。我们又不是做不到遵守纪律，为什么让别人看不起我们班呢？”我把“上进心、自尊心”两个词写在黑板上，接着说，“我相信大家都希望三三班是个好班，那就得从我们每个人开始做起，我们可以做得很好，咱们试一试好吗？”

“好！”

孩子认识上的错误必须用讲道理的方法来解决，绝对不能扣大帽子压人。事后，我再跟那个骂人的孩子讲：“你今天辨别是非的能力还是很强的，但骂人不能使人明白是非曲直，要学会以理服人。”他深深地点了点头。

◆怎样用老师的感受矫正学生的不良行为？

老师的情感对学生的影响极大，老师可以把对某件事情的感受说给学生听，用以感化学生。

我接班后的第三天，一个原来常常逃学的学生又没有来上课，每次他逃学，都会遭到他爸爸的一顿毒打，这次我要求他爸爸不要打他。第二天，他来上学了，我问：“昨天你爸爸打你了吗？”他傻乎乎、兴高采烈地说：“没有！”丝毫没有因为自己的逃学行为而感到羞愧。我非常严肃，用很低沉的声音说：“你别笑了，我看到你这样笑心里很难受，你知道吗？逃学不是一件很光彩的事！”他看到我沉重的表情，也收住了笑容。我要让他从我的感受中体会到他的逃学行为给我带来的痛苦，逃学是一件令人非常不愉快的事，逃学是错误的。

我对一个智力并不差、但是做什么事都缺乏认真态度的同学说："你不是不能学好，我真的很着急你这种不怕落在别人后边的精神状态，将来你也要走向一个竞争十分激烈的社会，怎么能适应呢！我盼望着、等待着，有一天你忽然知道奋起直追了，给我一个惊喜吧！"

老师可以把自己为一个学生的不良行为而苦恼、焦虑、着急的心情告诉学生，从而唤起学生产生要改正的愿望。

◆你知道"惩罚是教育失败的根源"吗？

这句话我是从教育家苏霍姆林斯基的书中看到的，细想想，很有道理。我们不知道遇见多少淘气孩子，整天挨老师的批评，整天被家长打骂。这样惩罚的结果是把他们教育好了吗？未必！一个学生常常和同学发生矛盾，自然同学关系不好，一了解，他在家几乎天天挨家长的打骂。我知道后，问他的妈妈："你打了好长时间了，孩子进步了吗？""没有一点进步，所以我才打他。""既然用打的方法不能让孩子进步，你就别打了。而且因为你打孩子，我这里的说服教育也很难起作用。"后来，她不再打孩子了，我们的教育才渐渐生效。还有一个家长小时候是大队长，谁知他的女儿一上学，上课很不守纪律，急得这位家长总是打孩子。我对他说："你不要再打了！这不是在协助学校教育孩子，你必须马上停止这种教育方法，不然这个孩子就不好教育了。"正好他出差了，我每当看到孩子在课堂上安静几分钟时，就马上表扬。就这样，孩子进步了，后来还被同学们选为小干部。

哪些做法属于"惩罚"的范畴呢？最常见的是口头批评，对学生没完没了的数落，把学生说得一无是处，对学生的做法、看法总是持否定态度，用眼睛瞪学生，不理睬学生，把学生轰出教室，让学生长时间站着，让学生一动不动地坐几十分钟，课间不许学生出去玩，不让其他学生和他玩等等。惩罚的结果是让学习吃力的学生更加自卑，让常常出现问题的学生更加自暴自弃，让顽皮的学生丧失自尊心和自信心，让这样的学生失去了童年的欢乐。

那么，当孩子犯了错误的时候不能批评吗？不是！没有批评就等于放纵孩子的不良行为，但是批评的时候，一定要讲清其危害，告诉孩子这样做为什么不可以，这样做对别人、对自己、对集体有什么不好。

有一件事情给我的印象很深。我在北京师范大学上心理学研究生课程班时，一次听一位美国心理学专家给我们讲课，他让大家提问题。他总是在说怎样鼓励孩子，于是我们这边的几位老师就写了一张纸条，上面写着："你们的教师和家长是怎样惩罚有不良行为的孩子的？"他看了看纸条，没有理睬，继续讲课。过了一会儿，坐在别处的老师也递上一张纸条，还是这个内容。于是，这位专家用一种似乎是不屑于回答的态度，说："我们一般不用惩罚的办法，只是告诉孩子哪样做是对的，哪样做是错的。"这个场景深深地刺痛了我，也引起了我的思考：为什么我们总想着怎样惩罚孩子？这种思维方式的出发点就不对了！为什么西方的孩子比我们的孩子创造性强？因为他们的家长注重鼓励孩子、尊重孩子！我们动不动就想着惩罚，这种做法不知扼杀了多少孩子的创造性呢！

◆你在否定一个学生的行为的时候，想没想过"我是不是在扼杀一个人才"？

1986年，我看了尼克松写的《领袖们》，他访问中国时，一个中国教育家曾对他说："在我们的制度下，我们为群众提供了更好的教育，然而我们失去了我们的邱吉尔们。"邱吉尔在尼克松心目中是一个出色的人才。这句话提醒我，不要因为我的做法欠妥而失去一个人才，有时候我在狠狠批评一个孩子时，脑子里会闪出这样的话："我是不是在扼杀一个'邱吉尔'？我是不是在扼杀一个人才？"这会让我重视自己对孩子的态度。于是，我会对孩子的越轨行动更加细心地分析，多一些理解和引导，少一点厌烦和压制，有意识地为孩子们发挥他们的各方面才能创造广阔的天地。

有时候，我们非常反感学生的辩解，甚至不能容忍孩子说个"不"字。而事实上，为了能够培养出创造型的人才，我们应该让学生敢于发表自己的见解，特别是与老师不同的见解。只有这样，学生才会有自己的个性。

我在讲三年级语文《葡萄沟》这一课时，为了让孩子们了解新疆吐鲁番的地理位置，顺手在黑板上画了一个中国地图。同学们议论纷纷："真像，真像。"其中有一个同学小声说："不像。"我把他叫起来，和蔼地问："什么地方不像?"他说："台湾画得太大了。"我又问他："你怎么知道台湾画大了?"他说："我天天看电视里的天气预报。"我点点头，就把台湾改小了一点，然后问他："现在呢?"孩子满意地说："现在像了。"我马上鼓励他："你的观察力是很强的，而且敢于发表自己的意见。"接着又对大家说："以后谁对老师的做法有什么意见都可以提，咱们谁对听谁的。不过，要有礼貌，目的是帮助老师改进工作。"

如果我们不允许孩子提出自己的看法，完全可以在孩子说老师画得"不像"时，刁难孩子说："你说老师画得不像，你来画一个中国地图!"孩子虽能看出不像，但未必能够画出一个中国地图。当孩子画不出地图时，老师又似乎更有理了："你连地图都画不出来，还在那里瞎说什么，少废话!"孩子经历几次这种待遇之后，有不同看法也不敢说了，从而他的创造，火花也就熄灭了。也许一个人才被我们扼杀了。

第二章

尊重，是爱的起点

◆为什么要尊重学生？

尊重是人的高层次的心理需要。这不仅是成年人的心理需要，也是孩子的心理需要。而成年人往往忽略了孩子这一不亚于穿衣吃饭，甚至比穿衣吃饭还重要的需要。从小被人尊重的人，有很强的自尊心、自信心，容易形成完善的人格，或者说孩子会自己努力用完善的人格来维护自己做人的尊严。被人尊重的孩子也会去尊重别人，如果我们所有的孩子都是这样，那么我们整个民族的自尊感就会提高。

你要把孩子当作一个独立的人，你就会尊重孩子。可我们往往只重视孩子的学习成绩怎么样，一味希望孩子能听我们成年人的话，常常忽视孩子的需要，不考虑孩子在想什么，不体谅孩子的处境，不顾及孩子的自尊心，不了解孩子的苦恼和心理上的障碍，只凭着我们想象的情况去教育孩子。一旦孩子的行为出乎我们的意料，或者没有按我们的要求去做，我们就可能对孩子不满意，甚至批评或采用其他方法来惩罚孩子。这样，很难达到师生关系的融洽，也很难进行师生情感的交流和师生心灵的沟通，对培养孩子健康的心理素质极为不利，对孩子健全人格的形成危害极大。教师尊重学生，不是一个方法问题，是教育思想、教育观念问题，我们必须高度重视。

我们尊重孩子，会使孩子们的自尊心得到了保护，自信心也得到了鼓励，这样做，能够保护孩子的创造性，调动孩子学习的积极性和主动性，使孩子们懂得了自爱，懂得了做人的尊严。有一个老师上了我们班的课，说："你们班的孩子往那儿一坐，看不出谁是后进生，好像都是好学生。"这就是每个孩子都被尊重的结果，这就是我要达到的教育目标。

不尊重孩子，就谈不上教育；只有尊重孩子，才能教育孩子，包括淘气的孩子。这是做好教育工作的非常重要的问题。

◆怎样做叫尊重学生？

老师要做到尊重学生的人格，尊重学生的情感，尊重学生的爱好，尊重学生的权利，尊重学生的需求，尊重学生的意见，尊重学生的创造，甚至也要尊重学生的幼稚和失误。

有严重行为问题的孩子更需要尊重！因为他们也是人，是独立的人，他们也有一个丰富的内心世界，他们也有被关注、被认可、被爱的强烈愿望。这些孩子的不良行为的产生原因是多方面的，有家庭教育不当，有社会的负面影响，也有学校教育的失误。我认为责任不在孩子。

1999 年 11 月 1 日，我接了六年级一班的语文课。这个班有一个同学郭某，非常淘气，不爱学习，爱随便打人、骂人，不服从老师教育，甚至骂老师，学校曾给过他处分。接班前，对他的情况我有所耳闻，根据我的了解，他之所以有今天，主要是他的家庭教育存在严重问题：爸爸打，妈妈娇惯。在学校还有同学对他的歧视。我接班的第一课，首先在黑板上写了“尊重”两个大字，讲了人和人之间要互相尊重的道理。我讲了尊重是相互的，师生之间、同学之间都要互相尊重，我特别强调了老师对学生的尊重和大家对缺点比较多的同学的尊重，要对他们多一些理解和同情，要相信每一位同学的内心深处都有一块真善美的领地，大家要用自己的真诚呼唤出这些同学心中的真善美，给他们树立进步的信心。同学们听得非常专注。我的这番话，为郭某同学的进步奠定一个人际关系和行为改变的环境基础，即想要改变郭某的行为，首先要改变同学们对待他的态度，为他的行为改变创设一个有利的条件。

当天晚上，我给郭某的爸爸打了电话：“我是郭某的新语文老师，我有信心使郭某在原有的基础上进步，目前希望您配合的只有一点，就是从今天起，您不要再打郭某了，可以吗?”“可以。”“谢谢您的配合。”实际上，只要老师不向家长告状，家长就不会打孩子，所以，我和班主任老师说好，不轻易向郭某家长告状，班主任也答应了。

因为我是在期中考试之前接的班，所以一开始就是上复习课，我讲了

“的、地、得”三个字的用法之后，让学生做填空练习。我问大家：“‘的’的后面应该填什么词?”我叫起了郭某，他还没有说话，教室里就出现了一阵哄笑声，易然大家认为他不可能回答正确。我制止了同学们，就在这时，郭某答道：“‘的’的后面填名词。”教室里一下子特别安静了。我说：“同学们，刚才大家的笑是对郭某的不信任，我请大家记住，要尊重每一个人。”我接着问，“‘地’的后面应该填什么词?”这回郭某把手举得高高的，我在很多同学都举手的情况下又一次叫起了郭某，他非常自信地答道：“‘地’的后面应该填动词!”我像将军打了胜仗一样高兴，异常兴奋地对大家说：“难道不该给郭某一点掌声吗!”教室里响起了热烈的掌声，听到大家的掌声，又高又胖的郭某脸上露出了笑容。我又告诉同学们：“按照郭某的基础，只要他和大家做的一样，那就是进步，我就要表扬他，也希望大家睁大眼睛关注着他的进步。”大家觉得我说得有道理，表示赞同，这就为他的进步创造了一个友好的氛围。从此，他上语文课能够遵守纪律，也能听讲了。

讲《松坊溪的冬天》这课书时，我找同学念第19节，郭某又举手了，我说：“郭某能积极参与学习，我们特别欢迎，他就是念错十个地方，我也不批评他。”我是在给他解除怕别人讥笑的精神负担，也是在提醒同学们要鼓励他的点滴进步。他站起来，大声地读着课文，只在一个地方打了一个磕巴，没有念错一处！他的声音一停，同学们马上给他鼓掌，使他感受到了成功的喜悦。这件事他写进了自己的作文中，其中有一句是这样写的：“我刚念完课文，孙老师就笑了，教室里响起了热烈的掌声，同学们是在为我的进步鼓掌，也是为孙老师的教育方法鼓掌。”

我接班不久，从同学们的日记中了解到，不少同学都爱欺负一个在五年级时转来的同学，我决定解决这一问题。恰好一天，社会课老师没来，我就在班上讲了解决同学之间矛盾的方法——自我批评。据我了解，这个班原来没有这个习惯，于是我在黑板上写了“自我批评”四个大字，讲了我过去教的班级的学生是如何运用这个方法达到团结的。之后我说：“张某已经转到我们班好几个月了，我们应该让他感到六一班是个温暖的集体。遗憾的是，我们班部分同学对他不够友好。今天，我希望曾经这样做的同学能够做一下自我批评，给张某同学道个歉，使我们班真正成为一个团结友爱的集体。”我讲完之后，教室里静了一会儿，一个同学举手做了自我批评，紧接着举手的就是郭某，他说：“对不起，过去我也欺负过你，以后我一定不这样做了，我向你赔礼道歉。”我马上说：“你们两个给大家带了一个很好的头儿!”

一次课间，同学忽然告诉我：“孙老师，有同学打架了。”我马上走出办公室，看到一群同学中，郭某正使劲抱着一个同学，我心里一紧，又是他打架了？走到跟前，才发现郭某是劝架的，他为了不让那个同学继续打，就抱住他；为了不让同学继续吵，就用手捂住那个同学的嘴。其他同学也劝住了另一个同学。看到我来了，郭某和其他同学就提醒打架的两个同学：“各自做自我批评。”于是，打架的同学做了自我批评，一场纠纷就解决了。为了强化郭某的这一优良行为，我不光个别表扬了他，班主任上课时，我特意进教室当着全班同学又表扬了几个劝架的同学，还特意让他们站起来让大家看看。大家看到有郭某，都为他的进步高兴。

后来，我从同学们的日记中了解到，他能主动借给同学东西，把别人掉在地上的东西捡起来放回原处……我了解到什么，就表扬他什么，用这种正强化的原则促使他一步步矫正自己的行为。

我接班后，郭某的进步还是很明显的，但是，他的进步不是很稳定。有一天，我忽然听到一个同学嚷道：“郭某在计算机课上又犯混了!”我找来郭某询问原因。“今天我不去承认错误。”他不回答我的问题，一上来就嘟囔出这么一句话。“为什么?”“张某骂我。”“那是他的错，你呢?”“学校换了新电脑，我不会，就去同学的电脑上打，老师把我的电脑关了，张某就跟老师说‘别理这个混蛋’，要是过去，我早打他了。”“这就是你的进步。你去动别人的电脑是错误的，你说是不是?”“是。”“那么，错了就要承认错误。对不对?”“对，我向张老师承认错误。”停了一会儿，我又说：“我希望你进步，你知道吗?”“知道。”“你能进步是很不容易的，你要珍惜！我希望现在是你一生的转折点。”“是这样的。过去我就是不想写作业，现在，就像变了一个人似的，是我自己想写作业的，上语文课时，我要是不遵守纪律、不学习就觉得对不起您。”接着，他又说，“过去我一个朋友都没有，他们都把我当坏人，我都不想活了。现在我有好几个朋友了。过去我爸爸几乎天天打我，那时候，我们家几天就得买一把新笤帚。”“为什么?”“打我打坏了。我妈妈把新笤帚绑上棉花，让我爸爸给揪下去了。我妈妈又买了塑料笤帚，我爸爸一看是软的，他就用墩布把打我……

您教我以后，给我爸爸打了电话，我爸爸就再也没有打过我。”说着说着，他忽然问我：“孙老师，您哪天生日?”“你问这个干什么?”他哭了，一边哭一边说：“您对我太好了……我想长大了报答您……我有您这样的老师，觉得很幸福。”我被感动得热泪盈眶，激动地握着他的手，说：“郭某，听了你这几句话，我非常非常感动。”

计算机课的老师来了，郭某赶紧站好，“张老师，我错了，请您原谅我!”说着他又哭了，自己主动向老师鞠了躬，非常诚恳地承认了错误。老师原谅了他。

孩子刚才说的话对我触动很大。面对着一个“毛病”很多、很淘气的孩子，假如我们不去倾听他的心声，不去关心他的处境，只是一味地指责他的错误，我们把这样的孩子当做“人”了吗?他的这番话了我听了以后，感觉是惊心动魄的！每个孩子都有一个丰富的内心世界，有着自己的苦辣酸甜。作为教师必须理解孩子、尊重孩子，设身处地地想想孩子的需求是什么，帮助他们解决问题，保护他们的心灵不受伤害。只有先做到这些，才能谈到对他们的教育。

大年初一，郭某的爸爸给我打电话拜年说：“告诉您一件事，前几天，郭某在家里犯了错误，能够主动对我说‘爸爸，我错了’，这是从来没有过的现象。我问他为什么能够这样做，他说，是孙老师教育他这样做的。我非常感动。谢谢您了，孙老师！您家住在什么地方，告诉我，我一定到家里好好谢谢您!”我说：“您不用来我家。您告诉郭某，我听到他能够在家里主动向您承认错误，非常激动，这就是他送给我的最好的春节礼物。”

后来，学校撤消了郭某的处分。他也以合格毕业生的身份从史家胡同小学毕业了。可以说，郭某的转变是我继续学习教育理论、更加明确尊重孩子的结果。教育理论提高了我的认识，开阔了我的思路，丰富了我的方法，提炼了我的经验，增强了我教育学生的信心。

尊重孩子也要尊重孩子的失误，这尊重孩子的错误当然不是鼓励孩子犯错误，而是认真对待孩子所犯的错误。当孩子犯错误后，要分析原因，从中找出积极因素，在肯定孩子哪怕是一点点积极因素的基础上教育孩子，比一味地批评更能达到意想不到的效果

◆怎样看待学生进步过程中的反复?

孩子在进步过程中产生反复是正常的，不出现反复是不可能的，我们的工作是尽量减少反复。因为一个行为问题比较多的孩子不可能一下子就改变成为一个没有任何问题的孩子，那是不符合客观规律的。我真正认识到这一点是在中年以后。在我年轻的时候，曾经教过一个淘气的留级生。为帮助他进步，我下了很大的功夫，甚至星期日也带着他和其他几个同学出去玩，他真的进步了，但是最多坚持两个月，就得出现很大的反复，不是打同学就是扰乱课堂纪律。每到这时，我就会冲他嚷："你以前的进步和我对你的帮助都前功尽弃了！你为什么就改变不了呢?"其实，这样说、这样想，就是在破坏自己的教育效果，让自己和学生都会失去信心。

当我认识到在一个孩子进步的过程中，出现反复现象也是正常的以后，学生再出现反复我就不急躁了。前文提到的郭某是个非常个别的学生，在我的教育下，有了很大的进步，但是，反复是不可避免的。这一点我事先就已经跟同学们和他本人打过招呼了。果不其然，半个月后的一天，体育张老师气冲冲地给我打来电话："孙老师，你们班郭某骂我！"我说："我找他。"我对一个同学说："你去告诉郭某，孙老师找他说说作文的事。"因为他正在气头上，你若说要解决体育课上他骂老师的问题，他可能连办公室都不会来。在这之前，他在我的语文课上一直在进步，我还从来没有批评过他。所以处理这件事时，我非常小心谨慎。他气哼哼地进来了，我指着椅子说："坐。"他摇摇头表示不坐，我诚恳地又说了一遍："坐吧!"他坐下了，表情有点缓和。我说："郭某，我早就说过，一个人在进步的过程中，肯定会出现反复。出现反复并不可怕，可怕的是从此又自暴自弃了。真正的进步表现在犯了错误以后能正确对待，就能继续进步。你说说，体育课上是怎么回事?""我抡大绳，他们都不好好跳，我就拿跳绳拔河来着。张老师就说我。""后来呢?"他嘟囔着说："我就骂张老师了。"我沉默半天，自己感叹道："一个人想进步真不容易啊！你说是不是?"我们又沉默了一会儿，我是想让他想一想，我也在酝酿怎样指出他的问题，我接着说："你这样做，错了吧？"他点点头，这对于他已经是不容易的了。我问他："怎么办？"六年级的他竟然说："不知道。"我仍然没有着急，试探着说："我知道应该怎么办，你听我的？""行。""你伤害了张老师，你要向他赔礼道歉，你要学会承认错误，做自我批评，你知道怎么说吗？""不知道。""我教你？""行。""你要这样说，'张老师，今天在体育课上，我不应该骂您，对不起，请您原谅我，以后我一定改正，'"他照着说了一遍。我说："还要给老师鞠个躬，你鞠个躬我看看。"他的鞠躬就像点头，我说："这哪儿是鞠躬啊，这是点头，看我教你。"我给他做鞠躬的示范动作，他学了一遍。我就带着他一起来到体育老师的办公室，一进去，我先说："张老师，对不起，我没有把我们班的郭某教育好，他让您生气了，我带着他给您赔礼道歉来了。"郭某这回痛哭流涕地向体育老师承认了自己的错误，向老师深深地鞠了两个躬，老师原谅了他。洪伟副校长听该此事后说："这可是他破天荒第一次承认错误。他早先要能够做到这样，怎么会给他处分！"孩子在进步的过程中，规律是波浪式前进、螺旋式上升，虽然起伏不定，但反复之后的基础肯定会比以前提高一截。

◆怎样做叫尊重学生的人格？

一个刚入学不久的小男孩，在课间怯生生地走到我面前，递给我一件东西，说："我自己做的，送给您。"我一看，是一个把画报撕碎又粘在一起的看不出模样的东西，看着他那庄重的样子，我没笑，努力发挥着自己的想像力，终于看出来了："一个机器人？"他的眼睛一亮："对！""这是眼睛？""对极了！"孩子叫道。"真不错，谢谢你送给我这件礼物。"我认真地把它夹在教科书里拿走了。我绝对不能说："你粘的这叫什么破玩意儿呀，还送给我！"因为他太小，他的能力又太有限，我必须体谅他的处境，才不会伤害他。我这样做，不仅没有伤害他，还给他以鼓励，对一个能力还比较差的小孩子来说，这是爱护了他的自尊心，培养了他的自信心。我们的一句话，甚至是一个眼神，对孩子来说都是至关重要的，孩子会把它作为老师对自己的一种评价，当然会影响孩子的情绪。

我们对班上的每个孩子都要尊重，保护他们的自尊心，像爱护鲜花一样爱护孩子幼小的心灵，使之不受伤害。我们和孩子“每时每刻都在进行着心灵的接触”，而孩子的心灵又是极其娇嫩、脆弱和敏感的，特别是对胆子小、能力差的孩子。

有一天，一个女孩子在课间要和我说件事，还不让别人听。当只有我们两个人的时候，她撩开袖子，让我看她胳膊上的伤，我惊讶地问：“怎么回事?”“妈妈打的，我数学测验不及格，妈妈让我告诉您，说让您寒碜寒碜我。”我非常诚恳地说：“我不想寒碜你，我很同情你。你基础差，但我知道你努力了。”之后我和她妈妈进行了联系，告诉她打孩子、嘲笑孩子是刺伤孩子心灵的做法，要耐心帮助孩子，要善于鼓励孩子。她妈妈很感动，以后不再打她，她有问题也能主动去问数学老师，期末数学考试得了八十多分。试想，假如我知道她的数学成绩不及格后，也和她妈妈一起嘲笑她，狠狠批评她，说她不用功，说她脑子笨，能把她批评进步吗？那只能伤害她，使她更加自卑，更加沮丧，更加畏惧学习上的困难，性格变得更加忧郁。所以，我们在批评学生时要谨慎些，鼓励孩子时要慷慨些，和孩子进行心灵的交流时要小心些。这样，工作中的失误就会减少一些。

有的孩子由于家庭教育不当，似乎已经丧失了自尊心，重新培养起他们的自尊心是个很艰苦的过程。这要靠教师对他的尊重与信任，靠同学们的友爱与承认。

◆怎样做叫尊重学生的情感？

陶行知先生有一段非常感人的话：“您不可轻视小孩子的情感，他给您一块糖吃，是有汽车大王捐助一万万元的慷慨；他做了一个纸鸢飞不上去，是有齐柏林造不成飞船一样的踌躇；他失手打破了一个泥娃娃，是有一个寡妇死了独生子那样的悲哀；他没有打着他所讨厌的人，便好像是罗斯福讨不着机会带兵去打德国一般的怄气；他受了你盛怒之下的鞭挞，连在梦里也觉得有法国革命模样的恐怖；他写字想得双圈没得着，仿佛是候选总统落了选一样的失意；他想让你抱他一会儿而你偏去抱了别的孩子，好比是爱人被夺去一般的伤心。”这就是要求教师要有一颗可贵的童心。我们只有“变成孩子”，才能懂得孩子、理解孩子、教育孩子。

我们应该蹲下身子，以孩子的视角来观察世界，才能做到尊重孩子的情感。这方面我有深刻的体会。一个一年级孩子的妈妈刚刚来看过他，妈妈走后，我发现这个孩子眼泪汪汪的，他平时并不是一个爱哭的孩子。我走到他的座位前边坐下来，关切地问他：“你怎么了?”他说：“我在奶奶家住，爸爸妈妈在石化厂单位宿舍住，妈妈一星期回来看我一次，刚才跟我待了一会儿就走了。”孩子在竭力忍住自己的眼泪。我很理解这个孩子现在的心情和对妈妈的依恋之情。于是，我轻轻握住孩子的手，非常动情地小声对他说：“我知道这是什么滋味，我小时候在北京跟着爸爸上学，放假回老家看妈妈。每当要离开妈妈的时候，我就难受得不得了！跟你现在的心情一样。现在，我的妈妈已经去世了。我很想她，可我再也见不着妈妈了。”我跟孩子说的是真心话，说着说着，眼里也泛起了泪花。后来，这个孩子用“好像”一词造句时，写了一句“孙老师好像我们的妈妈”。他上高二的时候回母校来看我，还提起这件事，他说他曾经把这件事写进了作文里。可见，尊重孩子的情感，与孩子达到情感的沟通，即使是在一年级时发生的事情，他一辈子也忘不了。如果孩子跟你在情感上是亲近的，他就会信赖你、依靠你，心悦诚服地接受你的教育。因为孩子认为你是理解他的朋友，你和他心心相印。

我还教过一个非常淘气、爱打架的男孩子。一天，他坐在位子上哭得很伤心。我问他：“发生了什么事?”“二庆死了。”“二庆是谁?”他哭得上气不接下气，同学代答：“是他‘弟弟’，其实是他的小猫。他小名叫大庆，就把他的小猫叫二庆。”他这时真的像死了亲弟弟一样的悲哀。同学们都围着他说些安慰的话，没有人笑话他。我观察到这些情景，认识到，这就是孩子与孩子之间情感的共鸣，成年人不可以轻视的！如果这时我们说：“死个小猫也值得你这样！”就是对孩子情感的亵渎，别说这样的语言了，就是你给孩子们一个不在乎的表情或神色，孩子们也会把你视作不通情理的外人。

这个孩子的表现真的是我一个意外的发现，我看到了表面粗野的他，其实也有一个丰富的感情世界，他对小猫的依恋，说明他是有爱心的，这就是他情感方面的闪光点。我和孩子们一样陷入了同情他的情景中，我说了我小时候养的小麻雀被小猫吃掉的痛苦。这时，我的心和孩子们贴近了许多，他们也把我当作朋友一样看待。从此，我就进入了这个调皮孩子的情感世界。慢慢地，原来粗野爱打人的大庆变得能包容人了。同学打乒乓球地时，不小心抽破了他的嘴，疼得他捂着嘴直哭，却没有还手，也没有骂人。我知道这意味着他的情感升华和行为改变上的一个飞跃！当时我感动得把他搂在怀里，情不自禁地说："乖孩子！乖孩子！"并让同学把这事记进中队日志，登上光荣册。我还根据他的变化编了一段山东快书《他进步了》，让同学在全校大会上演出。节目编出后，我先征求他的意见，问他可不可以在大会上公开演出，他问："是不是后来说我进步了？""当然！主要说的就是你的进步。""那就行！"我们用这种方法强化了孩子的优良行为。

对这个孩子的教育，我是从尊重他的情感开始的。孩子们的情感有时在我们成年人看来是不可理解的，但对于孩子却是合理的。孩子的情感之所以应该尊重，是因为孩子的情感本来就和大人不同，我们不能违背客观规律地强求孩子和我们想得一样。做教师，就是要能够变换角色，了解孩子们的喜怒哀乐，摸到孩子情感变化的脉搏。只有这样，才能教育孩子。也只有这样，师生才能在情感的交融中共同进步。

◆怎样做叫尊重学生的爱好？

尊重孩子的爱好就是重视孩子的个性发展。据说，诺贝尔奖获得者都有自己的特殊爱好。一个孩子有正当的爱好是再好不过的事情了，他如果爱好文艺，可以陶冶情操；他如果爱好体育，可以锻炼身体，还可以培养自己的毅力；他如果爱好科技，可以养成钻研的习惯……就怕孩子什么爱好都没有。作为教师，无论孩子哪方面的爱好，只要是正当的，我们都应该支持和鼓励，这是培养人才的重要方面。

有一个学生喜欢昆虫，四年级就看了八本昆虫方面的课外书，而且用自己的零花钱买了一本大学教科书——《昆虫学》。我找机会让他给大家介绍有关昆虫的知识，还把他的昆虫标本和画的昆虫的图展示给大家看。

我们全班同学都把逮的昆虫送给他，我也一样。一天，下班的路上，我看到一只蟋蟀，赶紧抓住，回家放进罐头瓶里，第二天送给他，他又高兴又激动。老师和同学们对他的支持和鼓励极大地鼓舞了他。原来他父亲反对他的爱好，在我的说服下，也很支持他的这个爱好了。孩子在作文中写道："星期日爸爸带我去郊外捕捉昆虫。当我抓住一个大螳螂时，高兴得我恨不得亲它一口。"

他还以昆虫为题材，写了《蜣螂夫妇历险记》，下面是其中的一部分：

在一阵鞭炮和锣鼓声的伴奏下，蜣螂浩克和史得温丝结成了美满的姻缘。过了几天，他们就开始了长途的蜜月旅行。

他们身上带着一万美元。浩克（男）穿着一件黑色的牛皮上衣、蓝色的猪皮裤，史得温丝穿着白色的纱衣（是短裙）。他们坐上一辆马车，渐渐地、渐渐地消失在了马路的尽头。

蜣螂夫妇去了巴黎圣母院，看了舞蹈，听了交响乐。不过，不是从正门进来的，而是从下水道溜进来的。他们还去了威尼斯，坐了小艇。不过也要解释一下，他们是坐在船舱里皮垫的缝隙之中。今天，他们正坐着马车走在乡间的小路上。突然，从路旁的草丛中窜出几个强盗来。这些人有的手握钢刀，有的端着手枪，有的张开大嘴、露出牙齿，似乎要一口咬死蜣螂夫妇。浩克看到如此景象，便跳下马车，抽出宝剑准备自卫。他定睛一看，原来这些强盗都是蝉、叩头甲、放屁虫等鼠流之辈。于是浩克大喊一声，挥着宝剑砍去。"啊！""啊！"几声惨叫，有几个亡命之徒死于宝剑之下，其余的几个吓得连滚带爬。叩头甲"当""当""当"磕了三个响头，可是也没有幸免死亡。放屁虫、蝉连忙求饶。浩克用剑指着他们的鼻尖说："你们以后还敢不敢了？"放屁虫赶忙回答说："不敢了，不敢了！"（放屁虫放屁时的声音是噗、噗、噗的。）浩克又说："你们以后要是再敢这样，我就杀了你们！"蝉赶快说："知道了，知道了！"（蝉的叫声是知了、知了。）于是浩克把剑抽了回来。这两个强盗一边鞠着躬，一边点着头，向后退。这时，一只七星瓢虫飞来。他对蜣螂喊道："不要放过这两个坏蛋！"蝉捡起一块石头向瓢虫打去，将瓢虫打死了。蜣螂这才看清了他们的面目，挥了两下宝剑，就把他们解决了。史得温丝走下马车要吻浩克，向他表示谢意。就在这时，一支阴森森、冷冰冰、弯弯曲曲、忽上忽下、忽左忽右的箭射了过来……欲知后事如何，请看下集。

在少先队活动课上，他把自己的作品念给大家听。他丰富的想象、奇特的构思、幽默风趣的语言深深地吸引着同学们，大家听得入了迷，一会儿洗耳恭听，一会儿哈哈大笑，都盼着听他的下一集。后来，这篇文章刊登在了《光明日报》上。

五年级时，这个孩子在北京市小学生昆虫知识竞赛中获得了一等奖，还参加了北京市中小学生昆虫爱好者协会。

这是一个精力过剩、思维活跃的淘气孩子，他有能力在课余时间发展自己的爱好。这样，他的充沛精力不仅有所利用，还能有所创造。有了成绩，同学们都很佩服，孩子得到了别人的认可与老师的赏识，心理上也得到了满足，有利于孩子的健康成长。我希望每个孩子都有他的爱好，目的并不在于他长大后一定从事这个行当，而在于培养孩子的一种精神，一种对某一件事专注的精神，一种有所追求的思想，一种想做事情并能做好事情的信念，一种能从爱好中寻求生活乐趣的习惯。这对孩子的一生都是有好处的。其实，这也是顺其自然，顺孩子的个性发展去做些引导的工作。如果限制、压抑了孩子的爱好，不利于孩子健全人格的形成，那是很伤孩子心的。一个喜欢捏泥人的孩子在作文中写道："我妈妈把我捏的泥人扔进了垃圾桶，还狠狠地揍了我的屁股，我哇哇大哭，我不是哭我的屁股疼，是哭我辛辛苦苦捏的泥人毁于一旦。"由此我看到，对于孩子来说，他所喜欢的东西，特别是他亲手制作的东西，那是他的"宝贝"，那是他的成果，尊重孩子就要尊重他们的这些东西。

我教五年级时，曾经召开过"美的旋律"中队会。一方面为使孩子们能够感受到大自然的美，欣赏到艺术中的美，创造出生活中的美，同时也为他们展示自己的才华创造条件。一个平时连作业都懒得动笔的孩子，可小提琴却拉得有滋有味，他在中队会上演奏了德沃夏克的《自新大陆交响曲》主旋律，乐曲优美动听。他不仅能演奏这首曲子，还能流利地介绍作者以及作者在创作这一乐曲时的情景。就在这一瞬间，他身上美好的东西闪现出耀眼的光芒。同学们专注的倾听和热烈的掌声给他以极大的鼓舞，使他的自尊心与自豪感得到了满足，这些正面刺激深深地激发了他"要好"的决心，促进了他的学习积极性。毕业时，他以优异的成绩升入了中学，他的文章也登在了《北京日报》上。当然，他的变化不仅仅是这一次活动的教育成果，但是，这一次活动的感受起到了决定性的作用。

我用各种方法支持和鼓励孩子的爱好。我给我班在国际儿童绘画比赛中获金奖、银奖和铜奖的同学照相，给钢琴达到四级至八级的孩子照相，给获得北京市“故事大王”称号的孩子照相……我把所有有特长的孩子的照片放进我们中队的“光荣册”，并写上鼓励他们的话。一个已经上了中学的毕业生在中学的运动会上获得了跳远冠军，运动会刚结束，就跑回小学告诉了我这个喜讯。他还说：“如果您现在还是我的班主任，您一定会在沙坑边上看着我跳。”

我校每年假期都让孩子做一个小制作，开学后交上来。我检查时，总是拿起这个说：“你的小制作真漂亮！”又拿起那个说：“你的小制作很有特色。”再拿起一个说：“你很有创造性！”……老师短短的一句话，孩子会觉得是最高的奖赏。我教的每个班几乎都要召开一次展示每个孩子才能的中队会，为孩子的个性发展创造条件。老师对孩子爱好的欣赏和鼓励，都会成为孩子继续努力的动力。

◆怎样和孩子沟通？

我们说的和孩子沟通，是心灵上的沟通。能不能做到这一点，陶行知先生是这样告诫我们的：“我们必须会变小孩子，才配做小孩子的先生。”也就是说，我们要和孩子有一样的想法、看法，有和孩子一样的喜怒哀乐，和孩子有心与心的交流，这才是心灵上的沟通。只有这样，你才懂得孩子为什么事情而激动，为什么事情而苦恼，为什么事情而兴奋不已，为什么事情而废寝忘食。同时，也会发现他们的创造力是多么的出乎你的意料，他们的内心世界是多么的丰富多彩，他们的思想感情是多么的真挚赤诚，他们的兴趣是多么的广泛，他们对自己的爱好是多么的痴迷……当我们真的用心置身于孩子中间时，连我们自己也变得纯真起来。只有在这种情况下，我们才可能与孩子有共同语言，我们实施的教育才可能发挥作用。

沟通的方法之一是以朋友似的平等身份与孩子聊天。我时常跟学生聊聊天，一天上操前，我对一个淘气包开玩笑说："这几天，我觉得你挺消停，怎么变得这么老实了？"他一听，立刻微笑着做了一个很绅士的动作，微微弓下身，把右手放在胸前，说道："承蒙您夸奖，鄙人不胜感激，您多多栽培！"我听后哈哈大笑，说："你才四年级，说话竟出口成章，这么振振有词，少见，少见呢！"我们谈得十分投机，招来许多同学一起聊。这样的聊天，孩子觉得对他们是一种尊重，客观上也起到增进师生感情的作用。聊天时老师不会有课堂上的威严，学生在和老师亲密的交谈中能够说出自己的心里话，敢于提出自己的要求，谈出自己的看法；老师也能够从孩子的话中了解许多情况，使自己的工作更加有的放矢。经常和孩子在一起，就会理解孩子，遇事也不会大惊小怪。一天中午吃饭时，一个孩子吃完了，说了句："土耳其浴室。"话音刚落，三个正在吃饭的淘气包不约而同地唱起来："鸳鸯茶呀，鸳鸯茶呀，你爱我呀，我爱你呀……"开始我一愣，莫名其妙，怎么回事？再一想，噢，这是《虎口脱险》电影中对暗号的情节，也就不以为然了，平静地告诉他们："接着吃饭！"三个人又马上埋头吃了起来。如果不理解孩子，就会认为他们不正常或者是恶作剧。

要想做到和孩子达到心灵的沟通，很简单，就是心里有学生。我们的心里要每时每刻都在期盼着孩子的进步，每时每刻都在等待着孩子的成功，每时每刻都在关心着孩子的情绪，每时每刻都在寻找着孩子的闪光点，每时每刻都在了解着孩子的愿望和需求……

和孩子沟通，就要和孩子们一起活动，包括少先队活动、班级活动、课间活动等。活动前，师生一起商讨活动的设计和活动的准备；活动中，师生共同参与，一起经历活动的过程；活动后，共同总结活动的收获，分享活动的欢乐。这是学生终生难忘的。学生在活动中能够显示出每个人的智慧才能，在活动中，老师特别能够起到指导者的作用，得到孩子们的信服和喜爱。

如果教师有和孩子沟通的愿望，就会创造出无数的与孩子沟通的渠道和方法。我和学生进行沟通的方式是多种多样的。比如，通过学生记分册上的评语，通过给学生作文和日记里的批语，通过学生在自制的个人"闪光卡"上写的"老师眼里的我"栏目，特别是我和学生互赠的新年贺卡、

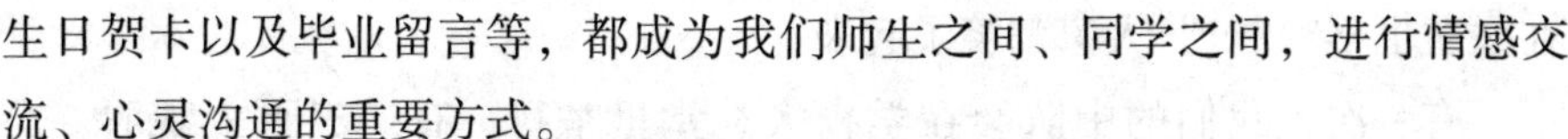

生日贺卡以及毕业留言等，都成为我们师生之间、同学之间，进行情感交流、心灵沟通的重要方式。

◆为什么要向自己的学生学习？

时代发展得太快，新的东西出现得太多，真不敢说我们处处都是孩子的老师。陶行知先生曾告诫师范生们："未来的先生们！忘了你们的年纪，变成十足的小孩子，加入到小孩子的队伍里去吧……您立刻会发现小孩子的能力大得很：他能做许多您不能做的事，也能做您以前以为他不能做的事。"

上世纪90年代初，我教过一个叫王晓路的学生。别看他才二年级，平时就非常爱看课外书，还整天在自己的本子上设计什么宇宙飞船、新型汽车、各式各样的潜水艇等，同学们经常被吸引到他的座位周围观看。我也常常走过去听他讲，时不时地夸奖他两句。

特别是在一次中队会上，他的发言简直使我吃惊。他把自己设计的鲨鱼潜艇画在幻灯片上，一边指着设计图，一边讲解："我长大要当个设计师，这是我设计的鲨鱼潜艇。潜艇中有32个水手的座位。潜艇前方有两个鱼雷发射器，潜艇尾部还有两台远射加农炮，它有两个用气压做动力的炮台。潜艇上有两个雷达，可以发射类似鱼雷发出的电波，控制台可以控制电波发射的频率以及速度。潜艇里有8套潜水服，水手们穿上它可以下海检修潜艇，当有的鱼雷没有引爆时，也可以打捞鱼雷。艇翼上是两个高性能显微望远镜。潜艇艇内是核反应装置。潜艇尾部还有检疫实验室，也可以研究海下沉积物。驾驶仓后面是厨房……"孩子才二年级，他说的这些内容我都说不上来，他的设计图我更画不出来，孩子的创造性深深地教育了我。当这个孩子讲完之后，一个孩子忽然站起来发问："请问，你的潜艇的外壳用的是什么金属材料？"王晓路胸有成竹地回答："潜艇的外壳用的是硬度最大的金属钛和镍的合金。"别说同学们发出了一片赞叹声，我也脱口而出："真行！"突然，另一个孩子也发问了："你的潜艇上没有厕所吗？"王晓路一下子怔住了。我笑着说："那还不好办！设计师同志，现在添上也不晚啊！”大家都笑了起来。

有一次，我们的中队会在学校大礼堂里举行，有二三百人观看。会前，学校在电视里放了一段录像，中队会要开始了，我想把录像关上，却找不到电视的开关。另一位老教师上来，按了电视上所有能看到的按钮，也没把电视机关上。这时，我班的才二年级的学生们，都把手举得高高的。我过去抱起一个孩子，走到电视机旁，他一下子就把电视机关上了，原来这台电视机的开关和电视机的外壳一样颜色、一样质地，并且在同一个平面上。在座的人全笑了，我说：“要不怎么说要向孩子学习呢！”

有一天，我想把保存在办公室电脑里的古诗解释通过校园网传到教室的电脑里，上课时就可以投打在大屏幕上了。但是教室的电脑是刚换的新电脑，没有连网，我当时就束手无策了。这时，我们班的一个学生过来，问清我的意图后，几下就把问题解决了。他曾在全国计算机比赛中获二等奖。我表现出了对他的感谢与佩服。

我们向孩子学习的地方很多。他们的创造性，他们的好奇心，他们对集体事情的极大热情，他们对是非的爱憎分明的思想感情，他们对友谊的纯真态度等，往往是我们成年人所不及的。

比如，我和我的学生们在做大扫除，我怕学生不小心弄脏了我的衣服，半开玩笑地大声嚷道：“大家小心点儿，没看见我穿了一件雪白的衬衫吗？”同学们看看我，一个同学笑着把我的视线引向一个正干得热火朝天的女同学。我一看，这个干得满头大汗的女同学穿的是一件漂亮的粉红色带白色花边的连衣裙，我知道这是她爸爸出差去香港特意给她带回来的。我马上吐了一下舌头，表示自己知道错了，也不顾一切地和同学们一起投入到劳动中去了。孩子们的行为教育了我。

有一次，我们班一个同学正在画板报，我走过去一看，身不由己地就想帮他画。他用胳膊挡着我说：“老师不能动手，学校还评比呢！必须得是同学自己出的。”我们班板报的大题目是“向英雄学习”，他画了一棵大松树在黑板的左上角，我远远一看，觉得整个版面有点头重脚轻，就建议他把树干擦去。他不情愿地答应了。我还是觉得不匀称，又建议他把树冠也擦去。不等他说话，我自己就擦了起来，一边擦，一边说：“还不如画花边，看着整齐点儿。”这时，他忍不住发话了：“孙老师，您可真有点儿……”我意识到他有意见了，问他：“我有点儿怎么啦？”“那我说了您别生气。”“我不生气。”“您有点儿得寸进尺。”我听了，忍不住哈哈大笑起来，虽然他用词不当，但也有他的道理。人家的画要用松树表现英雄的坚强性格，我是擦了树干又擦树冠，最后还让人画花边。于是，我说：“也是，我是有点儿‘得寸进尺’。你的想法是对的！画松树比画花边有意义，你还是把松树的枝叶画上吧！”最后，学校评比时，认为我们班的板报不错，还给予了表扬。这件事给孩子的印象极深，他不但写进了自己的作文里，也写进了给我的毕业赠言中，他写道：“在您教我的四年中，我发挥了自己的绘画特长。每当我想起在四年级我们为画那棵松树而发生的小小‘辩论’时，总会感到小学生活的快乐。”

向孩子学习，必有收获；向孩子学习，能使我们变得聪明；向孩子学习，你会进入一个其乐无比的世界；向孩子学习，你会获得教育王国的自由。

◆怎样抓住教育契机？

教师塑造人的灵魂，不仅需要汗水与精力，更需要心灵与智慧。这是一项艺术性和创造性都很强的工作。老师要有敏锐的观察力，善于捕捉孩子身上瞬间闪现的闪光点，使之发扬光大。老师还应是点燃学生心灵火花的人，老师对孩子的爱是促使孩子内心变化的催化剂，老师要通过师生心灵相通的纽带把自己的爱和憎移植到孩子的心里去。这项工程不亚于高科技尖端的工程。教育家苏霍姆林斯基不止一次地说，孩子对周围事物的冷淡态度是可怕的。我认为，无论哪个孩子，他的内心世界绝不会是一色的冰天雪地，总会有星星点点的火花可以捕捉，点燃这些火花，便可融化这冰雪世界，焕发起孩子的热情。善于抓住教育孩子的契机就是班主任工作的技巧和艺术，也是班主任爱孩子的具体体现。

班上有一个孩子，表现散漫，时不时地还说一些风凉话，对集体、对别人的事情漠不关心，似乎看破了红尘，表现出令人忧虑的冷漠态度。虽然他各科成绩都不错，竟没有几个人同意他当“三好学生”。孩子的这种状态有碍他自己的进步，客观上也起着涣散集体的作用，因为在教学过程和班队活动中，他的这种表现很影响班主任和其他同学的情绪。但我们对这样的学生不能讨厌，讨厌是不能使他改变的，班主任对他的厌烦只能使他更加逃避。我只能急在心里，努力发现他的闪光点，耐心寻找和等待教育他的契机。

这个过程往往是极其艰难和漫长的，需要耐心，需要高度专注，不能有丝毫的懈怠。终于有了机会！在学生练习跳长绳的活动中，我发现他身上迸发出了一点热情的火花，课间他不去玩别的，也参与到活动中来。我立刻抓住，大力表扬。这样一来，他每个课间都去练。我们班分两组练习，他不会连着跳，坚持在初学的那个组练，我在另一个组抡绳，眼睛却在关注着他，心里在惦记着他。有一天，他终于能连着跳了。我们在男生中选10名参赛队员时，我毫不犹豫地推荐了他，这时，我选择的不是参赛名次，而是想抓住教育一个孩子的契机。比赛结果是我们班得了第二名，他竟然为没得第一名而流了眼泪。这说明他为集体的事动心了，这是一个孩子内心巨大的变化，是情感上的一个飞跃。我为全体参赛队员照了相，并将之放入了我们中队的光荣册里。他也一反冷漠的态度，开始关心集体，甚至要求放学后一个人留下做全班的值日，我和同学们的赞扬、鼓励更加激发了他的热情。到了期末，同意他当“三好学生”的人数达45人之多。第二学期，他还被选为小队长。

抓教育契机是一种教育技巧，既要机敏，又要耐心。每个孩子存在的问题，班主任要做到心中有数，不能着急，也不能不管，要耐心等待时机，一旦时机到来，一定抓住，不要放过。在一次互相交换格言的中队会上，一个孩子拿出了一句毛主席的话——“虚心使人进步，骄傲使人落后”。很多同学都想要这张小小的格言卡片，我的目光立刻转向一个平时比较骄傲的小干部身上，我发现她正高高地举着手，希望得到这张卡片，我马上决定把卡片给她。我笑着冲她点了一下头，她看着我咬了一下嘴唇。我知道她要下决心改正自己的缺点了，小声对她说：“这下我就放心了。”

◆怎样看待孩子的“淘气”？

作家冰心说过：“淘气的男孩是好的，淘气的女孩是巧的。”孙云晓同志把这句话作为醒目的标题放在《少年儿童研究》杂志上。卓立校长也说过：“犯错误是孩子的权利。”淘气是孩子的特点，是正常现象，犯错误是难免的。不因为孩子淘气而生气，心平气和会有更科学的解决办法。

淘气的孩子往往蕴藏着巨大的能量，他们往往能够做出一般“好学生”做不出来的“业绩”。我校南春山老师班里转来一个“淘气包”，上课不守纪律，课后不完成作业。有一天，他对南老师说：“南老师，不是我不想好好学习，我是真的管不住自己；我不是个坏学生，是大家不客观看待我；也不是我不服班委，是他们的能力不行。如果让我来干，我一定……”对他的这一番话，南老师没有觉得他是一个“狂妄自大”和“矫情”的学生，而是从中看到了他的聪明、自信和大胆，看到了他身上宝贵的求异思维的火花。于是，南老师马上说：“好啊！我完全信任你！但不管怎么说，你说你行，也得让咱们看看行不行吧？从今天起，就先观察你半个月怎么样？最起码得先把纪律和学习来个变化是不是?”“行！一言为定!”

从此，这个学生有了突飞猛进的变化，跟换了个人似的，纪律上有了明显的约束力，学习上有了大幅度的提高，还能积极支持班干部们的工作……南老师看在眼里，喜上心头，不断在同学们面前表扬他，不久，他真的当上了中队长。南老师和干部们商量，让大家支持新上任的中队长的工作，让他充分发挥他的智慧和才能。

这位中队长劲头十足，第一次搞活动就不同凡响。当时正值全国上下“亚运热”，他们的活动内容就是邀请荣获金牌的运动员来做报告。他们分头行动起来，这个孩子单枪匹马来到了国家体委训练局，一口一个“叔叔”、一口一个“大爷”地软磨硬泡，最终感动了体委领导，训练局派出了第11届亚运会自行车室内一公里金牌得主周玲美到学校做报告。

这次活动搞得红红火火，令人难忘。结束时，这位中队长还没有忘记向周玲美大姐姐送上一份小小的纪念品。最出乎南老师意料的是，活动之后，他就此次活动专门写了两份通讯报道稿，发往《体育报》和《北京晚报》，而且都被发表了。

我教三年级时，六年级一个班的中队会邀我去观看，我挑了一名中队长和一个淘气包跟我一起去参加。同学们很惊讶，怎么也让他去？我解释道："别看他淘气，他可是咱们中队的少先队活动的积极分子。"这个中队会结束时，没想到人家请来宾发言，我带来的这两个代表当场高度评价了六年级的中队会，发言十分得体。回班后，我表扬了他们，大家也信服了我的选择。在后来我们中队的《甜与美》糖纸展览活动中，这个淘气的学生十分积极地担当了解说员的角色。现场会上，面对着中央领导，面对着中央电视台的摄像机，表现从容不迫，发言妙趣横生。他那自如的神态、自豪的表情以及生动的语言，都充分显示出自己是个"小主人"。他在作文中写道："有的老师嫌我淘气，说要整整我，可孙老师瞧得起我，喜欢我。"他告诉他的父亲："孙老师像太阳，融化了我心中的冰雪。"这话说夸张了，但也说明老师尊重学生所起的作用。所以我想说，对孩子尊重也是教育。对于淘气孩子的尊重与信任，往往会使他们受宠若惊，内心产生巨大的冲击和震动，使他们身上的闪光点迅速扩展。

可以这样说：淘气是孩子的"权利"，也是他们的"专利"。你不可能限制他，而要从他的淘气中搜寻到他身上闪光的地方，把它看做是"宝"，并让孩子自己和同学们也认识到这是宝，是有创造性的表现。那么我们就不会嫌弃和害怕他的淘气，而是用欣赏的眼光来对待他的淘气，来认可与尊重孩子的淘气。这时，我们的工作就会变得主动和轻松起来，甚至还可以从中得到很大的乐趣。

有时，孩子犯错是出于好奇。国庆节到了，学校里摆满了鲜花。一个孩子看见小蜜蜂直往花里钻，他想，这花里肯定有蜜，就揪一朵用舌头舔舔，真有点甜味，再揪一朵舔舔……以至忘了这花是不该揪的公共财物，被老师抓住，交给了班主任。开始我想：他怎么敢公然破坏公共财物？我也很生气。但仔细了解之后，我的火气就消了许多，心平气和地告诉他，对事物产生好奇心是好事，但做事要考虑后果。后来，他给学校拿来了一盆花作为补偿。班主任处理这类问题容易不冷静，认为是很丢面子的事，因此就很难做到尊重孩子。但如果一个孩子屡屡受到不是很切合实际的批评，他会产生逆反心理，以后的教育就很难进行了。

即使孩子真的犯了令人难以容忍的错误，也要认真诚恳地予以帮助，而不能生硬地狠批一顿完事。我教一个四年级三班时，各年级的班级之间要举行拔河比赛。一班有一个“大力士”宋某，哪班都很难赢他们班，我班高某竟然想出一个“行贿”办法。一班宋某看见我班高某在玩胶泥棒，他也想要，我班高某说：“给你胶泥棒可以，可有一个条件，你们班和我们班拔河的时候，你不能使那么大的劲儿。”宋某说：“行。”

还没比赛呢，事情就败露了。比赛前，我班中队长哭着跑来找我，说：“一班同学质问我：‘你们班品德课怎么学的？居然对我们班同学行贿！’您看，高×这么做丢不丢人哪！他还说是为了班集体，这叫什么呀，真是的！”我听后，马上找到一班的宋某，告诉他，和高某说的话不算数，一定要全力以赴地为自己的班集体争光！比赛结束，我班负于一班，队伍解散后，我们全班同学无一人留在操场上玩，回到教室，同学们哭了。我必须认真对待这一使学生惊心动魄的事件。我先听同学们说，一个说：“今天，咱们班不光输了拔河，还输了人，丢人！”一个说：“比赛前，我一听这事儿，第一道精神防线就崩溃了。”有的同学开始指责高某：“你还为班集体着想呢！你这叫混蛋逻辑！”高某本是一个很淘气的孩子，这下也蔫了。这时，我说：“高某想为班集体争光的想法是好的，但手段是错的！为班集体争光要靠实力，要通过正当的手段，否则，只能为班集体抹黑。问题已经产生了，大家在这里光哭、光埋怨是解决不了问题的。大家想想该怎么办？”班上最淘气的几个孩子愿意代表全班同学陪高某一起去给一班全体同学赔礼道歉。我跟着去了。一个同学代表说：“四一班的同学们，我们代表我们班同学来这里向你们全班同学赔礼道歉，我们班高某用不正当的手段想使我们班在拔河比赛中获胜，这样做是错误的，我们向大家说声‘对不起’！我们全班进行了讨论，对高某也进行了批评，希望这件事不会影响我们两个班的关系，希望四一班同学原谅我们。”同学们每个人的发言都很真诚，一班同学用热烈的掌声原谅了我班高某的错误。这件事不仅教育了高某，也教育了全班同学，使很多同学的认识提高了一大截。

◆他真的“一无是处”吗?

客观地说，再淘气的学生，也不可能没有优点，只是当他的缺点屡屡暴露出来的时候，我们往往会产生这个孩子简直“一无是处”的想法。一旦产生这种想法，对待孩子的做法就要失控了，天平就会倾斜了，老师的一系列错误做法随之产生，等待我们的也只有失败了。当我们把一个孩子说得一无是处的时候，不但让孩子失去了信心，也会让自己失去教育他的信心。所以，在这种想法要产生时，就得自己想办法调整，要千方百计用“显微镜”来搜寻学生身上的闪光点。

我班一个孩子李某，不好好学习，也不遵守纪律，各科任课老师都说他不是这问题，就是那问题。小队评比时，经常因为他给小队减红旗数量；课间活动时，学校值周生也是因为他违犯校规给我们班扣分，同学们对他很有意见。我怎么办？我不能让大家为此嫌弃他。有一天课间，我忽然发现，他和一个同学小声说了几句话之后，高兴得挥舞着拳头跳起来欢呼：“太好了！”我想知道他为什么这么高兴，就招手让他过来，问他：“什么事让你这么高兴？”他神秘地告诉我：“今天是评优秀小队的日子，我问统计红旗数的同学了，我们第二小队的红旗数最多，我们肯定是优秀小队了！”“你这么爱你们小队？”“那当然了！”他语气里充满了自豪。我想，我得把他的这个积极的思想感情告诉大家，让大家了解他，他也是热爱集体的，只是自制能力差。当优秀小队宣布之后，我把他的这个表现说给大家听，全班同学特别是第二小队的同学为他的这一举动热烈鼓掌。

接着，利用午休时间，我让大家说一说李某有什么地方值得大家学习，并让一个同学记下来。有的说：“李某能热情帮助同学，我忘了带橡皮，他主动借给我了。”有的说：“李某爱劳动，他经常主动帮助我们做值日。”有的说：“今天课间，我的本儿掉地下了，是他帮我捡起来的。”……同学们说了整整十条他做得好的地方。我说：“过几天，我们还要这样说一回。”我这么做的目的，一是鼓励李某继续进步，二是引导大家关注他的努力，随时发现他的点滴进步，促使他尽快改变自己。这样做，也是给我自己增添教育好他的信心。

第三章

爱，是没有疆界的

◆对“矫情”的学生怎么办？

有时我们认为无关重要的问题，学生可能认为是大事，他会没完没了地较劲。我们往往认为这样的孩子“矫情”，其实，如果我们能够设身处地地想一想孩子的需求是什么，就不会认为他“矫情”了。

有一次，自然老师留了养蚕作业，这对北京市中心的学生来说是个难以完成的作业。李某没有蚕，张某答应给李某带一条蚕来。但是，张某却把带来的蚕给了别人，李某不高兴了，在数学课上没完没了地和张某争吵，以至闹到数学老师把他送到我的办公室。开始我想，人家的东西愿意给你就给，不愿给你就不给，无所谓的事。但是站在孩子的角度想想，这蚕是他的自然作业，城里孩子完成这项作业是有一定难度的，好不容易已经解决了的问题现在又成问题了，他能不着急吗？如果我们只是一味地指责李某矫情、小题大做、无视课堂纪律，问题是得不到真正解决的。所以，我必须承认张某不守信用是错的，再来说李某做得不妥的地方，他才能服气。我体会，不尊重孩子、不理解孩子的老师是没有威信的老师。反之，如果我们能够尊重孩子的想法、理解孩子的做法，就能够使孩子依靠你、信任你，从而听从你的教导。

有一个时期，每到周末，我们班就会给一批一周来表现好的同学的家长写一封表扬信。一次，同学们已经评完，表扬信也已经发完了，还是这个李某，就是不回家，反复向我说明：“孙老师，这一周我使劲憋着，没有犯任何错误，我是一抠抠错误也没有犯啊！”说“一抠抠”时，还用小拇指比着，说明一点点错误也没有犯。而且，他哭得十分伤心。我知道他的意思是为什么没有他的表扬信，于是我问了几个还在教室里做值日的孩子，他这一周表现得到底怎么样，大家都说还不错。我知道，其实是大家对他原来的印象不好，即使他进步了，也没有被人发现，这其中自然也有我的责任。他经过自己的努力，进步了，非常希望得到老师和同学们的认可，可是我们忽略了他的努力。这是孩子合理的需求，也可以说是要求进步的表现。于是，我说：“我给你补一封表扬信吧！”他哭着，还执意说：

“那不行!”“为什么?”“因为这封表扬信好像是我争来的。”这时，我们绝对不能说：“你的表现不就是在争这封表扬信吗?”对于他来说，他要的是一个公道。我就对正在做值日的七八个同学说：“你们先停停手里的活，咱们说说该不该发给他表扬信。”大家经过讨论，都肯定了这一周来他的进步，我让大家再表决一下，同学们一致同意给他发表扬信。这时，他才拿走了给他的那封表扬信。想想看，如果这个孩子不说，把话窝在心里，他的积极性肯定会受到打击，再想把他的积极性调动起来可就难了。弄不好，孩子根本就不在乎你的什么表扬和批评，教育就更难进行了。我们郑重其事地给了他一封表扬信，就是尊重他的需求。对于他来说，就是承认了他的努力和进步。细想想，他的“矫情”自有他的道理。

四年级时，李某毛遂自荐做了我们中队“知识竞赛”的主持人，他主动出知识竞赛的问题。竞赛时，他总是不由自主地想让自己的小队获胜，一旦他们小队的同学答对了题，他就会兴高采烈地喊道：“加10分!”在抢答时，他问了这样一个问题：“一个10岁的男孩儿，他会不会是爸爸?”这道题他叫别的小队的同学答，人家说：“不会!”他得意地说：“错啦!他长大肯定是爸爸。去掉10分!”即使这样，他们小队也没有获胜。知识竞赛结束了，同学们在收拾教室，他在那里哇哇大哭，一边哭，一边说：“太挤对人啦！太挤对人啦!”我说：“谁挤对你啦?”“第二小队!”“怎么挤对啦?”“他们小队赢了，就又是跳，又是拍手，还欢呼：‘我们赢了!我们赢了!’您说，这不是挤对人吗?”我说：“人家赢了，人家高兴，这是正常现象，怎么能说是挤对人呢！我还没说你呢，你今天做主持人是公正的吗?”他竟然说：“啊？孙老师也不讲理啊!”接着又哭。看来，今天是谈不通了，我生气地让他回家了。在校园里，手工老师看见他哭得伤心，问：“李某，怎么啦?”他哭着说：“我今天才知道，孙老师也不讲理啊!”他平时上课非常爱发言，第二天上课他举手我也没有叫他，我在用我的冷淡态度教育他必须进行反思。但是要适可而止。第三天班会课上，我们学习老山前线解放军的英雄事迹，他又举手了，我叫了他，他站起来说：“解放军叔叔伟大，我不是东西!”“为什么?”“前天是我不对，我不应该……”他做了自我批评，我让大家给他鼓掌。

六年级时，学校举行赛歌会，我们利用中午休息时间学了很多首歌曲。李某虽然没有什么乐感，但是练习得非常投入。我们连《回娘家》这

首歌都学了，在唱“谁家的媳妇呀走呀走得忙啊”时，曲调需要拐弯，他每次唱到这里，都必须用手比画一个很大的弯，动作十分可笑。他周围的同学看见后忍不住笑了，我和数学老师也忍不住笑了，这时李某很生气地说：“严肃点！练歌呢！谁笑谁出去！”同学们不笑了，数学老师悄悄地对我说：“我别让他给轰出去，我自己先走吧！”

到了比赛那天，我们班没有得第一，还没有走出礼堂，我已经看见挂在李某脸上的眼泪了。待同学们刚刚回班，李某便大哭起来，边哭边说：“这公平吗？这公平吗？”一个女生说：“就是！说是选歌的内容要健康，他们二班还唱‘你想着我，我想着你’呢！”李某呼地站起来大声附和说：“他们唱的还不是‘你想着我，我想着你’，是‘你拥有我，我拥有你’！这健康吗？这健康吗？不公平！”他很激动地一边比画一边说。我说：“二班真的唱得还是挺好的。”李某说：“他们好，他们好！他们都上了老山前线了，他们消灭了敌人一个军，行了吧！”我哭笑不得，但是我不讨厌他，想想练歌时候他那股认真劲儿，想到他毕竟是热爱这个班集体的，没有得第一孩子心里不痛快也是很自然的事，只是教育他不要为此影响班级之间的团结也就可以了。对这样的学生，我的看法就是得容他们存在，得给他们生存的空间，尽可能地发挥他们的才能。我们班成立木偶剧团时，他通过竞选还当上了木偶剧团的副团长呢！

◆用是否遵守纪律来衡量所有的学生是公平的吗？

我认为是不公平的。

因为孩子的性格不同，有的孩子好动，有的孩子好静，有的孩子坐40分钟没有什么，有的孩子坐4分钟就非常难受。大部分男孩子生性好动，要求孩子上课40分钟一动不动地听老师讲课，对于有些孩子来说，那是“活受罪”。就因为有些孩子上课有“小动作”，也不管他是不是在学，就说这个孩子不守纪律，就要找家长告状，是不是有点小题大做？现在已经有不少教师认识到，不能把学习成绩好、遵守课堂纪律作为评价学生的最重要的两条标准，这样会把一大批有点淘气的学生隔在好学生之外。这是很不公平的。

我们可以看看我们选出来的少先队小干部，看看我们评选出来的“三好学生”，男生少得可怜。这种现象是不正常的！因此，我总是在选少先队干部时，把“积极参加少先队活动，热心为大家服务，有一定的工作能力”作为最重要的标准来选，这样才能使一部分男孩子当选。但是，这种做法，还可能使有些老师不理解，一旦他们有一点儿淘气，就会听到这样的话：“你还是中队委呢！你们班是怎么选的啊？”“你还是小队长呢！你配吗？”其实，有些淘气的学生是很有工作能力的。一位非常出色的主持人曾对我说：“我小时候因为淘气，经常被老师轰出课堂。”就是这样一个孩子，长大后不也很有出息吗？

◆老师为什么要特别注意“倾听”孩子的诉说？

我认为，如果师生关系是和谐的，学生几乎没有故意想犯错误的，所以，当孩子犯错误的时候，不要因为错误严重就不问青红皂白乱批一通。要耐心倾听孩子的诉说，这样才不会冤枉孩子。为什么要“耐心”听？因为孩子在激动的时候，几句话是不可能把事情叙述清楚的，老师再不给机会让他说，甚至孩子刚一说，我们就把他的话堵回去，孩子根本就无法把事实真相说清楚。

有一次，一个五年级班的学生田某找到我，哭着说：“今天我们班班主任不在，有几个同学欺负我，他们老挤我。”我问：“他们在哪儿？”“在门外。”我出去把他们都叫进来，问他们：“到底是怎么回事？”其中一个孩子说：“就因为他，我们班一节体育课没有上成！”“就是！”其他孩子随声附和，我又问：“为什么？”“他在队伍里不守纪律，老师让他出队，他说什么都不出来，老师就让我们全都回班了。就这样，一节体育课就没上成。”我看到这些孩子中有两个气得哭了。我对田某说：“你看，同学气得都流眼泪了，看来他们不是故意欺负你。”我又对同学们说：“你们的心情可以理解，不过这解决问题的方式……”这时，田某说：“甭管怎么说，我不应该不出队，影响大家上体育课，对不起！”他给同学们鞠了一躬。同学们也说：“我们也不应该挤他。对不起！”我因为听到田某说的话里有一个“甭管怎么说”，就觉得有别的原因，于是，我又对田某说：“你刚才说‘甭管怎么说’，是什么意思？”田某说：“队伍里说话的不是我，是我旁边的同学，所以我不出队。”我点点头，说：“同学们，现在你们能够原谅田某的做法了吧！”

这样解决孩子们中发生的问题，他们才能心服口服，一个孩子都不冤枉，老师才有威信。

◆不让“个别”的学生参加集体活动合适不合适？

不合适！

学校开展集体活动的目的就是为了教育学生，学生在集体活动中能够受到教育。如果因为学生平时不守纪律，就不允许学生参加秋游、春游或其他活动，是消极的做法。有些老师怕影响自己班的成绩，就不让表现个别的学生参加比赛，其实是失去了教育他的机会。记得我的同事万平老师的做法就很好。队列比赛时，她让班上的两个、能力比较差的学生都上场了，虽然其中一个学生一迈步就顺拐，但是老师看到了他的努力，回班后还是表扬了他。当然，他们上场会在一定程度上影响比赛成绩，得不了第一，但是作为教师，班级的名次是次要的，孩子的成长才是最最重要的。万老师说：“班里没有得第一是小事，伤害了孩子的自尊心是孩子一辈子的大事。”我校的杨奕老师也是这样，她的班里有一对双胞胎，都是全校有名的淘气包。队列比赛时，杨老师不仅让他们俩参加，而且让他们做队伍前列中队旗的护旗手，为完成这个光荣的任务，两个人别提练得多么认真了。比赛时，老师还特意为他们照了相，贴在班里的墙报上。

一次，我去一个学校给老师们讲“怎样做学生喜欢的老师”，讲完，一位男老师说：“孙老师，我唱歌走调，上小学歌咏比赛时，我们班主任不许我在合唱时出声，我一直别扭到现在，您说，老师做得对吗？”他的问题引起我的思考，像他这样的问题，班主任这样处理的恐怕也不在少数，无非都是为了班级的荣誉，但是，却伤害了一个孩子的自尊心。如果是我现在处理这个问题，我会认真听这个孩子哪个地方走调，教给他正确的唱法，还不行，就要听听他哪几句不走调，告诉他为了集体的荣誉，走调的地方小声唱，不走调的地方可以放声唱，总之在尊重孩子人格的基础上处理这件事情。

◆老师接新班，应该注意些什么？

接班前，首先向原班主任了解本班学生的情况，问题装在心里，牢牢记住这个班的优点。第一次和孩子们谈话，首先告诉他们你了解他们的优点，列举他们的长处，表示一种友好的态度，一种非常愿意接纳的态度。还可以说说新学期老师的打算。孩子们对原来的班主任是很留恋的，我们可以让孩子们说说原来班主任好在什么地方，表示要向原来的班主任学习。切忌贬低原来的老师或把这个班说得一无是处。有的老师一开学就在学生毫无准备的情况下，来一个测验，成绩肯定不理想，以便用以后的好成绩证明自己的教学水平高。这样做，会影响老师之间的关系，也会伤害孩子们的感情。

我的同事王秀鲜老师接了一个基础比较差的班。开学前她就挨家挨户地做家访，首先是和家长进行沟通。告诉家长学校对这个班是很重视的，这个班问题的产生是多方面的原因造成的，老师有信心在今后的工作中改变目前的状况，并希望得到家长们的支持。再者，也为了解孩子们的情况，让学生感到新接班的老师是关心他们的。这样做，使家长和学生接纳了这个班主任，以后的工作就好开展了，可以说创造了一个良好的开端。

1980 年，我新接了一个四年级班，我尽可能让学生感到我不仅是他们的老师，也是他们的大朋友，努力建起师生之间友好情谊的桥梁。讲第一课《海上日出》时，我结合课文绘声绘色地讲起我在北戴河所见到的海上风光，我把从海边带回来的小螃蟹装在玻璃瓶里，拿给同学们看，还把我在海边捡的一书包贝壳送给每个同学一捧，算是送给同学们的礼物。一个同学在作文《开学后的一件事》中写道："这一捧五颜六色、形状各异的贝壳，象征着我们师生之间的友谊，这是老师送给我们的见面礼，而我们应送老师什么呢？老师说，她要的只是我们的进步。我一定用自己的进步来回送老师！"就这样，良好的开端为今后的班主任工作打下了基础，也为团结全班同学、巩固班集体起到了积极的作用。

◆面对刚入学的一年级学生，老师应该做些什么？

孩子从幼儿园的小朋友一下子变成了一年级的小学生，这是孩子童年生活的一个转折点。孩子的学前生活是以游戏活动为主的，上学以后变成以学习生活为主，这是一个很大的转折，不一定每个孩子都能适应。孩子一上学，必须学会上课听讲，学会完成作业，学会和几十个孩子相处……实事求是地讲，孩子面对的困难是很多的。如果有老师的爱，有老师耐心的帮助，孩子们就有信心克服这些困难，顺利地完成从幼儿园到小学的过渡。

帮助孩子完成这个过程，首先让孩子有一种安全感，老师要亲切和蔼。我校的特级教师刘淑敏老师在一年级学生入学的第一天，带领他们参观校园，告诉他们饮水机在哪儿，卫生间在哪儿，医务室在哪儿，老师办公室在哪儿……而且，每遇见一位老师，都带着孩子们问好，并告诉他们这样做就是有礼貌。她还教给孩子们怎样鞠躬，注意从孩子第一天入学就开始培养他们的文明礼貌习惯和学习习惯。老师还要告诉孩子们上学多么有意思，学校都有什么课程，比如一年级有形体课（舞蹈课）、游泳课、说话课等孩子们非常感兴趣的课程，把孩子们的兴趣吸引到学校的学习生活中来。总而言之，要让孩子能够很快地爱上学、爱老师、爱同学，尽快适应从幼儿园到小学的过渡。

◆怎么能让一年级学生爱上学？

假如你接了一个一年级新班，在几天之内就能够让这些孩子喜欢上你，喜欢上学，没有一个哭闹着要回家、要找妈妈的，那么这就是你的重大胜利！是你的一大功劳！是你教育艺术高超的表现！

对于一年级的孩子，我首先想做的是让孩子爱上学。所以，一年级的新生入学教育我是小心翼翼的。孩子在入学前，一般说来，是怀着极大的热情与好奇盼望上学的。入学后，假如我们的工作稍有不慎，孩子的这种热情就会冷却下来，以至产生厌学情绪。所以，老师要千方百计保护孩子一开始的那种爱上学的心境。这比教会学生一个字、教会学生一道题重要得多。我把学生一开始是否愿意来上学作为我接一年级成功与否的标志。

我班当时有45名学生，都是独生子女，个个都是家里的宝贝。假如我给予他们的爱的能量不够的话，便与他所生活的环境协调不起来，那么对他的教育也就无从谈起了。不过，我总是信心百倍地想：只要我努力去做了，我的学生一定会喜欢我，并能接受我的教育。

我像迎接隆重的节日一样，以无比激动的心情对待我和孩子们的第一次会面。

一个孩子进来了，我笑着主动迎上去问："你叫什么名字？""我叫阎漫。""噢，你的名字真好听！"

又进来一个孩子，"你叫赵蕊，对不对？入学报名时我们见过面，你给我留下了非常好的印象。"

"赵姗姗，你的脸色怎么这么苍白？""老师，我不舒服。"我摸摸她脑袋，不发烧，就说："你趴在桌子上休息一会儿。"

最后进来的孩子叫王晓路，他回头望着妈妈，他妈妈说每天送他到幼儿园都是这个样子。这使我想起我送自己的孩子去幼儿园的相似情景。我很动情地搂过王晓路，关上教室的门，轻声问："王晓路，为什么流眼泪？"

"妈妈哪儿去了？"

“她在礼堂里听校长讲话。”

“上学许回家吗?”

“当然，一会儿放学就回家。”

我一边把他往座位上送，一边对大家说：“从今天起，我们不再是幼儿园的小朋友，而是史家胡同小学的小学生了，我现在就称呼大家为‘同学们’!”孩子们为之一震，坐得直直的。我接着说：“我们来互相介绍一下，我姓孙，叫我孙老师好啦!”

“孙老师好!”

“同学们好! 你们真是懂礼貌的好孩子。下边，请你们一个一个告诉我和大家，你叫什么名字? 请按顺序说。”

第一排的第一个孩子站起来，大声说：“我的名字叫康博!”

我马上鼓励道：“好洪亮的嗓门，说的还是一句完整的话。你是哪个幼儿园毕业的?”

“我是从空军幼儿园毕业的!”

“你回答得真棒!”我表扬了他。

王晓路这时也顾不上哭了，他已经在思考如何回答我的问题，该他说了，他站起来，清清楚楚地说：“我的名字叫王晓路，是从外交部幼儿园毕业的。”我立刻说：“王晓路是哭着进来的，现在他不哭了，话说得这样清楚，这就叫进步，让我们为他的进步鼓掌!”教室里响起了一片掌声。从此，王晓路爱上学了，并和我建立了深厚的感情。

后来，赵姗姗的爸爸告诉我：“入学第一天，我的孩子不舒服，她胆子小，真担心她坚持不下来。我和她妈妈都是在通县上班的工人。下班后，我们急急忙忙赶回家中，谁知看到孩子的心情特别好，她高兴地告诉我们：‘孙老师特别可爱，就像妈妈一样。’我们心里非常激动。”家长对老师的认可，又直接影响孩子，这就是一个良好的开端。

为提高孩子们的学习兴趣，强化孩子们热爱学校生活的情感，我编了一首反映他们学习生活的儿歌，用汉语拼音写在黑板上，题目就叫《我爱上学》。

小学生，起得早，
高高兴兴上学校。

数学课，练口算，
七减四，等于三。
语文课，学写字，
横竖点捺有意思。
美术老师教画画，
教我们画鸡妈妈。
体育老师真有趣，
编了小猫小狗队。
舞蹈课穿舞蹈袜，
跳起舞来人人夸。
手工课，我爱上，
做个灯笼还真像。
自然老师有知识，
说蚂蚁是大力士。
阅读课我天天盼，
又听故事又表演。
唱歌课，练发音，
多来咪发真开心。
外语课可不能少，
Good morning 是早晨好。
我学本领不怕苦，
长大全都有用处。

我还利用午休和辅导班时间，教孩子们唱歌、画画、演木偶戏、演童话剧、说相声、学跳舞、读课外书、讲故事等。

丰富多彩的学校生活深深地吸引着孩子们。一个孩子病了，还执意让妈妈把她送到学校参加《森林里的朋友们》的班会，因为她在剧中扮演了一个小动物。

能够使刚入学的一年级孩子很快适应学校的生活，并爱上自己的老师、同学以及所在的班，这就使我们的班主任工作成功了一半。

◆你发现一年级孩子渴望与老师亲近吗?

一年级孩子比其他年级的孩子更渴望与老师亲近，所以，我每接一个一年级新班，都要用我的爱来迎接我的学生，千方百计用我的爱使学生爱上我这个老师，从而使学生爱上学校的学习生活，这是引导学生顺利走上学生生涯的重要一步。

我班学生都在学校吃午饭。从早上七点多到校到下午五点放学，一天要和我相处九个多小时，我不能让他们感到在学校感情上没有着落，无论多累，课间我都和他们在一起。一天，一个孩子问我："您抱得动我吗?"我明白孩子是想和我亲近，这是刚刚脱离幼儿时期的一年级孩子的特殊要求，于是我就把他抱了起来，这一来，周围的孩子都要求我抱抱，我就抱起一个放下，再抱起一个……孩子们得到了一种前所未有的满足。我把一年级孩子爱上学看得比什么都重要，只要孩子们愿意来到学校，我们的教育就能进行，我们的目的就能达到。

有一天上课时突然，打雷下雨了，雷声越来越响，我看到了这些六岁孩子害怕的神情，我就走下讲台，张开双臂，在行间走着，笑着对孩子们说："同学们，我现在是一个鸡妈妈，你们都在我的翅膀底下呢，什么也不用怕!"同学们一听，都轻松地笑了起来，我接着说，"打雷是一种自然现象，没什么可怕的，我们都已经是小学生了嘛!"这样，孩子们在爱的呵护中也受到了教育。

我们设想一下，一个一年级的孩子在我们的班里学习，他的多少个家人在惦记着他，无论这个孩子有多少缺点，无论这个孩子聪明与否，他的家人都在盼望着老师能喜欢他、关注他、善待他、诚心诚意地帮助他。我们爱一个孩子，就稳住了无数个家长的心，使他们能在自己的岗位上安心工作。我们爱一个孩子，也为自己今后的教育工作打下了良好的基础。

我教一年级的时候，课间总是和孩子在一起，于是，我的周围永远是围着一群孩子。这时，我总要特别注意远远看着我们的学生，他（她）也想和老师亲近，但是胆子小，不敢过来，我总是热情地向他（她）招手，或者走过去把他（她）拉过来，和我们一起说笑。我们要心里装着所有的孩子。一个一年级学生的家长曾经对我说："我从教室的窗户偷偷地往里看，看到孩子们都围在您的身边，您对孩子们真好，我就放心地走了。"

◆你注意培养学生东西要摆放在一定的位置了吗？

对于小学生来说，养成教育是非常重要的。东西要摆放在一定的位置，看起来是小事，但是这样做可以让孩子养成生活有规律、做事有规矩的好习惯。培养这个好习惯要从一点一滴做起，从收拾书包开始，甚至从摆放铅笔盒里的文具开始。有的孩子的铅笔盒里，铅笔是一层，橡皮和尺子又是一层，这样找东西时好找。孩子们的课桌上，书、本和铅笔盒都要摆放在一定的位置，上课用时方便，教室里也显得整齐。有的班级，当学生去上体育课时，把红领巾折两下，整整齐齐地摆放在每个人的课桌上。整洁的环境能够使孩子的心情愉快，情绪稳定。培养这个好习惯，需要家长的配合，学生回到家里，书包、大衣、帽子、摘下来的红领巾、换下来的鞋也放在一定的位置，进而孩子的换洗衣服、玩具以及其他物品都应该放在一定的位置，找起来节省时间。孩子一旦养成这样的好习惯，终生受益。

◆怎样对待学生的失误？

对孩子的失误要抱宽容的态度，特别是当孩子已经认识到自己的失误所造成的不良影响时。一次课间操比赛，全班同学做得极其认真，但是有一节操，在大家都做弯腰动作时，一个孩子忽然直起腰来，错误动作非常明显，评委为此扣掉我们班 1 分。比赛完毕，刚回班，这个做错动作的同学就哭了，在这之前，我和同学们也什么都没说，这时，我反而安慰她说："你的失误是因为太紧张了，我们大家都可以理解。"这样就不会使孩子思想上有压力。

我还记得这样一件事：中队改选中，一个学生落选了，他站起来表态："由于我的散漫，没选上中队委，但我不灰心，今后，一定要加强纪律性，争取卷土重来!"我一听，用词错误，但我不笑话他，只是说："看来你的决心很大。帮你纠正一个词，把'卷土重来'改成'东山再起'。"孩子一想，老师说得对，笑着点点头。

我们学校的严佶老师有一天下午准备去中央电视台录像，所以穿戴比较讲究，发型也修饰了一番。没想到在学生吃加餐时，一个淘气包不小心把一袋酸奶挤破了，酸奶喷了严老师一头一脸一身，全班学生都惊呆了，那个淘气包也吓傻了。这时严老师什么话都没有说，马上回办公室擦洗完毕，尽管浑身仍带着酸奶味儿，但是她笑眯眯地回班了，冲着站在那里一直没敢动弹的淘气包说了一句："你这个小坏蛋儿!"全班同学都笑了，大家这才松了一口气。

◆你注意学生的心理健康了吗？

学生情绪是不是愉快，情感是不是丰富，性格是不是开朗活泼，与人交往是不是正常，意志是不是坚强，有没有耐挫折的能力，有没有应变能力……这是和学习知识同样重要的事情，是培养学生健全人格的重要内容。

有些孩子攻击性行为很强，如果不从心理学的角度去看，就会觉得这个孩子品质不好，会非常反感这样的孩子。其实，攻击性强是一种心理障碍，是心理上的一种疾病。这样看，我们就会对这种孩子抱有同情心，像对待生理上的疾病一样想帮助他，而不是反感他。对于特别孤僻内向的孩子，也不会因为他们没有影响课堂纪律而忽略了对他们心理偏离的矫正。

我负责编辑学校的《童心校刊》。有一天，我在四年级学生的作文中发现一个孩子写道："从一年级起，我就因为自己个子比较矮、还有点胖而自卑，自卑让我连一个最好的朋友都没有，不知道有心里话该向谁说，只好自己把心里话写下来，这样心情还好一些。其实，我还是有优点的，手工做得不错，作文也还可以，我也不知道为什么我会有自卑感。我真的不知道应该怎样去掉自卑感，我真的很想去掉自己的自卑感。”经她同意，我在校刊上登出了她的想法并写了下面的话：

李某同学：

你好！今天我去四年级办公室，让老师们推荐同学们的好文章时，你的班主任老师把你的作文本递给了我。我一看，你写的文章果然不错，我忽然又发现你写的这篇《我的自卑感为什么总不消失》，心里一紧，想和你说几句，看看能不能帮上你的忙。每个人都有自己的优点和缺点，都有长处和短处。你认为你的自卑感的产生就是因为自己“个子比较矮，还有点胖”，这算什么！我看见你了，很正常，不算矮，也不算胖，而且长得很可爱，你的班主任老师也说你是一个很可爱的同学。你看看我，又矮又胖，都买不到衣服，必须定做，但是我不自卑！我有我自己的长处。你不是也有优点吗？这学期你的第一篇作文《回老家》成绩是“优+”，老师给你画出了那么多好句子！你多棒啊！这方面你超过了好多同学。你的字也写得很漂亮！别总想着“我有自卑感，怎么办啊”，要多想“我能行”，你去试着和自己喜欢的同学交个朋友，一次没有成功，没关系！换个同学再试试，我就不信你交不到好朋友！

这里，我也想对四二班的同学们说几句话，你们班上的李某同学有一个很苦恼的问题，她想克服自己的自卑感，同学们是可以帮得上忙的，希望大家多看她的优点，多夸她的成功之处，主动和她交朋友，多和她一起做游戏，多和她一起聊天。我们相信，李某同学在大家帮助之下，一定能够很快树立起自信心，成为一个心理健康的愉快的孩子的。

同学们，我希望大家平时要多看同学的优点，多肯定别人的长处，多鼓励同学的进步，这样可以增强同学的自信心；千万别讥笑别人，对别人的弱点和失误要抱宽容的态度，不然就会损伤别人的自尊心，甚至会使别人产生自卑感。我相信大家今后会做得很好的。

同学们的大朋友　孙蒲远

关心孩子的生活是比较容易做到的，而关心孩子的心理健康就有一定的难度了，但这是班主任更应该做的事情。一个男孩子在他的日记本中向我反映，有几个同学爱说他脏，总躲着他，他心里很难过，觉得很压抑。我把他找来，单独问他："你每天都洗澡吗?""每天都洗，每天都换衣服。"听了他的话，我正在思索同学为什么会这样说他时，他自己先说了："可能是我学习不太努力，成绩也不好，同学瞧不起我。"我点点头，但马上说："那他们这样说也不对。不过，在学习上你是应该加把劲了。"他点点头。下午辅导班上，在同学们写作业前，我把这件事向全班同学说了，希望大家要帮助他，不要歧视他。我故意大声问他："你每天都洗澡吗?"他说："是，每天都洗澡，每天都换衣服。"我们说话的时候，我紧紧地搂着他，我的脸几乎贴着他的脸。我是想用我的行动告诉大家，他不脏。同学们看我这样做，都纷纷向他赔礼道歉。这个同学毕业考试的作文就是写的这件事，题目是《难忘的一件事》。如果不是我们的师生关系好，他不会把这件事告诉我，如果总是闷在心里，就会出问题，甚至会产生心理障碍。

我们长期这样教育使孩子们也能够自我调节了。一次学校欢度新年，各班电视里都在播放学校红领巾电视台录制的新年联欢会的节目，我和我们班的一个同学坐在一起观看，电视里正在播她演唱的歌曲，我小声问她："看自己的节目，什么感觉?"她非常平静地说："唱得还可以，形象差点儿。"她不漂亮，却不自卑，我看到我的学生能够这样，从心里往外乐。

◆遇到攻击性很强的孩子怎么办?

孩子的攻击性强是一种严重的心理障碍。他们往往不会与同伴正常交往，不是招惹同学，就是出口伤人、动手打人，给班主任工作带来很大麻烦。

首先，在认识上要明确，学生的攻击行为属于心理问题。过去在遇到学生的攻击行为的时候，我头脑中首先显现的不是"这个孩子有心理问题，值得同情，要想办法矫正"，而是"这个孩子怎么这样自私！一点亏不吃，没有谦让精神，真让人烦"！学习心理学后，从理性上知道了孩子的攻击行为不完全属于道德品质问题，因而在处理学生问题时就冷静了许多。

但是，还是有相当一部分教师仍旧持有我原先的看法，比如，发现一个学生打人，马上就会认为是他在“欺负人”“野蛮”，是“害群之马”，甚至会说他“不可救药”。因为学生的攻击行为，特别是打人、骂人，对一个班集体影响极大，给他的班主任也会带来很大的麻烦，所以班主任和任课教师都相当反感有攻击行为的学生。而这种看法和做法对矫正学生的攻击行为极其不利。这也是我们一线教师学习心理学的重大意义所在。

遇到学生的攻击性行为，一开始，教师应该表示理解学生的冲突行为，取得学生的信赖，让学生体会到教师的诚挚态度，改变消极和敌意的做法，愿意和教师合作。如果做到了这一点，与教师顶撞的学生很快就会改变蛮横的态度，这一点我是从实践中得来的。

接着是了解事件的细节，减缓学生焦虑不安的情绪，增加理性语言。我把这个环节叫做“倾听”，倾听是对学生的尊重，在听的过程中，要特别记住他主动承担责任的语言，在他说完后给予充分的肯定，这是引导。在孩子诉说的过程中，允许孩子为自己辩解，这也是许多教师做不到的，甚至有的教师就不听学生的解释，打架就得写“检查”，根本不解决学生的真正的思想问题。

然后是探究学生对事件的看法，了解学生冲突的症结所在，制订矫正的目标。用心探究学生对事件的看法，矫正的目标会更有针对性。我是通过倾听学生诉说事件的细节来判断冲突的症结，找到后，才能对症下药。

当我们了解了事情的缘由以后，和学生一起共同分析事件引起的后果，特别是让学生自己谈出事件引起的不良后果，对班集体、对个人、对对方、对家庭等，以引起学生的“后悔”、“惭愧”的情感，然后要求学生自己提出解决办法。

以上的工作做到位了，就可以真正达到学生坦然接受惩罚，避免不良行为再度发生的目的。接着，我会和学生一起商量如何在同伴中消除不良影响，挽回自己在同伴中的威信。怎么做呢？引导学生自己要求在班集体中公开做一个自我批评，如果学生自己没有提出这样做，我得从他的角度出发，说服他这样去做，这不仅是矫正他的攻击行为的必要过程，也是教育全班同学明辨是非的过程。

整个过程要维护学生的自尊，最后要鼓励学生面对现实，重新开始。

当我们与学生个别谈话时，当学生在全班同学面前做自我批评时，我们在人格上是尊重学生的，对学生不能有人格上的侮辱。学生对自己的问题认识比较深刻时，老师要带领大家为他鼓掌，鼓励他“从哪里跌倒，就从哪里爬起来”，继续前进。

有一年，学校决定把一个别的班的男孩子调到我班。他不守纪律，不完成作业，学习成绩不及格，还经常打同学。教过他的老师都怀疑他神经有些不正常。我接收这个孩子时，决定把教育他的过程作为研究孩子、摸索规律的过程，变这个难题为教科研的课题。平时，我也是把一个个难以教育的学生变为我研究孩子的一个个专题，我相信教育的力量，相信班主任对孩子爱的力量。于是我笑着对他的愁眉苦脸的妈妈说：“您放心，我有信心把他教育好。”孩子刚刚一年级，可以说可塑性还是很大的。我教育他时特别注意科学性，要求自己一定按教育原则来工作，要用心理学的理论做指导，正确对待他、理解他、鼓励他。

观察这个孩子，努力寻找他身上的闪光点。在他妈妈领着他和我第一次见面时，我全神贯注地看着他：光头，满身满脸的土，一脸的嬉笑、满不在乎的神态。更令我吃惊的是，他妈妈在哭，他却瞅着妈妈笑。我心里想：难道他真不正常？但是我马上想到自己的责任，态度诚恳地对他说：“刘某，妈妈是为你发愁，你不应该笑，你心里也着急才是个懂事的孩子。”他不笑了。我想：他能听懂我的话，有救！我要求他妈妈帮他洗干净，把头发留起来，改变对他打骂的教育方法。我坚信，只要我能找到打开他心灵的钥匙，他内心深处的闪光点就一定会迸发出绚丽的火花。

重要的是尊重他，关心他，唤起他做人的尊严。他第一次进班，我们认真地开了一个欢迎会，使他感受到新集体的温暖。欢迎会上，同学们说了许多热情洋溢的欢迎他的话，我让他表态时，他竟一句完整话都说不上来，我是一句一句教他说完一段话的。当他在科任课上憋不住把大便拉到裤子里时，我不让同学们讥笑他、嫌弃他，还帮他擦洗身子，把他的衣服从里到外都洗干净。他妈妈来接他时，感动地搂着我掉下了眼泪。从此，刘某也和我亲近了许多。

教育他时必须用道理说服他。刘某到我班不到半个月，就打了三十多个同学。一天课间，大家打乒乓球，他输了，同学一乐，说：“下去！”他上去就是一拳，把同学打哭了，还理直气壮地说：“我输了，他还气我，我生气，就打他。”我说：“我让同学团结友爱，你不听，我也生气，我该怎么办?”他竟然说：“扇我耳刮子!”这就是他处理问题的思想方法和习惯做法。我盯着他的眼睛，非常严肃地一字一句地说：“我不能扇你耳刮子！打人不对！打人犯法！我们应该讲道理，不能动手打人。你不会讲理，才去打人，如果我打你，也是不讲理，我要不讲理，你永远不会明白什么是对、什么是错。对不对?”“对。”“好。你输了，他起哄不对，你该怎么办?”“应该给他告老师。”“你还可以告诉他，‘我输了，本来心里就不好受，你一起哄，我就更难受了。’也许下次他就不起哄了。”他点点头，马上向同学道了歉，那个同学也做了自我批评。

即使他常和同学发生矛盾，我也从不孤立他，从不罚他不许出教室玩，因为那是消极的限制。我们对这样的孩子的一切态度都不能让孩子产生“我是坏孩子”的想法，我总是强调“大家都是好孩子，就是有的同学缺点多一些，有些同学缺点少一些，缺点多的同学要注意改正，使自己变得更好”。我只是要求这样的孩子在和同学们玩的时候要听从同学们的劝告，要遵守游戏规则。

当他稍有进步时，我就鼓励他，对他产生的问题具体问题具体分析，要做到因材施教。几个星期过后，“打人不对”的观念在他头脑中已逐步形成，产生了要改正错误的愿望。好几次，大家都在安静地写作业，他会呼地一下子站起来，冒出一句：“老师，以后我再也不打人了!”由于他的情况特殊，对于他的这种表现，我不会批评他不守纪律，而是说：“想改缺点我们欢迎，以后发言要先举手。”后来，他打人的现象确实少了许多。一次，我看到几个同学在打乒乓球，他一个人站在一边哭，我走过去问：“刘某，为什么哭?”他委屈地说：“他们不让我玩。”在过去，他没理还打人呢，现在他占了理也没有打人。我批评了那几个同学：“你们这样做可不对，应该团结同学，大家一起玩!”并当众表扬他改了打人的缺点。

多表扬，多鼓励，让孩子感受到成功的喜悦。我特别注意在刘某身上实施这一教育原则。在他刚转入我班时，我就向全班同学讲明：“因为他基础差，做的只要和大家一样，就是进步，就应该受到表扬，你们不会认为我是偏心眼吧?”同学们说：“不会。”于是，对于他的点滴进步，我都给予肯定和鼓励。我这样做，也教育同学们睁大眼睛注意发现他的进步。结果，他真的变了。

一次课间，同学们排队跳长绳，绳子一绊，一个胖胖的女孩子摔倒了，同学们马上围过去把她扶起来，这时，刘某也赶紧凑过去扶她，帮助掸土。一个同学惊喜地指给我看："孙老师，您快看呀！"大家情不自禁地鼓起掌来。上课了，一个同学马上举手说："我称赞一个同学……"她把刘某刚才的表现向全班同学说了一遍，教室里响起一片热烈的掌声，甚至有些同学发出了欢呼声。这时，刘某站起来，文质彬彬地向大家深深地鞠了一躬，并且说："谢谢大家，谢谢大家！"场面十分感人。老师和同学们的惊喜、大家的掌声和欢呼声将在他的头脑中留下深深的印迹，成为他继续进步的动力。我把他的这一举动记进了中队光荣册，还特意给他拍了张彩照贴进光荣册里。这一切都是为了强化他的哪怕是偶尔出现的优良行为，使他本人相信"我是个好孩子"，也让大家相信"刘某是个好学生"，这些观点都非常有利于他的行为改变。

在一个孩子进步的过程中，班主任要利用各种方式对孩子的优良行为进行正强化。在一次中队会上，面对礼堂里二百多个听课的人，面对学校电视台的摄像机，刘某清清楚楚地叙述了他进步的过程。我在帮助他准备发言稿的时候，特意让他加上帮助同学掸土的事。回想他从在欢迎会上一句完整话都说不上来，到今天能一口气说一大段话，我感到欣慰。他学习也主动了，每天都认真完成作业，本来字词作业只要求写两遍，他主动写四遍，我以为他没听明白，告诉他是两遍，他却说："我愿意写！"仍旧写四遍。我就在他的作业本上的 5 分后面加上一个"好"字。一天，他对我说："我爸爸说，我要能得 100 分，他上天给我摘星星。"我说："星星摘不来，100 分你一定能得上！"果然，默写字词时，他不只一次地得了 100 分。一次数学测验，他得了 91 分，拿到卷子，他先亲了卷子一下，然后腾地给我跪下了，"谢谢老师！"他这一举动吓了我一跳，看得出他高兴和激动的心情，我赶紧让他站起来，说："这也是你自己努力的结果。"四年级期末考试时，他的语文考 94 分，作文考 87 分，作文内容就是写他进步的过程。他还被评为校级"奋进生"。

他的爸爸见到我，这个高高大大的工人大汉激动得含着眼泪连鞠了三个躬，说："您救了我的孩子，我真不知道应该怎样感谢您，想写封大红喜报给学校领导，您准不同意，想买点东西送给您，听说知识分子不兴这一套。送您一本字典吧，备课用得着。"

在教育这个孩子的过程中，发挥教师集体的作用也是不可忽视的。每当他有一点进步，任课的每个老师都及时给予表扬，不仅如此，他们还及时告诉我他的进步，我就再一次进行表扬，以巩固他的进步。当他加入少先队组织要佩戴红领巾时，梁文校长特意亲自为他戴红领巾，并且说："看到你进步这样大，入队了！我祝贺你！"当卓立校长新年到各班给同学们拜年时，发现他已经戴上了红领巾，也特意赞扬一番："呵！刘某戴上红领巾了，说明你进步了，祝贺你！"从领导到老师们的这每一句鼓励的话语中，孩子得到的是成功的体验，都给孩子以进步的力量。

我把教育这个孩子的过程写成了一篇文章，发表在《北京教育研究》上。教育这个孩子的过程就是我实践教育理论的过程，也是我引证教育理论的过程。孩子的进步使我更加坚信了这些理论的科学性，这些理论又将成为指导我今后实践的依据。

◆怎么帮助学生克服自卑心理？

老师体贴学生，不仅是生活上关心、学习上辅导，更重要的是保护他们的心灵不受伤害，也就是要关心孩子的心理健康。解决孩子的心理问题是比解决生活与学习上的困难难得多的工作。孩子的心理问题从外在表现来看不很明显，比较隐蔽，需要老师细心地观察，认真地分析，用自己的心与孩子的心进行交流，去细心体察孩子的内心世界，抓住产生问题的关键原因，有的放矢地进行工作，才会见效。

一个小女孩，一年级时，学校演讲比赛、十佳少先队员竞赛、区里讲故事比赛，她都名列前茅，唱歌、跳舞、弹琴、演剧样样出色。可她长得不漂亮，胖胖的身体，圆圆的脸，小小的眼睛。

二年级时，《老师，新年快乐》电视剧剧组到我班拍电视，拍特写镜头时，我推荐她，但导演不用，我注意到了她失望的目光。

三年级时，学校管外事工作的老师常常从班里挑选一些漂亮的同学去机场给外宾献花，当然也不会有她，聪明的她会呆呆地望着地面好半天。她变得沉默了，过去我讲授新知识，总是她第一个学会，第一个举手，并能声音洪亮、口齿清楚地表达出来。现在她发言少了，笑容也少了，我感到她思想上有一种难言的压抑感，或者说是一种自卑感，这是影响孩子进步的一种心理障碍。四年级时，电视台报道我校红领巾电视台的情况，她也是台长之一，上电视的却没有她，她更沮丧了。我决定找她认真谈一次话。既要解决问题，还不能伤她的自尊心，我就从我自己开始谈。

“我长得美吗?”我明知自己其貌不扬，我是想告诉她，别看我不好看，但我充满自信。没想到她脱口而出的话竟然是：“当然美!”

“你怎么瞎说呀!”我也说出了自己的心里话。

她心平气和地强调说：“真的！同学们都这样认为，您忘了上次作文课上描写人物外貌时，杜波说‘孙老师戴副金丝眼镜，长得比谁都漂亮’!”

我严肃地说：“实际上这是同学们的一种偏爱，或者说是一种感觉，这种感觉产生于我对同学们的热爱和对工作的尽责。还有一点你注意听，就是我一向充满自信，从不因为自己的长相不好而悲观。”她说：“看得出来，您总是那么高兴，好像永远没有发愁的事。”

我把她带到学校荣誉室，那里陈列的一本书中有我的文章、有我的照片。我告诉她，工作是我做的，文章是我写的，书上不可能换成别人的照片，尽管我不美。我还说：“当一个人为我们的祖国、为社会真正做出贡献的时候，无论这个人长什么样，祖国妈妈都认为这个孩子是美丽的。”她使劲点着头，眼睛里放射出异样的光彩，显然我的话触动了她的心弦，她笑着说：“孙老师，您看着吧!”

课堂上，她又第一个把手举得高高的回答老师的提问。在紧张的期末复习阶段，她兴高采烈地带领同学们排练庆祝“七一”的节目。为了调动她的积极性，我还特意编了一个“三句半”，让她和其他三个虎头虎脑的男孩子一起在全校的庆祝会上表演。

当我又看到她那张圆圆的苹果脸神采飞扬、充满自信时，我欣慰地笑了。

一般说来，这类问题不大引起老师们的注意，因为这样的学生不会影响正常的教学秩序，也不会干扰班主任的工作。但是，对于孩子个体来说，是个大问题。我认为，一个人如果充满自信，那么情绪容易保持稳定，思考问题时思维敏捷，获取知识时轻松自如，做事时成功率高，受到挫折时不气馁，遇到困难时不灰心，处理问题时较为大度，与人交往时有一定的吸引力和影响力。这样的人如果同时具有理想与毅力，成才的机会就比一般人高。所以，我才下这么大的工夫帮助这个孩子克服自卑心理。

◆如何使她开朗起来？

我们班二年级时，转来一个小姑娘，整天不说不笑，上课也不发言，可是学习成绩还可以。她为什么是这样一种性格呢？原来，她的父亲有小儿麻痹后遗症，没有工作，每天都是爸爸骑着残疾车来送她上学的，妈妈只是个普通工人。比起很多父母是经理的同学来说她的家境就要差多了。这个孩子产生了自卑、胆怯的心理，而这样的性格绝对不能适应未来竞争激烈的社会。虽然她现在的表现对于班级来说没有丝毫的不利，但素质教育必须对每一个孩子负责。我下决心一定要改变她，我要让她高兴起来，让她也同样享受到像大家一样的幸福生活，有和同学们一样的轻松愉快的心态。一遇机会，我就会告诉同学们应该尊重残疾人，讲述我所知道的帮助残疾人的事情，并且把她父亲在报纸上发表的文章拿给同学们看，夸她爸爸是个了不起的人，引起同学们对她父亲的尊敬。这样，同学们见到她的爸爸，都会热情地叫一声“叔叔好”。我在课堂上鼓励她大胆发言，她读完课文，无论怎样，我都会找到她值得表扬的闪光点。我还发现她写作文不错，作文讲评课上，我鼓励她把自己的作文念给同学们听，大大提高了她的自信心。电视台给我们班的同学录像，我也带她去，当主持人阿姨扶着她的肩膀录像时，我在摄像机后面逗她笑，她真的笑了。我在我们班的“成长的足迹”的光荣册中，给她写的闪光点中有这样一句话：“当你和电视台的主持人阿姨一起录像时，你笑了，你的笑容就像一朵美丽的花。”她看后很激动，她的家长也很激动。她开始和同学们有说有笑了。

新年联欢时，她和同学一块儿表演了一个双簧，逗得同学们开怀大笑。我又在她的评语中写道：“新年联欢会上你出色的表演给大家带来了欢乐，使我十分惊喜。”这时，她已变得开朗多了。到了五年级，在我们班的“让水清，让天蓝，让绿色装点家园”的中队会上，她自编自演了保护水土资源的短剧《孙悟空找不着家了》，非常精彩。

我给她机会让她参加“京港澳电视作文大赛”，在两万多名参赛者中只有十几个孩子上电视。她获得了一等奖，和我们班另一个获得二等奖的同学都上了电视，她们两个都是自己朗诵自己的作品，而且是在北京电视台灯火辉煌的演播大厅里。看到孩子这么勇敢大方，她的父母当场都激动得流出了眼泪。

这时，我对这个孩子的未来基本上放心了，相信她将来一定能用自己的微笑来面对这个世界。

◆怎样对待学生的意见？

老师在工作中出现问题、失误是很正常的，应该允许学生提意见。要认识到这是在培养学生的民主意识，也是为了培养更多的创造型人才。

孩子虽小，但他对周围的事物是有想法和看法的，对老师也一样。如果老师能够发扬民主，允许孩子提意见并尊重孩子的意见，师生就能真诚相处，互相谅解，建立起民主平等和谐融洽的师生关系，这有利于培养学生独立思考的能力和创造精神。

允许孩子给老师提意见，会不会养成孩子爱挑剔、不礼貌、自以为是等毛病呢？那就要看我们如何引导了。我要求学生无论意见多么尖锐，必须通过合法手段，诚恳、善意地向老师提出来，也应该适当地注意提意见的场合。并且指出，一个人的意见和看法表明一个人的水平。

当然，老师发扬民主绝不是一切都是学生说了算，还有少数服从多数的组织原则呢！这一点老师应该向学生讲清楚。作为老师，对于学生的意见，合理的，应该采纳并给予鼓励；需要说明的，就要向学生解释清楚；存在问题的，可以婉转或直截了当地给学生指出来，提高他们分析问题的能力。

学生给老师提意见会不会影响老师的威信呢？实践证明，不会的。我向学生讲明，老师不可能什么都对，也不可能什么知识都掌握。

一个孩子的父母都是报社编辑，这个孩子见多识广，聪明过人，但是又傲气又淘气。一次课上，我讲巴黎公社只存在了70多天时，这个孩子举手说：“我记得巴黎公社存在了80多天。”我知道是他记错了，但这时绝不能用讥讽和嘲笑的方法来对待他，再说，这个孩子举手并很有礼貌地提出了自己的不同意见，这是孩子的权利，至于提的对与错，那是另一回事。于是，我心平气和地说："你回家再查查资料。"第二天，他在课堂上当众承认："巴黎公社是存在了72天，是我记错了，我回家查书了。"他说话时，态度诚恳，还有点不好意思。我却说："你对学问的研究态度是认真的，这种认真的态度很值得大家学习。"后来，他的父亲见到我说："我这个孩子很任性，但他很服你。"

实际上，让孩子怕老师达不到教育孩子的目的，因为孩子是压不服的。通过"整"或"压"使孩子服软是老师不科学的心理需要，不是孩子的心理需要。老师的说法做法得让学生服气，要做到这一点，首先得把孩子看做是一个"人"，一个有头脑、有思维能力的人。

我校的万平老师在上课时，用做菜加作料的例子给学生讲道理，讲在兴头上，顺手在黑板上写出了板书"佐料"，同学们不由得互相对了对眼神，老师把"作料"错写成了"佐料"，自己还没有发现，于是一位同学就写了一张小条，夹在作业本里，交了上去。

第二天，一上课，万老师就对同学们说："昨天我把'作料'写成了'佐料'，咱们班的李恺罗同学给我写了一张纸条，纠正了我的错误，我要和同学们一样，把错字改过来抄三遍。"谁知万老师因为工作忙，并没有把"作料"抄三遍，这个同学干脆又交了一张条，指出老师说到没做到。上第三节课时，同学们一起回班，一进门就看见讲桌上有一张纸条，上面写着"作料、作料、作料"，而且是用学生字体写的，没有连笔。上课了，万老师对同学们说："我答应大家要把'作料'这个词抄写三遍，可是我忘记抄了，现在，我把它补上了，因为我不能失信，我得说到做到。"说完，给大家鞠了一个躬，他又把这张纸条举给同学们看，最后把它郑重地贴在了黑板的左上角。顿时，孩子们激动了，提意见的孩子说："老师，您真伟大，您不愧是我们的好老师！"

一下课，班上的一个"淘气包"大声说："老师真够意思！赶明儿我写错了字，也抄三遍贴在黑板上。""那不把黑板贴满了？""哈哈……"同学们笑了，老师也笑了。

老师接受了孩子的意见，纠正了自己工作中的失误。孩子感觉到了老师对自己的尊重，激动得直夸老师"伟大"。师生关系和谐到这个程度，多么好的一种状态！这不仅有利于顺利地进行教育教学活动，更重要的是

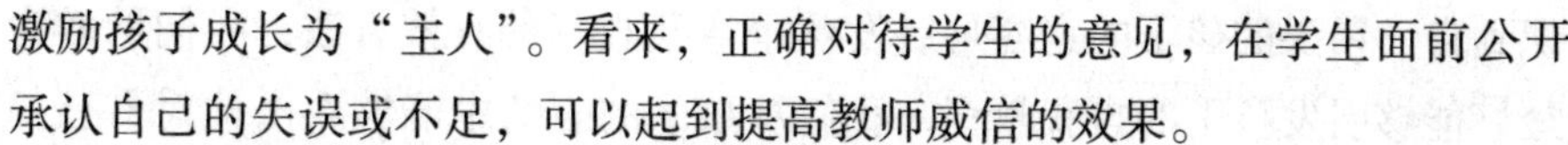

激励孩子成长为“主人”。看来，正确对待学生的意见，在学生面前公开承认自己的失误或不足，可以起到提高教师威信的效果。

◆你知道教师的声嘶力竭、暴跳如雷会产生什么后果吗？

老师在课堂上声嘶力竭、暴跳如雷，低年级学生会觉得可怕，高年级学生会觉得可笑，客观上破坏了自己的教师形象。老师应该是文明行为的榜样，是高雅人格的典范，是学生模仿的偶像，声嘶力竭、暴跳如雷有失教师的尊严。中国儿童艺术剧院的一个剧组随着我们班去公园，和孩子们一起做军事游戏，体验做学生和教师的感觉。集合时，演教师的演员大嚷：“集合啦!”导演却看到我声音不大地对一个学生说：“集合吧!”学生大声喊：“集合啦!”我一声不响地伸出四个手指头，学生立刻按四个小队排好队；如果我伸出两个手指头，学生就会分男女生各站一队。他们到我们班听课，上课铃响后，我往教室门口一站，一声不吭地看着孩子们，教室里立刻安静下来。导演告诉演员：“我发现老师是以静制动。”而没有经验的教师在这时如果发现还有孩子在说话，就会比孩子们声音还大地嚷：“别说话啦!”有威信的老师说话即便声音不大，也是很有威慑力的。

即便孩子犯了很大的错误，令人十分气愤，老师最好也不要暴跳如雷，因为这样非常容易说冲动的话，做冲动的事。还是冷静下来想一句有分量的话更好。

◆你知道“宽容学生”所起的作用吗？

教育家苏霍姆林斯基认为：“宽恕能触及儿童自尊心的最敏感的角落，使儿童心灵中产生要改正错误的意志力。”当然，老师对学生的宽容绝对不是对学无原则的迁就和让步，它是以学生认识错误为前提的。对已经认识到自己错误的孩子的宽容是启发孩子自我教育的有效方法，我们的教育最好能够引发孩子的自我教育，我们从孩子的表情中能够看出他对自己的错误是否已经认识了。如果不考虑这一点，对犯错误的学生一味地进行批评和惩罚，非常容易造成师生关系的对立，切断教育学生的后路。其实，当教师声嘶力竭地批评学生的时刻，也正是破坏自己教师形象和教师威信的时刻。

有时，我发现犯了错误的孩子被老师狠狠批评后，在办公室哭了，但一出办公室的门，就嬉笑着飞跑起来。这其实是教育上的失败，说明师生的谈话没有触动孩子的心灵，他根本没有悔过。我们必须使用能够使孩子产生自我反省的方法来达到教育孩子的目的。而对孩子的理解和宽容，就是能达到这一目的的方法之一。

学校要举行百词测验，有几个学生错字总是很多，我留下他们。大家都坐着，一个个低着头，显然他们都已经知道自己的不足。我没有批评和指责，只是问他们有什么困难，需要我的什么帮助，我鼓励他们一定能够学好。有几个孩子哭了，一个孩子在日记中写道："今天我错了八个字，放学后，孙老师把我们几个留下，深入浅出地给我们分析了我们默写出错的原因，又语重心长地对我们说：'你们不笨，只要努力，会取得好成绩的。'孙老师说完这推心置腹的话语，我的眼泪不知不觉地流了下来，惭愧和无地自容占据了我的身心，我们觉得不能再让孙老师为我们操心，不能辜负老师对我们的信任了。"我看到这篇日记是有些意外的，因为他的写作水平并不高，可这篇日记却写得很有深度，给我留下了非常深刻的印象。这就印证了苏霍姆林斯基的话，我的宽容打动了他自尊心最敏感的角落，才使他心灵深处产生了要刻苦努力的强烈愿望。而且，这几个学生的决心全都付诸于行动了，他们回去后都自觉地改了错字，进行了认真的复习。结果，百词测验中全班 42 名学生总共才错了 9 个字，平均 99.8 分。我在教育中宽容地对待他们，不仅仅使全班取得了好成绩，也使他们感受到了成功的喜悦，更重要的是从内心深处激发了他们的学习积极性。

还有一次，我对一个学生作业马虎的宽容，成了他进步的起点。我批改作业，正确的给 5 分，如果字写得很漂亮，在 5 分后面加一个"好"字，凡是作业中有"好"字的同学，他所在的小队可以加一面红旗。一天，我留了 4 行组词作业，一个学生写完拿给我批，因为有错字，我给了他一个4分，他小声问我："老师，我能再写一遍吗?""你不怕加重负担就写吧!"我说。"写好了还能给好分吗?"我想了一下，知道他是想为小队争光，就破例说："可以。"他兴致勃勃地又写了一遍，很快又拿给我看，虽没错字，但字不好看，我给了一个5分，说："字不太漂亮。"没想到他又提出："老师，这些词我都会，我想把字写好，借我一本写得漂亮的作业，我照同学的字写，行吗?"我又破例允许他参考同学的作业。这回他一笔一画地抄写，字真的有了很大的进步，终于得到了一个"5分好"的成绩，他一看，高兴得一个劲儿地说："谢谢老师!"这时，我请同学们停下笔，详细叙述了这个同学几次重写作业的经过，大家热烈鼓掌。我的叙述，就是强化他的优良行为。为了进一步强化，我特意当众问他："你为什么要这样做?""我也想为我们第二小队加红旗。"我接着说："大家听到了吧，是集体荣誉感使他的学习态度发生了这么大的变化。"从此，他的作业一天比一天漂亮，甚至被一位六年级的老师拿去作为教育本班学生的样本。我把这件事以及他爱劳动等其他优点都写进了光荣册，他的妈妈流着泪把儿子的评语看了一遍又一遍。妈妈的反应和重视更强化了他的进步。期末，同学们一致同意评他为校级"奋进生"。

◆你给孩子"台阶"了吗?

在关键的时候要给孩子台阶，这不仅是关心、爱护、尊重孩子的重要方式，也是班主任调控师生关系的有效方法。有一年，我接了一个四年级班，一个男孩子无缘无故打了一个女孩子，我非常生气，狠狠批评了他一顿，他很害怕，表示要改正错误。我依然绷着脸，以示他这个错误的严重性。课间时，我和孩子们一起排队打乒乓球，都快排到我了，这个孩子忽然来到我跟前，说："老师，到我们那个案子上去打吧!"这是孩子在用另一种方式认错，更是希望缓和师生关系。这时我必须答应他的请求，给他这个台阶，给他这个机会。如果我还板着脸不理他，就会伤了孩子的心，因为孩子很怕老师不再喜欢他、不再信任他。孩子一旦认为老师真的不再喜欢和信任自己了，那么老师的教育在他身上也很难再起作用了。

◆能不能不发火就把问题解决了？

如果老师在处理学生发生的问题时能够做到不发火，说明这位老师有很深的涵养，有很高超的教育艺术，几句话就能够使学生心服口服。我不是说，老师永远不可以发火，有时为了说明问题的严重性，或表明老师对某种行为的不能容忍，有节制地偶尔地发一次火也不是不可以，但是我们更希望老师们能够做到不发火就把问题解决了。

如果老师的话说得平平淡淡，说不到关键处，肯定不解决问题，所以在解决学生的问题时，老师要把想说的话好好想一想。我们班有一个很淘气的孩子经过自己的努力当上了小队长，戴上了小队长的“一道杠”。但是有一天，就为座位的问题，他和前边的同学发生矛盾了。他前边的同学说：“我这里地方太小，他不往后边挪桌子。”这个小队长说：“我的地方比她的小，我凭什么往后挪！”我走过去看了看，明明是小队长的地方大。我没有冲他发火，而是非常随便地说了一句：“小队长同志啊，今天回家赶紧照个相吧！”他听后，什么都没说，“噌”地一下就把课桌往后拉了一把。为什么？因为我们班的某个小干部如果做得太过分，队员就可以提出来罢免他，另选进步、大表现好的同学来当。我让他今天回家赶紧照个相，就是说，他如果总是这样没有风格，早晚会被同学们罢免的，趁现在还是小队长，照个相，好留个纪念。他完全明白我的意思，所以不再坚持错误，我看他这样，马上说：“这才是小队长的姿态！”问题就解决了。

◆为什么要把培养学生的“诚实、谦让、热情”作为基础道德的重要内容？

我抓住每个机会教育学生要做一个诚实的人。数学课上，我让大家做一道数学题，订正时，我问：“这道题谁做错了？”只有一个男孩子站起来了，我马上说："虽然你数学题做错了，但你很诚实，只有你一个人做错了，你也能勇敢地站起来。这一点你做得不错。"我们经常这样做，孩子们无论在什么情况下，都愿意实事求是。一次，两个同学用雨伞逗着玩儿，逗急了，两个人都拽着对方的雨伞不撒手，搞得两个人都哭了。上课了，我了解是怎么回事，就在这时，另一个同学说："我好像听见他们在闹矛盾的时候，胡某骂了赵某一句。"胡某和赵某都一愣，还在流着眼泪的赵某举手了，他说："我们俩离得最近，我真的没听见他骂我，可能是那个同学听错了。"我确实被这位同学的诚实所感动了，这是孩子非常纯真、非常宝贵的品质，我视为金子般的心灵，当这种火花闪现的时候，一定要如获至宝，紧紧抓住。于是我说："他们两个还在闹矛盾，按理说，都会为自己找理，都不会替对方说一句话的，可赵某在这种情况下，还能实事求是，这是非常难得的好品质。动不动就和同学闹别扭是不好的，但不冤枉人又是非常值得大家学习的地方。"刚才同学们还在批评他们不团结，现在大家又为赵某的诚实而鼓掌。我当众表扬了孩子的这种优良行为，就会使全班同学受到震动和影响，"实事求是""诚实"的思想就会深深地扎根于孩子们的头脑中，以后别人遇到这样的事也会这样做。那么，这种做法就会酿成一种班风，形成一种班集体的舆论。

刚入学的孩子很难做到同学之间要互相谦让。有两个孩子总是为座位地方的大小争执不休，我让他们两个演《两个山羊过桥》。两只山羊在独木桥上各不相让，结果同时落入水中，但我不让它们淹死，而是让鸭子和鹅分别把它们救上来，讲讲应该互相谦让的道理，让它们俩认识自己的错误，握手和好。这个剧演完，同学们牢牢记住了"谦让"这个词，不但这两个孩子不再为座位地方的大小你推我挤，别的孩子也懂得了谦让的道理。表演《龟兔赛跑》时我选择了这样两个孩子，演乌龟的是一个学习十分吃力的孩子，演兔子的是一个很聪明但喜欢沾沾自喜的孩子。它俩赛跑时，小猴子带领小动物们为乌龟加油，当小兔子赛跑途中睡觉时，乌龟说："我本来就跑得慢，我可不能休息，我不能怕苦，我得继续努力！"小动物们说："乌龟，好样的！加——油！"兔子输了。小猴子让大家说说兔子失败的原因，小动物们说："小兔子虽然跑得快，可它太骄傲了，赛跑中间还敢睡觉，它当然得输了。"表演小兔子的同学也认识了应该虚心的道理。

我也非常重视孩子对事情是否有热情，我认为热情是一种动力，人的很多行为是出于自己的热情，比如对祖国、对集体的热爱就是一种热情，对他人的关心和帮助也是一种热情。有热情的人容易“感动”，被崇高的事业、高尚的行为感动之后，就会产生思想的飞跃和行为的转变。学生对周围事物的冷漠态度是一种可怕的精神状态，那是一种麻木。我们必须唤醒孩子内心的热情。如果学生积极要求留下做值日或参加节日布置教室的活动，我都是非常欣赏的，而且对这种热情小心翼翼地加以保护。

◆班里丢了东西，老师能搜查其他学生的书包和衣兜吗？

班里谁的东西找不到了，我从不搜查孩子的口袋或书包，也不说“偷”字。小学生尤其是低年级学生，还没有“同学的东西是私有财产，未经本人允许，别人不得动用”的概念，只是让孩子们看看自己是否多了什么东西，看看是不是有同学把别人的东西误放进自己的书桌里或书包里了。然后，要告诉学生，别人的东西，未经本人允许，不要随便动用。这样做，不仅仅是尊重学生人格的问题，也有一个对全体同学的信任问题。

一次课间，一个孩子放在铅笔盒里的五角钱没有了。出现这一类事情，千万不要去搜查孩子的衣兜和书包，这是极不尊重孩子的做法，也不符合教育原则。我的做法是，我用我的真心话去打动学生的心，引导孩子做一个好孩子，并且让孩子们也用自己的心里话来说服同学。我是这样跟大家说的：“李某同学放在铅笔盒里的五角钱没有了，课间前钱还在，说明就是咱们班的一个同学拿的（千万别说‘偷’字）。钱不多，但咱们班发生了这样的事，我很着急。我希望我们班的每个人都是诚实的。”我在黑板上写上“诚实”两个字，接着说，“诚实是我们少先队的作风之一，不管是不是少先队员，都要做一个诚实的孩子，这是一个非常重要的品质。谁都有糊涂的时候，我们希望这位同学能勇敢地承认错误，我们大家会原谅他的，是吧，同学们？如果承认了，我们大家谁都不乱说，也可以不告诉他的家长，免得挨打。”我的话既强调诚实的重要性，又尽可能减轻这位同学的压力，我的话也给同学们对他的态度定了调子。于是，同学们开始发言了，一个同学说："如果咱们班有一个不诚实的同学，那咱们班就不能叫一个优秀班集体，所以我们特别希望这个同学能马上承认。"另一个同学说："如果你能承认错误，我们还照样和你一块儿玩，照样同意你加入少先队。"还有一个同学说："老师给咱们讲过，列宁小时候不小心打破了姑妈家的花瓶，他就能勇敢地承认错误，我们应该向列宁学习，做一个诚实的孩子。"丢钱的同学也说："如果你能承认错误，做个诚实的同学，我的五角钱也可以不要了。我觉得诚实比钱更重要。"这个拿钱的同学终于流着泪站起来了，把五角钱还给了同学，我们全班同学为他的勇敢行为鼓掌。我只说了一句："这下我放心了，我们班不愧是一个优秀班集体！"从此不再提及这件事。

◆与正在气头上的学生怎么谈话？

切忌第一句话是"怎么又是你！""你为什么……？""前几天，我不是刚和你谈了吗？你怎么又……！""上次你是怎么向我保证的？"

有一次，班主任小组正在活动，一位青年教师忽然找来，非常着急也非常无奈地说："我正在上课，胡某发出很大的声音，说他他还不听！""他在哪儿？""就在门外。""让他进来吧！"孩子气呼呼地进来了，那位青年教师继续上课去了。我很平静地说："这位同学看着面熟。"另一位老师说："胡某很热情，也特别爱劳动，常常去办公室帮助老师们搞卫生。""怪不得呢！"我又对其他老师说："你看胡某往这一站，是我们史家胡同小学学生的样子。"胡某一听，站得比刚才还好，我这才切入主题，问："今天是怎么回事？""我上课玩钥匙了。""出声了？"孩子点点头。我接着问："你估计别人听得见你发出的声音吗？""能听到。""你能实事求是地告诉我，说明你很诚实。别人听得到你发出的声音，是不是就影响了同学们上课听讲啊？""是。""老师劝告你没有？""劝告了，我没有听。""错了吧？"孩子点头。我接着说："犯错误难免，关键是对待错误的态度，你想改正自己的错误、挽回在同学们中的影响吗？""想。""我告诉你应该怎样做?”“行。”“回教室当着同学们的面说刚才错了，表示希望改正。”“行。”“刚才你对你的班主任老师是不是不够礼貌啊?应该给班主任道个歉，是吧?”“是。”“鞠个躬我看看。”他做了。我纠正了他不够标准的姿势。之后，班主任小组的全体成员一起和孩子去了他的班，一进班，我就说：“胡某知道他刚才的做法错了，他愿意改正，他改了，大家应该抱欢迎的态度，胡某，你说吧!”胡某给他的班主任老师深深地鞠了一个躬，痛哭流涕地说：“老师，对不起，刚才我不应该在上课时……”说着，他又给同学们鞠了个躬，检讨了自己的错误。

学生正在气头上时，不能让矛盾激化，要想办法缓和矛盾，要真心实意地帮助孩子认识自己的问题。

◆老师自己犯了错误应该怎么办?

老师错了，也要做自我批评，“有错就改”是师生共同遵循的准则。学生有错误要虚心接受老师和同学们的批评，老师有错也不能例外。这样做，大家都是在向真理靠拢，这对孩子的一生都有好处。当然，我也一样。全班学生中午都在学校吃饭，我要求学生不要浪费。但有一天，我的菜实在吃不下去了，就倒进垃圾桶里。就在这时，被一个学生看到了，她说：“孙老师，您……”我马上说：“我错了。”“那是不是也应该……”我明白她是在要求我当众做一下自我批评，就说：“好的。”午休铃打后，同学们都进了教室，我站在讲台上，不好意思地说：“同学们，听我做一下自我批评。今天中午，我倒菜了。平时要求同学不要浪费，今天我倒违犯了纪律，我错了，以后我一定改正，希望大家监督我。”那个看见我倒菜的同学和大家一起给我鼓掌，还鼓励我说：“改了就好，改了就好!”我这样尊重孩子的意见，换来的是孩子们对我的信任，我不认为这有损于老师的威信。

◆你重视老师的“以身作则”吗？

孔子曰：“其身正，不令而行；其身不正，虽令不从。”要求学生做到的事情老师必须首先做到。冬天上操，不许学生带手套，我也绝不带，而且也不把手插在兜里。春游时，要求学生不乱花零钱，我也不随便买东西。“六一”庆祝大会，一个小时的集会和两个多小时的运动会，我班都被安排在烈日下的场地上，尽管我的皮肤有阳光过敏的毛病，但我事先就向学生宣布，一定和大家“同甘共苦”，一晒到底。开会时，我后退几步就是大槐树的阴凉，右挪几步就是学校大门洞的阴凉，但我坚持不退不挪。学生看我这样，也都头顶烈日，不随意乱动。大会结束时，我班获得全校唯一的“最佳秩序奖”。

就是平时最细微的事情，老师也要想着自己的行为本身就是教育。检查学生的指甲长不长，自己就要把指甲剪得短短的；教育学生要尊重别人，我们平时也必须尊重每一个学生和老师；要求学生在劳动中要不怕脏不怕累，自己在大扫除中就要带头干苦活累活；教育学生要助人为乐，学生的脚坏了，我就背学生上厕所；教育学生要先人后己，看电影时，我一定坐在我们班最偏最后的座位上；要求学生做到有错就改，老师也不例外，错了也一样做自我批评。时间长了，我们对学生的要求，我们所提倡的东西，就会成为这个班的公众舆论。因为孩子看到老师做的和老师说的是一致的，在孩子的心目中，就会产生一个比较坚定的信念：老师讲的道理是对的，做人就应该这样，相信老师讲的就是做人的准则。如果老师讲的是一套，而做的又是另一套，孩子就会认为，老师说的也不必做到。这样，毫无疑问会影响教育效果。

◆老师为什么要不断反省自己的行为是否符合教师行为？

曾子曰："吾日三省吾身。"在多元智能中，内省智能对于教师来说尤为重要。因为我们每天都面对孩子，不知道要说多少话。应该说，班主任在任何情况下都要保持清醒的头脑和平稳的情绪，不能一生气就信口开河，否则会留下很多遗憾。

有一年，我教毕业班。一次上课时，一个学生看课外书，不听我讲课。我十分气恼，说道："你将来即使当了国家总理，我也不是你的老师，你也不是我的学生！"他的课外书收起来了，但这话也断绝了我们师生之间的情谊。他毕业后从不回校看我。我让同学带话给他，对我过去说过的话表示歉意。同学说他听后很感动，却仍旧没有回来看我，留下了一个终生的遗憾。

有过失误，就要接受教训。一次，一个很淘气的学生上书法课时忽然回本班教室来了，我一看，马上想到会不会是因为不守纪律让书法老师给轰回来了？幸亏没说出这话。我先问："怎么回来了？"他说："同学不小心把墨汁溅我身上了，我回来洗洗。"我一看，不光脸上有墨，崭新的衬衣上也有墨，但我看到的却是一张平静的脸。我很纳闷："你没跟他急？""没有。""为什么？"我追问。"我怕别人说六三班的学生不守纪律。"我感动之余，也庆幸自己减少了一次失误。这节课后，书法老师让课代表拿回一张纸条，我拿过来一看，上面写着："李某同学能顾全大局。"我笑了，李某也笑了。上课时，我拿着纸条在全体同学面前大大地表扬了他一番。

千万不要以为孩子小就可以任意伤害，伤害的结果会使自己的劳动成果付诸东流。班主任在处理学生平时发生的一些小事的时候，也能体现一个班主任的工作艺术水平和自身素质。有些话是我们非常容易说出口的，却绝对不可以说出口。

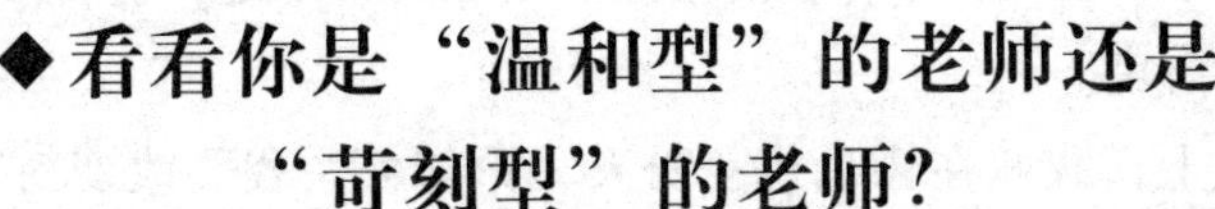

◆看看你是“温和型”的老师还是“苛刻型”的老师?

我看过美国心理学家林格伦写的《课堂教育心理学》，书里记载了心理学家追踪记录了一些教师对学生说的100句话，然后加以分析，看看鼓励孩子的话和批评孩子的话各占百分之几，是指导的多，还是指责的多，由此可以看出，这位被追踪记录的老师是温和型还是苛刻型。我心里还在想，我大概是属于温和型的吧!

于是，我也想有意识地“追踪记录”自己跟学生说了些什么，分析分析自己到底是属于什么类型的教师。

但是，第二天，我一旦进入班主任的角色，就把昨天想要“追踪记录”的事情忘到九霄云外去了。我一从办公室出来，还没有走进我们四三班教室，远远就看见几个学生在扫清洁区。一个孩子热情地和我打招呼：“孙老师早!”我漫不经心地“嗯”了一声，因为我看见他们扫的不是地方，忍不住嚷起来：“小树周围早扫干净了，还在那瞎扫什么！台阶上的废纸没看见吗?”进教室一看，没有人，我又冲正在扫清洁区的几个同学嚷道：“教室里还没扫干净呢，干吗都去扫清洁区？一会儿同学全来了，教室里还怎么扫?”一看地上，我又说：“这是谁把簸箕放在过道里啊？还能走路吗?”再一看，有个孩子在收作业，我说：“哎呀！你现在收什么作业啊！还不赶快拿簸箕撮土?”

上早操了，大操场上由体育老师负责带操，班主任站在旁边没什么事情了，我忽然想起“追踪记录”的事情来。回忆这一个早晨自己都说了些什么，天哪！从早上看见孩子们开始，我对他们说的话绝大部分是指责和批评。这一发现使我大吃一惊，我从来就没想到也不承认自己对学生是持“冷淡”和“否定”的态度的。这次对自己的观察，给我很大的震动。仔细想想，我所批评的每一条，都不完全是孩子的过错。因为事先我并没有布置应该先扫哪儿，在老师没有指导的情况下，孩子们一到校就扫上了，难道不可爱吗？小队长一早就开始收作业，不是对工作的认真负责吗？我为什么对待孩子是这种态度呢？我很内疚。是心理学专家的书使我认清了自我，看到了自己工作中存在的问题。认识到了不足，就要改变自己，这才是科学的态度。

当天晚上，我躺在床上想：明天无论如何，我要改变对待学生的态度，一定要做一个以表扬为主、坚持鼓励学生的老师。我决定明天看见同学们的第一句话是热情地和他们打招呼。

第二天早上，我一走进我们班的小院，就看见我们班的几个学生拿着笤帚聚集在墙根下看什么，都不是在扫地，要在平时，我肯定又得发火：“拿着笤帚不扫地，看什么呢？”可今天，我脑子里准备的是昨晚早就想好的第一句话，于是，我大声对孩子们说：“同学们早！”“孙老师早！”同学们齐声问好，并立即散开，各扫各的去了。我走到墙根下，一看，原来那里是一群蚂蚁在打架。这是难得的场景，难怪孩子们围着看，这是完全可以理解的。我走进教室，看到教室已被扫完，一个孩子正在用墩布擦地，我说：“呵！擦得真干净，真是好样的！”孩子笑了。扫除完后，一个淘气包带头念起课文来，我走过去摸摸他的脑袋，他念得更起劲了。这一天，我和孩子们都很愉快，一天的工作非常顺利。这件事引起我很深的反思：有时班里的混乱是不是由于我们老师的浮躁和过多的指责造成的？如果我们能够保持稳定的情绪，对孩子坚持正强化的原则，一定会使自己的班主任工作有一个崭新的面貌。

◆你冤枉过孩子吗？

有时候，孩子有理也说不清，特别是低年级孩子。老师不能只从表面现象就判断一件事情的曲直，不然就可能冤枉孩子。一次，我们去郊区劳动，一年级是运萝卜。我顺便结合数学中“数字的认识”，让学生数自己抱的萝卜数。休息时，我让大家汇报自己抱了多少。一般同学都是抱了二三百个，一个同学说他抱了一千多。我顺口说：“不可能。”难道是这个孩子逞能撒谎吗？可他马上改口说：“那就算我抱了一百吧！”他说话的样子很认真，也不像在撒谎。我决定了解到底是怎么回事，于是我就和他一起抱萝卜。听着他捡起一个数一个，数到19的时候，他不数20，却数100，这就是问题的症结！按他的数数方法，19、100……119、200……219、300……可不就是二三百变成一千多了吗？他的“错误”不是撒谎，是没有学会数数；是知识漏洞，不是品质问题！弥补的办法是教会他知识。试想，如果当时我不分青红皂白，劈头盖脸就批评这个孩子是撒谎，孩子如何能分辩清楚？一个一年级的学生说不过老师，一个7岁的孩子说不过大人，只能莫名其妙地遭受指责，让幼小的心灵受到无辜的伤害。

一次，一位老师对我说：“我上中学时不是很用功，但是有一次考试前我认真复习了，物理考了一个98分，结果老师把我找了去，问我：‘这是你自己做的吗?’我一气之下，完全放弃了对物理的学习，中考时物理才考了三十多分。”

可见，老师要相信每一位学生，这是对学生起码的人格尊重。

◆当你发现或感觉部分学生对班主任有对立情绪时怎么办?

教师应该意识到这是个严重的问题，因为如果没有融洽的师生关系做基础，对学生的教育根本就无从谈起。

一位班主任接了一个基础不太好的班，在她的努力下，这个班有了巨大的变化，当然也得到了学生和家长们的认可。但是，这样的班的进步不可能是一帆风顺的。到了第二年，班上的纪律又开始涣散，各科老师的反映使班主任极为难堪。这位班主任开始厌倦总是违犯纪律的几个同学，她的眼神、态度使这几个孩子明显地感觉到了老师的“偏向”。于是，这几个孩子开始与班主任作对，并且在同学中间秘密地成立了“地下”组织。班主任管理失去了成效，家长也开始对老师不满。

好在这位老师能够及时地认识到问题的严重性，对自己的教师行为做了一番认真的反思，决定与孩子们进行一次心与心的沟通。她把自己的真实想法说给学生听，并且非常诚恳地向学生做了自我批评，诚心诚意地征求同学们的意见，之后，向同学们赔礼道歉。孩子们感动得掉了眼泪，

“地下组织”的头头站起来：“老师能给我们赔礼道歉，我们非常感动，我们也有错误，我们成立‘地下’组织是错误的。原来在组织的同学都站起来，现在我宣布，我们的‘地下组织’从今天起解散！让我们给老师鞠三个躬，说声‘对不起’！”原来反对老师的十几个同学站起来，在这个同学的口令下，连着鞠了三个躬，齐声说：“老师，对不起！”孩子们的抵触情绪没有了。接着，课间时老师就去给孩子们抡大跳绳，积极准备学校的跳绳比赛，孩子们看到了老师的笑脸，得到了老师的支持与关爱，心里非常高兴。这时班上有几个孩子病了，老师挨个给没有来上学的同学打了电话慰问，同学和家长都非常感动。师生关系又恢复到当初那么和谐，家长也就没有意见了。

◆和学生一起参加全校大会，老师应该注意什么？

老师的表率作用是非常重要的，要求学生做到的事情老师要先做到。但是我们常常看到这种情况，学校召开非常隆重的大会时，学生都站得直直的，没有一个人说话，有的老师却很随便，不但没有站好，还随便讲话，甚至聊天。老师的这种举动实际上是在暗示学生，这个会并不重要。

老师在开大会时，应该和学生一样庄重，一样遵守大会秩序，一样鼓掌，要为孩子们做出榜样。冬天做操时学生不能把手插进衣服兜里，老师也不要这样做。这样老师才有威信。

当然，老师还要想到孩子们的需求，要关心学生。每年的开学典礼时，天气还十分炎热，孩子们直流汗，老师们看到了，就去给孩子们擦汗。看到有的孩子不舒服就把孩子搀扶到卫生室，这些也都是很必要的。

◆班主任在本班科任教师中起什么作用?

班主任是本班所有科任教师的核心人物。班主任要特别注意在学生面前树立其他教师的威信，要把每一位教师的长处和特点介绍给学生，教师之间也应该这样做。我是这样给学生介绍任我们班的英语老师寿小曼的："同学们，咱们班能够赶上寿老师教，那是咱们班的福分。寿老师在英国学习过一年半，具有很高的教学水平，专家们也听过她的课，给予了很高评价。在小学，这样的英语老师是不多见的。希望同学们珍惜这样好的学习机会，一定把英语这门课学好。"同学们非常佩服寿老师，寿老师得病住院时，孩子们纷纷给她写信，当得知寿老师不能再教他们时，全班学生都难过得流了泪。

班主任要支持科任教师的工作，教育并提醒学生带齐学习用具，完成其他科作业，遵守课堂纪律。

还有，当学生与科任教师发生冲突时，班主任要帮助缓和矛盾，教育学生尊重每一位老师。

◆老师的忌语有哪些?

当孩子学习成绩不好时，说他："你真笨!""傻子!""你天生就不是学习的料!""你长大成不了才!""你纯属是个弱智!""你们家怎么生你这么个废物!""你除了吃还会别的吗!"……当孩子犯了错误时，说他："你好不了啦!""你这孩子坏透了!""神经病!""缺心眼儿。""半疯儿。""二百五。"……当孩子给集体丢了荣誉时，说他："成事不足，败事有余!""一马勺坏一锅汤。""你是害群之马!""你是个祸害。""这个班有你算倒霉了。"……这些话是班主任的忌语。总之，凡是伤害孩子自尊心的话都是老师的忌语。因为老师用以上这些话来“教育”学生，对他们的进步不会产生丝毫的正效果，反而会使他们更加“反常”，更加没有信心，更加自暴自弃，心理障碍更加严重。

如果一位教师不在乎对孩子的伤害，以为孩子是可以任意对待的，那他就是一个极不明智的教师。不管你在主观上多么尽心，对工作多么负责，多么勤勤恳恳，只能做一个教书匠，成不了教育家。

◆老师随便说学生“笨”会产生什么后果?

说孩子笨是对孩子精神的摧残，尤其是对学习吃力的孩子，摧残的是孩子的自尊心和自信心。越是这样说他，他学习起来就越糊涂。只有鼓励才能给孩子树立信心；只有鼓励，才能发展孩子的智力。

“让每个孩子都抬起头走路”，是教育家苏霍姆林斯基的一句教育名言。这句话形象地表达了他尊重每个孩子、给每个孩子树立自信心的思想。当然，每个孩子能力的上限是有差异的，我们可以尽可能地调动每个孩子的学习积极性，千方百计地把他们的能力发挥到他可以达到的极限，但仍避免不了学生之间的差距。这是客观事实。对教师来说，关键问题是应该如何对待这样的孩子。我认为，在老师的头脑中，要承认差异，允许有差异存在。学习成绩不应当成为衡量一个学生的唯一标准。

一个孩子学习成绩的好坏是多种原因造成的，有遗传因素，也有家庭环境的因素，还有我们是否做到因材施教等多种因素。不能让孩子背上“笨孩子”的沉重的精神负担，压得孩子喘不过气来。学习成绩差的孩子也应该有一个快乐的童年！孩子因学习成绩不好，老师批评，同学瞧不起，家长打骂，在亲戚朋友中也抬不起头来，这对孩子是一种精神的摧残。其实，这样的孩子假如心理健康，有一技之长，也同样可以为社会做出贡献。可怕的是我们把他们推向一个连他们都觉得自己是“一事无成”的境地，从而对自己的一切都失去了信心、我觉得，我们应该让所有的孩子都生活得愉快，让所有的孩子都充满信心，积极向上，这样才算得一个优秀的班主任。

◆老师常说的话应该是什么?

常挂在班主任嘴边的话应该是："老师相信你是个好孩子"、"只要用心学，你可以学会"、"你的想法是有道理的"、"你的想法是可以理解的"、"犯错误是难免的，有错就改是好孩子"、"有毅力的孩子长大后有出息"、"你有这样的想法真让老师感到高兴"、"你能主动承认错误我很感动"、"你能想着集体、想着别人，真值得大家学习"、"你的观点很有创造性"……总之，班主任的话应该对学生充满信任和尊重。

◆你知道"真实的小故事"对学生的教育作用吗?

孩子的认知规律是从具体到抽象，讲大道理不如讲小故事效果好。故事能打动孩子，具体的真人真事最能打动孩子的心。

比如，当我们用大家讨论的办法找到学生丢失的5角钱后，我再把承认错误的孩子找来，问他："刚才同学们说了很多，谁的话最让你动心，能够让你有勇气站起来承认错误的?"他说："是王某讲的列宁小时候打碎姑妈家的花瓶承认错误的事。"真实的具体的故事最能打动学生的心，以后每当我要对学生进行什么教育的时候，一般不是讲大道理，而是讲我过去学生的真人真事，或者讲名人的故事，效果都不错。是什么原因呢?因为真实，所以可信；因为真实，所以合乎情理；因为真实，所以感人。只有使学生相信并且感动时，我们的教育才有说服力。

讲《十里长街送总理》这篇课文时，我在一个班讲课之前，用一节队活动课和一节辅导班的时间讲了周总理的许许多多的故事，讲周总理去世那天我的家人的震惊和悲伤，我的同一个办公室的老师的担忧和悲痛，他们说了什么、什么表现，我详详细细讲给孩子们，还讲了当时《参考消息》上外国人对周总理的评价，讲到清明节时人们去天安门广场人民英雄纪念碑前悼念周总理的情景……使孩子们了解周总理对中国革命的贡献，了解周总理高尚的人格，体会人民对周总理的发自内心的热爱。有了这些铺垫，讲课时，孩子们是一边哭一边读课文的。

对小学生讲大道理是不起作用的，我总是讲我亲身经历的小故事，这样学生爱听，也起作用。比如，我给学生讲过这样一件事："有一天，我坐公共汽车时，一位穿着工人工作服的同志抱着一个几个月的孩子从中门上车了，他的样子很疲惫，但是他周围没有人给他让座位。我坐在前边的车厢，我想给他让座，又不好意思大声叫他，我就等待着他的目光。他在到处看，有没有人给他让座，他终于看到我这个方向了，我马上向他招招手，示意让他过来，他挤过来，坐下了，说了无数个'谢谢'。过了一会儿，离我不远的地方有一个人下车了，这个空座位没有人再抢，我知道这是大家给我留的，我就走过去坐下了，我想：大概是车上的人被我这个老年人的让座行为感动了。所以，同学们，树立良好的社会风气要从自己做起。"孩子们听得十分认真，当然会留下深刻的印象。

有一次，我对全校学生进行规则教育时，讲了以下的内容：

同学们：

今天我为什么想和大家谈谈关于遵守规则的事情呢？我们大家都在争做合格小公民，做合格小公民必须有公民意识，公民意识中很重要的一点就是规则意识。中国"入世"了，"入世先入规"，中国才能真正走向国际社会。外经贸部副部长龙永图讲了一件小事，他在瑞士上厕所时，听到旁边有响动，他过去一看，是一个7、8岁的小孩正在吃力地鼓捣冲水箱。原来这个孩子上完厕所要冲水，可水箱坏了，自己又弄不好，急得满头大汗。龙永图很感慨：上完厕所要冲水，这是一种社会最基本的规则，那个孩子能够自觉按照这个规则去做，说明这里的人规则意识特别高。因为从小事上、从小孩身上最能反映一个国家的规则意识怎么样。

什么是规则？规则，就是规定出来供大家遵守的制度或章程。什么是规则意识呢？规则意识就是遵守这些制度或章程的良好态度和习惯。

规则无处不在。体育比赛有规则，犯规给黄牌警告，严重的给红牌警告罚下场；上街走路开车有交通规则，犯规有时候要出人命；去银行取款有规则，等候者应站在一米线外；做生意有规则，比如得守信用，不许卖假货；就连做游戏也要遵守游戏规则，“拽包”拽着你，你就得下去，不然不让你玩。“拔老根”规定一人一根，你拿五根跟别人拔，别人就不愿意跟你玩。

国有国法，家有家规，学校有纪律。如果我们处处都按规则办事，大家的生活就会非常快乐。

这学期，各班都制订了自己班的班规。如果我们确实用班规要求自己，我们的学校会更可爱。我们大部分同学做得还是很好的。我们学校要盖新校舍，一位投资商想为我校投资，开始他有点犹豫，后来他毫不犹豫地决定投资了。你们猜，怎么回事呢？因为他在参观我们的校园时，看到了我校的柿子树，柿子压弯了树枝，同学们伸手就可以摘到柿子，但是大家谁都没有去动。他说：“能把学生培养得这么有规矩，为这样的学校投资，值得！”前年，有二百多名外地校长来我们学校参观，一位校长在二楼摸着已经成熟的柿子，我正好走到那儿，她问我：“这柿子是真的吗？”我纳闷，问她：“您什么意思？”她说：“这是不是能吃的柿子？”我以为她没有见过柿子树，说：“对，这就是能吃的柿子。”她说：“我还以为是观赏品呢！”接着，她非常感慨地说：“你们学校的学生真好！”我们好在哪儿呢？就是大家都遵守了一个规则：爱护学校的一草一木。

也是那一年，一位摄影的叔叔来我们学校办他的摄影展览，展览的名字是“黄河万里行”。礼堂周围摆满了他的作品，同学们参观时他就在旁边看着。大家参观之后，他非常激动地对我校的老师说：“我去很多学校办展览，别的学校的学生老摸我的展品，我急得嗓子都喊哑了，还是有同学摸。而在史家胡同小学，我一句都没说，同学们没有一个动这些照片的，而且都安安静静、认真地看，你们学生的素质真高！”

没有规矩，不成方圆。这是一句俗语。学生有规矩是我们学校的优良传统。

但是，现在我们个别同学做不到这样了，我常常遇到上完厕所不冲的现象，不就是往下按一下冲水扳手吗？“便后冲水”，这是规则！还有，学校为我们准备了手纸，我有时候看见有的同学把手纸拉出来好长，拖在地上，别人也没法用了，非常浪费！也许有的同学会说，我是在厕所小门里边干的，谁也没有看见。同学们，一个人的素质决定一个人的行为，你如果是一个好同学，就是只有你一个人的时候，你也会按规则办事。如果我们养成了遵守规则的习惯，遇到什么事，不用老师管，不用值日班长管，不用妈妈管，不用警察叔叔管，你自己就会管自己。这比谁管都有效。

我们有的同学规则意识还是很强的。有一天，我问同学们："你是怎样遵守规则的？"一个同学告诉我，她坐妈妈开的车回家，妈妈闯红灯了，她说："妈妈，不应该闯红灯，要遵守交通规则。"妈妈不听，前边的道路堵车了，妈妈调头，汽车轧了路旁的草坪，她又说："妈妈，不要轧草坪，脚踩都不好，别说车轧了！小草会被轧死的！"妈妈笑了笑，还是不听，而且调过头来是逆行，这个同学又说："妈妈，我们不应该逆行。"妈妈仍旧没有听。我听了以后说："虽然妈妈没有听你的，但是说明你的规则意识很强，你做得对！"

同学们，我们不能看见别人不遵守规则就自己也不遵守规则，我们得从自己做起，从小事做起，从一点一滴做起，从现在开始做起，从我们这一代公民做起。我们的国家就会成为一个文明的国家。

同学们，养成遵守规则的好习惯，你就是一个高素质的人。

就这样短短的几分钟讲话，我用了多少小故事！这天下午，负责打扫厕所的工友同志告诉我："孙老师，您的讲话还真管用，浪费手纸的现象少多了！"

看，通过一个一个的小故事来进行教育，学生听得进去，教育才有效果。

为什么给学生讲小故事听能够起到教育的作用呢？因为教育是教师的价值引导与学生的自主建构相互影响、相互渗透、相互作用、相互促进的过程。我们强调的是引导，是感染，是心灵的召唤，这是说教难以完成的工程。简单地让学生"要这样""不许那样"达不到教育的目的。

◆在集体教育中，你的方法是"堵"的多还是"引"的多？

班主任每天都在管学生，常常一进班就陷入繁忙的事务性工作中去了。每家的孩子都很宝贵，班主任老师的责任重大，唯恐孩子们出问题。

所以，有的老师在课间活动前嘱咐学生："课间不许打闹，不许追跑，不许在校园里踢足球……要做正当的游戏。"不许的活动都非常具体，而"正当游戏"却很抽象。其实完全可以表扬那些课间活动开展得好的同学，他们在课间都做了什么，是怎么玩的，遇到问题是怎么解决的，这是"引"。

老师们在集体教育中，最好少说"不许"，多说"应该"。"不许"是"堵"，"应该"是"引"。

表扬学生的优良行为是强化，这是正强化；批评学生的不良行为也是强化，是负强化。强化的结果都是使这种行为更增强。因此我们对学生的不良行为要淡化。如果我们不是很有意识地注意自己的教师行为，非常容易习惯性地总说"不许"，如果我们有意识地注意时时处处改变自己的行为，就会养成用引导的方法来培养学生的优良行为。

班里无论发生什么事，在处理时，首先要表扬在这件事情上表现好的同学。比如，同学中出现了打架的现象，老师在解决这个问题时，首先要问："当时有人劝架吗？他们是谁？他们是怎么做的？"在了解事情的经过时，让大家听谁能主动承担责任，让同学们发表看法，再让同学们讨论："这件事怎样处理会避免打架？"可以别人说，也可以当事人说，发现有的同学不推卸责任、主动承担责任就要肯定。一个特别淘气的男同学在美术课上往一位女同学的图画纸上乱画，我找这个男生进行教育，这个男生只说他做得不对，并向这个女同学道了歉。我以为问题已经解决了，没想到课间另一个同学来告诉我，当时那个女生打了这个男生十几拳。我马上当着全班说了这件事，一是肯定那个男生犯了错误不再像以前那样总是挑别人的毛病，把责任推给别人；二是启发那个女生也要向对方道个歉。这样问题才算真正解决了。

学生记中队日志，要指导学生以表扬同学为主；让值日班长管理学生时，也要以表扬为主；总结班里的任何一种活动，都是以表扬为主。这样班集体的正风正气就树立起来了，学生的优良品德也容易形成。

◆为什么对调皮的学生用“整”的方法不是教育？

因为调皮的学生经常“惹是生非”，所以给班主任工作带来很多麻烦，他们做的事，常常有损于班集体的荣誉，想改变他们，又不是一两句话就能成功的。所以，班主任很容易产生这样的想法：能够有个什么招，治他一下，也许他从此就不敢再这样调皮了。这出发点就错了，“整”“治”的方法都是消极的，这不是教育，整的结果只能是师生关系恶化，为自己今后的工作制造障碍。要想办法引导，把学生过剩的精力派上用场，让他的长项发挥作用。比如，他喜欢踢足球，班上可以组织足球队，甚至可以让他当队长，在指导他如何工作时，就是对他进行教育的最佳时机。还要让他参加到班集体的各项活动中来，你会发现这样的学生在活动中的创造性比一般孩子强。一般说来，调皮的学生在课堂上暴露出来的恰恰是他的缺点，你让他乖乖地坐那里专心听讲，不可能！除非你的课堂教学充分发挥了学生的主体作用。而在活动中，调皮学生的各种才能才会显现出来。

◆怎么让学生在老师的“惩罚”中感受到老师的爱？

热爱学生、宽容学生是不是每时每刻都在冲学生微笑，对学生的所有行为都表示赞同呢？当然不是！对在集体中造成很坏影响而又毫无顾忌的孩子必须给予严格的制止，甚至惩罚，这种制止或惩罚是直截了当的，态度是非常严肃的，要使学生认识到老师坚决反对这种行为。但不可以讽刺、挖苦，不可以侮辱孩子的人格。这样的严格要求同样是对学生的爱。

当学生没有认识自己的错误的时候，不能让步，不然就是对学生错误行为的纵容。为所欲为的孩子长大后是不会被社会接纳的。对学生不良行为的坚决纠正是无容置疑的。

李某个性很强，非常聪明，听说过去有错也很少承认。我接班后的一天，书法课上别人不小心把他的手弄上墨了，他就把人家的衣服涂了一大片墨汁，而且态度十分蛮横。我强行命令他把同学的衣服洗了，虽然他一直气鼓鼓的很不情愿，但我必须让他洗，我得让他知道故意弄脏了别人的衣服是绝对不可以的！其实我也知道，刚上三年级的男孩子洗也洗不干净，但这是矫正他错误行为的一个很重要的过程。他洗后，我仍旧态度很强硬地对他说："让你洗就得洗！错了就得改！"就在这样的情况下，我让他回家了。他走后，我把衣服洗干净。我知道，问题还没有真正解决呢。

中午，我和同学们在教室里聊天，他来了之后并不进来，趴在门的玻璃上看，我装做没看见。他进来了，不往我这边来，自己走到教室后面的一个墙角，脸冲里站着，我还当没看见。他又换了一个墙角站着，过了一会儿，他慢慢往我这边蹭……火候到了！我冲他说："过来，说！"我脸上仍没有笑容，这时他赶紧过来："上午是我的错，我不应该故意把同学的衣服弄脏。"态度大有转变，这时我的态度也马上随之缓和下来，那么刚才的冷淡是什么意思呢？是对他的一种惩罚，是向学生无言的宣告：老师是绝不允许一个学生坚持错误的！我的"冷淡"或者"愤怒"是说明我对他的错误的不能容忍！但是，孩子一旦有了要改正错误的愿望，哪怕是很含蓄的，也要紧紧抓住！这是爱护学生上进心的重要环节！现在我面对的是一个经过思想斗争，想改正错误的孩子，我的态度自然就变得很诚恳了，"我是非常尊重你的，一开始，给了你一个台阶，希望你做自我批评，向对方赔礼道歉，你为什么不下这个台阶？非要敬酒不吃吃罚酒！""我犯浑的时候，老师给台阶也看不见。"这句话已经说明了他对自己错误的认识。"这会儿为什么又想通了？"我故意问，也是想强化"有错就得改"的规矩，"我看是胳膊拧不过大腿。"这是他对我处理这件事得出的结论，我达到目的了。

当然，以后细致的思想工作还需慢慢做。老师处理的每一个问题，同学们都在看着，受教育的不仅是他一个人，通过这件事，让大家都知道：任何人不能坚持错误。"有错就得改"的班风也就树立起来了。同时，我也挽回了他的面子。这个班升到四年级，当我用"冷淡"的方法惩罚另一个和他差不多的孩子时，李某放学后主动和我一起走，悄悄对我说："您先冷淡他几天，然后，您再对他稍微好一点，他就会受宠若惊，对您百依百顺。”“你怎么知道?”孩子笑了，“您对我就是这样的，我有体会。”“我不是要你们百依百顺，包括我在内，有错就改，大家都要服从真理。”孩子连连点头。看，孩子自己从我的“惩罚”中也体会到了其中的爱！

有时，就是在我惩罚孩子的时候，也掺有鼓励的成分。一次辅导班上，我事先说好要安静写作业，谁也不许随便说话，说了要受罚的。教室里安静极了。可是过了一会儿，一个功课不错但纪律散漫的孩子小声说了一句话，我严肃地问：“谁?”周围同学都看他，他不好意思地站了起来。我说：“该罚吧?”他无可奈何地点点头。我想，六年级了，学习非常紧张，利用这个机会轻松一下吧！于是就郑重其事地说：“罚你表演一个凶残的日本鬼子!”全班同学都愣了，继而大家眼睛里都放射出了异样的光彩。这个同学一看，也来了精神，问我：“可以化装吗?”我点头。于是，他迅速地戴上小黄帽，把一块方手绢掖在帽子后面，嘴唇上方用两面胶贴了一小块黑纸，他本来就戴眼镜，这么一来，活像一个日本鬼子。他走到前面，瞪起双眼，一副狰狞的面孔，拿起米尺作为日本军刀，猛地在空中一挥，口中大喊：“嗖嘎——”逗得全班同学哈哈大笑。我说：“活灵活现的一个日本鬼子的凶残相！好，回座位。”他老老实实回到自己位子上，踏踏实实写作业，没有再说一句话。同学们把这种惩罚称之为“新鲜的惩罚”、“友善的惩罚”、“有趣的惩罚”。看，惩罚也变成了展示孩子才能的机会。这其中是不是也含有鼓励的意思呢?这叫罚中有奖，效果远远超过了简单生硬的批评。当然，这方法要因人而异，要慎重使用。我们的师生关系、同学关系都是十分和谐融洽的，不然，也可能会产生副作用。教育方法有很大的灵活性，这取决于教师的创造性。

有一天，我检查《古诗四首》的背诵情况。我们班51个人，课上没那么多时间一个人一个人地查，只好利用午休时间了。从大队委开始，然后是中队委、小队长、队员，都挺顺利，但轮到第二小队小队长的时候，他竟然是同学提醒一句、他重复一句，显然背不下来。我笑眯眯地说：“怎么办?”“罚扭大秧歌!”呼声震耳欲聋。这个小队长是个特别老实的人，平时从不唱歌跳舞，所以罚他表演这个节目大家格外开心。我给他腰间系上两条纱巾，他不好意思地说：“老师，我不会扭秧歌。”我说：“没关系，很简单，往前走三步，往后退一步，来，我在前边示范，还给你打锣鼓点儿，呛——呛——齐呛齐!”他学着我的样子，生硬但非常认真地扭了几下。同学们笑得前仰后合。在紧张的学习生活中，同学们难得这样轻松一下。这位被罚的同学回家玩命地背古诗，当他妈妈问他为什么这样做时，他说了被罚的情况，他妈妈也乐了。

当天课间，一个女同学来到我跟前，说：“您有一颗童心。”“表现在哪儿?”“表现在刚才对同学那种友好的惩罚上，也表现在您平时说的话、做的事情上。”我发现她说话时眼睛里有泪水，问她怎么了，她说：“有您这样的老师我感到很幸福，可惜就要毕业了。”孩子的话对我是一种鼓励，也是一种肯定，使我认识到符合客观规律、适合孩子的教育才是真正的教育，它不仅教育着个别学生，也教育着全体学生。而且，孩子也从这样的“惩罚”中体会到了老师的爱。

◆学生不重视老师的要求怎么办?

学生不重视老师的要求，我认为原因还在老师。常见的原因如：一是老师没有把道理讲清楚，二是学生对老师的要求不感兴趣，三是老师提的要求没有什么新意，四是没有配合要求的评比措施。

新接班时，老师的要求不能提得太多，学生没有这样的基础，提多了也做不到，提了也白提。要根据本班情况，先提你认为最重要的要求，先提两三条，做到了再要求别的。比如，接一个比较乱的班，先要求学生铃响进教室后安静坐好。提出这样的要求要讲清道理，这是一个班遵守纪律的起码要求，这样做不浪费上课的时间，进而讲时间的宝贵。当同学们明白道理之后，老师有号召性地问：“这一条谁可以做到?”我敢说每个孩子都会举起手来，然后告诉孩子们做到了可以得到什么样的肯定和荣誉。一旦提出这个要求，老师必须检查，每次上课铃一打，表扬做得好的，提醒做不到的，并且要在课间找他个别谈话，帮助他想办法，看看怎样才能做到这一条。一旦进步，马上表扬。对这样的班，下课后老师最好和孩子们一起活动，一打上课铃，老师要特别注意观察，看谁马上结束游戏，赶紧回班，记住他重视这一要求的具体表现，在全班同学面前表扬，表扬时细细描述他的行为，还可以把这样的学生的表现记进中队日志，甚至记入中队光荣册。也可以发起小队评比，以强化学生的优良行为。

总之，提的要求要具体，检查要到位，表扬要及时，措施能跟上。批评做得差的学生时要慎重，而且不扣帽子，可以安排他的好朋友提醒他；表扬做得好的学生时，可以把他的做法提高为“他这样做是自觉遵守纪律的表现”、“是重视学校要求的表现”、“是维护集体荣誉的表现”、“是严格要求自己的表现”、“是要求上进的表现”……实际上是告诉全班同学这样做的意义所在。

◆为什么要不断变换评比的形式？

教育的艺术性也体现在教育方法的灵活多样上。在班级中开展评比活动能够激励学生的上进心，培养好习惯，激发学生的集体荣誉感。但是评比的形式要不断变换。为的是让学生总有新鲜感，总有新的目标，思想上就会有新的追求，行为必然会有改变。

我们的评比主要是以小队为主，开展各小队之间的评比是十分有效的实现班集体奋斗目标的措施。比如，我们在开展中队活动和召开中队会时，往往以小队为单位组织活动和编排节目，看哪个小队的活动丰富，看哪个小队的节目精彩。各个小队都好，全中队不也就都优秀了吗？平时，各小队的评比是天天有人记录，评比的内容包括德智体美劳各个方面。比如有同学为集体、为别人做了好事，可以给小队加红旗；考试和作业得了好成绩给小队加红旗；在参与校内外的各项比赛活动中取得了好名次给小队加红旗，等等。这种评比完全是为了引导孩子积极向上，帮助孩子养成好习惯和上进心而采取的一种手段，它客观上起到了培养孩子的集体荣誉感和增强集体凝聚力的作用，对孩子进行了集体主义教育。孩子们在日常生活中处处严格要求自己，日久天长，就养成了习惯，感受到生活在集体中的快乐，感受到集体的力量，感受到一种成就感，使自己的自信心和自尊心都得到增强。

教师也可以个人为单位进行评比，在周末评出各方面表现得都好或有进步的同学，发给他们表扬信，让他们带给家长。

我校的张宇老师发现，学生升入二年级后开始变得活跃起来。针对学生这一特点，她决定在班级管理中采取评比制度，给每个学生印制了一日生活评比表，其中包括“到校、作业、值日、学具、纪律、劳动、好事”这七项内容。每周一张，由学生自己每天填写，有做得不好的地方就要记录下来，周五老师统一收上来，给表现好的同学盖红花，周一请家长签字带回。这对高年级来说是小菜一碟的事，可让二年级的孩子犯了难，有写不清自己错在哪儿的，有忘记及时记录的，有自己不记被人揭发的，有不给家长看的，有把评比表丢了的……一个月下来，收效却不大。老师累，学生也累，家长也跟着累，这种评比形式明显不适合低年级学生，张宇老师感到需要变换评比形式。评比表形式的单一、枯燥，激发不了孩子们的评比热情，每天记录加重了孩子们的写字负担，同时学生没有看到自己和别人之间的差距。

总结了教训，她又制订了新的评比形式，以组评的形式展开评比。他们的标题叫“能干的小蜜蜂”，还是从“到校、作业、值日、学具、纪律、劳动、好事”这七个方面进行评比，每天进行评定。以小组为单位，八个小组比比谁得到的小蜜蜂最多，月末优胜小组发班级奖状。这一下孩子们可来了情绪，不光要自己好，要全组的每一个人都好才能得到一只小蜜蜂，评比表就贴在壁报栏里，抬头就能看见，每个小组的成绩一目了然。大多数孩子都十分珍视自己小组的荣誉。这样增强了学生的责任感和参与意识，孩子们在不知不觉中为管理好班级献出了自己的一份力量。这种评比形式取得了很好的教育效果。接下来的几个月他们又评比了“勤劳的小青蛙”“懂事的小花猫”，学生愿意干的事，干起来就热情高、干劲大，成效也好。

后来，张宇老师又改变了评比形式，这次的改变有些质的不同，评比表是综合性的，评比不再是单项的评比，而是每人一天的综合表现，由中队长一人记录。评比分成红星、黄星、绿星、空白四个档次。一个月都是红星的同学要发奖状，奖状在班级展览一周，并在语音信箱中表扬，加大表彰力度。她还给班里淘气的六个同学单独制订了一张评比表，比比谁受的表扬次数最多，这一招还挺有效。平时这几个听批评听得耳朵都快磨出茧子的人，怎么也没想到老师会让他们比表扬次数。老师观察了一下，他们心中都不同程度地激起了小小波澜，很想做那个受表扬次数最多的人。看来，对学生的评价必须讲究策略，让学生“在鼓励中发扬成绩，在微笑中认识不足”，在轻松愉快的氛围中受到爱的熏陶、情的感染、理的澄清，保证学生健康地成长。

◆遇上行为问题多的学生是坏事还是好事？

可以说，遇到行为问题多的学生是好事，等于给了我们一个科研课题。不研究不行，他的存在就迫使你去学习、去思考、去尝试、去探索，变难题为课题。这样做的结果，就是让教师长本事了。面对一个调皮孩子，我们要勇于迎接挑战！不能嫌他总为班里找事，更不能怨他总为班主任丢面子。这样工作起来就会主动得多，客观得多，也会冷静许多。

我带的一个班在上完一年级后，学校决定把同年级一个特别调皮的孩子调到我班。我和孩子的妈妈见面时，她一直在哭，我却笑着安慰她说：“别着急，我相信教育的力量，我要把您的孩子作为我的一个研究课题，我会严格地按教育理论来教育他，我有信心把他教育好，我会把教育他的过程写一篇文章出来。”结果不到一年的工夫，他的进步已经非常明显了。教他三年之后，我写了一篇文章发表了。而且，通过教育这个孩子，我更加体会到教育理论指导实践的重要性了。

◆教师的微笑对学生有什么影响？

一次，我走在街上，听见旁边两个小女孩的对话，“今天我们老师笑了两次，你们老师笑了几次？”显然这个孩子很高兴，另一个孩子失望地说：“一次也没笑！”我有点意外，孩子们这么在意老师笑不笑？这么希望老师能够对他们笑一笑？我忽然想起已经毕业的学生回母校看我时，一个男孩子说：“孙老师，您知道吗？在小学，我们一下语文课，就会互相说，今天我答问题时，孙老师向我微笑着点了几回头。”噢！孩子们是真的非常在乎老师的笑！有一个孩子非常失望地说：“我们老师整天板着个脸！”这样的老师是怎么想的呢？怕学生不听自己的，还是有太多的愁事不开心，其实这样不仅对孩子影响不好，对自己的身体也没有好处。

作为教师，应该时时刻刻对学生充满爱心，总是以欣赏和鼓励的眼光来看待学生，在学生面前保持愉快平稳的情绪、亲切和蔼的态度是非常重要的。学生会把老师的一个动作、一个微笑，甚至一个眼神，作为对他的评价，这是师生情感交流、思想沟通的一种方式。当学生看到老师真诚的微笑时，他在心理上会产生一种安全感、信赖感，这种感觉会使孩子爱上这个老师的课，正如教育家苏霍姆林斯基所说，孩子会因为喜欢某一教师而喜爱他所教的课程。

有时也有学生会对我说：“孙老师，您好像从来就没有烦心的事，总是乐呵呵的。”我总是笑着默默不语，我心想，怎么可能没有烦心的事呢！但是教师的职业要求你不能把烦恼挂在脸上，这是职业道德！重要的是教师必须学会调节自己的情绪，做自己的心理医生，变苦为乐，变怒为笑。

◆为什么班主任在课间要尽量和孩子们一起玩？

中国儿童艺术剧院写儿童剧的作家欧阳老师曾经到我们班，了解孩子们喜欢什么样的老师。我没在场，后来欧阳老师告诉我，孩子们谈了很多，其中就谈到他们喜欢我在课间和他们一起玩。有一次在学校操场，一个四年级孩子问我：“老师，您什么时候教我们班？”“你为什么这样问？”“我总看见您和您班的同学一块玩儿。”就凭这一点，她竟然希望我是他们班的班主任！我们班一个学生也把我的这一点写进了送给我的生日贺卡中：“下课和同学们一块儿玩是您的一大特点，不管是和‘淘气包’玩，还是和学习不错的同学玩，都很开心。”说明孩子们有和老师进行情感交流的强烈愿望，我们就应该在百忙之中满足孩子这一正当的心理需求。再说，游戏中的孩子比课堂上的更真实更鲜活，更有利于我们观察孩子，有利于

我们深入了解每个孩子的个性特点，有利于我们更多地发现孩子们身上的闪光点，抓住更多的教育契机。

◆你珍惜孩子对你的信任吗？

我十分珍惜孩子对我的信任。老师要让各种孩子都信任自己，这就要靠平时和他们的交往。一个特别调皮的孩子在他爸爸要打他的时候，给我拨了电话："孙老师，今天我也不知道怎么回事，书包里多了一个水壶，我爸爸愣说是我偷的，他要打我！"孩子带着哭腔向我求救，我说："我相信你！快把电话给爸爸！"我听见孩子在喊："爸爸，是孙老师找您！"我对孩子的爸爸说："您的孩子是淘气，但他从来没有拿过别人的东西，这一点我们非常了解。再说，他拿别人的一个空水壶干什么？他自己也不是没有，等我明天了解一下情况再说。"他爸爸说："他妈妈老出差，我一个人带着他，他还不听话，您说我烦不烦！""可以理解，但教育孩子也得根据事实，您说对吧？别动不动就打，这一点我在家长会上说过多次了，希望您配合！"他爸爸是个工人，直性子，听了我的话，说："那好吧，谢谢孙老师！"第二天查明，是一个做值日的同学误把别人的水壶当成这个孩子的，给他塞进书包里去的。我觉得，孩子在被冤枉而感到无助的情况下能想到自己的班主任，这无疑是对我的极大信任。我对孩子的信任使孩子感到班主任是他可以信赖、值得亲近的人，这就为今后引导他走向正路垫上了一块基石。

有一天，我正在给学生发召开家长会的通知。一个特别调皮的孩子忽然对我提出一个要求，他说："希望您当着家长的面表个态。"我问："表什么态?""您得说明年您还教我们班。"我当时说："这个态我不能表，老师得服从分配。我不能跟学校领导要求非教咱们班不可。"学生说："也是。"可另一个学生说："当然，这事不能直截了当地要求。不过，可以拐个弯说，您可以先问校长，学校下学期的工作是不是已经有所安排了，如果校长说还没有，您就说'我可不可以继续教四三班，请您考虑'。"七八个孩子举手要帮我出谋划策如何跟学校领导谈，其中一个孩子说："您还可以先问校长‘您看四三班有没有进步’，校长肯定得说有进步，那您就接着往下说‘您要让我继续教下去，这班肯定会更好’。”我说：“是吗?”全班同学异口同声地说：“那肯定!”我真的被感动了，诚恳地对大家说：“同学们对我的信任我十分感动，今后我要加倍努力地工作，争取做一名好老师。”这个班的学生思想异常活跃，学校领导没有把它交给别人的意思，我一直把他们教到了毕业。几年后，他们很多人考上了大学，有时还聚在一起回来看我。

要想取得这样的一班孩子的信任是不容易的。他们非常聪明，大部分是工程师、经理、编辑、演员的子女。他们见识广，思维活跃，非常富有创造性。假如老师的思想跟不上他们，所教的知识满足不了他们，他们就会不满意，你也就很难驾驭他们。这不是孩子不礼貌或者不听话，而是因为他们带有强烈的时代特点。只有教师自己加强学习，更新观念，去寻找适合现代孩子的教育，才能顺利地进行工作，才能取得孩子们的认可与信任。

当我们真正和孩子建立起深厚的情谊之后，孩子有什么话都会对我们讲，我们也就真正成了孩子的朋友。一天晚上，我忽然接到一个孩子的电话，他在哭，吓了我一跳，我以为出了什么大事，“出了什么事？慢慢说。”“我爸爸偷看我的日记！这还不说，他把我的三本日记都拿给他们同事看了!”孩子边哭边愤愤地说。“现在你爸爸在家吗?”“在！就在旁边站着呢！要不要让他接电话?”他恨不得让我训他爸爸一顿。他的父亲是一位画家。我对孩子说：“不用你爸爸接电话，你别哭，好好听我讲，你爸爸没经过你同意，私自看你的日记是不对，但他的做法是可以理解的。这学期，你的写作有着飞跃的进步，你的文章常常把我逗得哈哈大笑，看你的日记简直就是一种享受！相信你爸爸也有像我一样的感受，他儿子进步了，他很高兴，他拿给同事看，是他为有你这样的儿子而感到自豪。当然，他应该征得你的同意。不过，你的日记中不是也没有什么不能让人看的内容吗？是吧?”“我明白了。”孩子的情绪基本平静下来了，我又对他说：“你对爸爸要尊重，他是个了不起的人。你说呢?”“好吧。”挂上电话，我心里感到一阵温暖。

◆怎样解决学生说老师偏向的问题？

这是学生和学生家长非常关心的一个大问题。首先，老师要确实做到没有偏向，这是一个老师的师德的重要表现。作为老师，喜欢学习好、守纪律、能说会道、干净漂亮的孩子容易，对那些常惹麻烦、不守纪律、不爱学习的孩子就很难产生好感。但是，想想看，无论这个孩子什么样，都是家里的“宝贝”，都是小公民，都是国家的未来。这么一想，你就一个也不想放弃了。有时候我也会想，假如这个孩子是我的孩子，我希望老师怎样对待他，我当然希望老师善待他、喜欢他、关注他。我们这样想了，也这样做了，学生就不会有“老师偏向”的感觉。

如果老师没有做到一视同仁，学生绝对有感觉。你对待他的态度，你看他的眼神，你对他说的话，都可以让他得出“老师不喜欢我”的结论。学生一旦有这种感觉时，他会跟家长说：“老师不喜欢我。”当家长听到孩子说这个话的时候，是非常难受的，甚至都不能正常工作，可家长又不可能要求老师喜欢他的孩子。所以，我认为老师讨厌一个学生，对这个孩子、对这个孩子的家庭都是一件很残忍的事情。

要让每一个孩子都感到老师是爱他的，是在关注他的点滴努力和进步的。不但让孩子们感到老师是喜欢他的，而且也让他知道老师喜欢每一个同学，更重要的是，同学之间也应该是非常亲密的。我校的老师，当自己有了孩子以后，对这一点的体会就更深了。

◆怎么指导孩子正确对待友谊？

孩子是非常渴望有好朋友的，特别是现在的独生子女。我们应该认识到，孩子之间的相处，也就是同伴关系，对孩子的影响是至关重要的！要指导孩子具有选择朋友的意识，让孩子们知道，“物以类聚，人以群分”，“人们能够从你朋友的身上看到你的影子”，所以必须选择诚实善良、积极向上的孩子做朋友，友谊要建立在互相帮助的基础上，好朋友不仅互相关心，也包括互相提醒不做不应该做的事，好朋友要比着进步，要帮助对方改缺点，让友谊成为改正缺点的动力。为了满足孩子们想和自己的朋友在一起的愿望，我们的小队是在自愿组合的基础上组合而成的，包括春游分小组也是自愿组合的。我们进行的任何教育都不能停留在口头说教上，看见一对好朋友相处得好，我会表示赞赏；看到在处理与好朋友有关的问题时所表现出来的公正，我会表示出钦佩；在好朋友之间发生矛盾后，我会帮助解决，因为那是孩子的大事。

有一次，一个胆子很小的小女孩来到办公室，急匆匆走到我跟前，趴在我的耳边告诉我：“原来我和常是好朋友，可是万也跟她好了。我一看见她们两个人说悄悄话，就特别受不了。您看我怎么办呢？”她眉头紧锁，十分苦恼。这件事在我们大人看来根本不算什么事，可孩子却像失恋了一样的难过。她既然不愿让别的老师知道，我就把她带到院子里，非常认真地和她谈这件事。我告诉她可以三个人都做好朋友，而且找那两个同学谈心，提醒她们不要冷落了她。后来三个人的关系都不错。如果我用成年人的眼光来看这个问题，就会觉得这件事很可笑，也许会简单地当着别的老师对她说：“什么大不了的事，还悄悄说、神秘兮兮的！她不跟你玩，找别人玩不就完了嘛。”这样做，不但没解决她的问题，反而可能永远失去了孩子对我的信任。孩子把自己心里的苦恼告诉我们，我们就要认真对待，帮助解决。不能认为孩子是小题大做、小肚鸡肠，这类问题解决好了，对孩子长大处理人际关系问题有好处。

◆怎样处理男女生之间写小纸条的问题？

这类问题，不要给学生扣上“早恋”的帽子。一天课间，我在操场上值周护理学生，我班一个女孩子跑过来，对我说：“孙老师，我告诉您一件事，您不会认为我是在嫉妒别人吧？”我非常诚恳地对她说：“当然不会，老师相信你！”她递给我一张小纸条，说是在地上捡的，是六年级刚转来的一个长得很漂亮的女孩子写给外班一个男孩子的。我对她说："你把纸条交给我，没有到处声张，做得很对。我怎么会认为你是在嫉妒她呢？这个同学刚转来，我得慢慢做工作，你放心吧！"我让她走了。我找到写纸条的女孩子个别谈话，心平气和地问她："你怎么想起写这个？"她说："我们放学一起坐 108 路电车，挺熟的。他会折桃心，我想让他帮我折一个。"我说："原来是这样，你口头告诉他就可以了，没必要写纸条，你说呢？"她点点头。我又像朋友一样告诉她："你人长得很漂亮，弄不好会惹麻烦的，做事时要想到这一点。不然，别人会误解你的。"她感激地说："我知道了，谢谢老师！"

这类问题不要公开处理，低年级出现这类问题，处理时尽量淡化。假如孩子说了不应该说的话，也用不着大惊小怪。有一次，在二年级时，我们刚刚建队，孩子们穿的是鲜艳的衣服，戴上了红领巾，非常高兴。一个男孩子对一个女孩子说："亲爱的！"另一个男孩子也过来亲了这个女孩子一下，有同学把这件事告诉了我。我说："你把他们都找来。"一会儿，他们三个都来了，我一问，是有这么回事，我平静地说："这样做不好，向她道个歉吧。"一个男孩子说："对不起，我不应该叫你'亲爱的'，以后不叫了。"女孩子毫无表情地说："没关系。"另一个男孩子也说："对不起，我不应该亲你，以后不亲了。"女孩子还是毫无表情地说："没关系。"我也跟没发生什么事一样，轻松地说了句："好啦，玩儿去吧！"他们又高兴地一块儿接着玩儿去了。这种事千万不能当众给孩子扣上什么"非分之想"、"思想复杂"的大帽子，那样我们反倒把事情复杂化了。

◆学生中哪些问题是不能公开处理的？

虽然有些事情是在本班发生的，是发生在本班学生身上的，但是不能公开处理，因为公开处理造成的负面影响太大。比如男女生之间写小纸条的问题，如果公开处理，这个学生将在同学们中间抬不起头来，造成很大的精神压力。

处理班里丢东西的问题，老师只能在众人面前说明"别人的东西不能

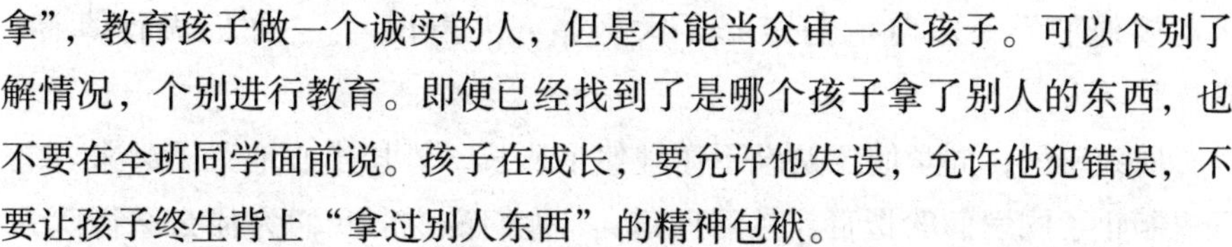

拿”，教育孩子做一个诚实的人，但是不能当众审一个孩子。可以个别了解情况，个别进行教育。即便已经找到了是哪个孩子拿了别人的东西，也不要在全班同学面前说。孩子在成长，要允许他失误，允许他犯错误，不要让孩子终生背上“拿过别人东西”的精神包袱。

孩子的父母离异，这件事也不要在全班同学中渲染，除非住在一个楼或一个胡同的同学们知道了，并且时时流露出对这个学生的歧视。经孩子本人同意，可以在全班开展一个有充分准备的活动，彻底解决一下这个问题。

◆本班学生比赛输了怎么办？

在竞赛中，应教育学生尊重裁判。如果输了，老师的心态首先要保持平和，要充分肯定孩子们在比赛中付出的努力，还要找出不足，总结经验教训。千万不能和孩子们一起埋怨裁判不公平，更不能埋怨本班哪个孩子的失误，因为没有一个孩子不希望本班胜利的。

一次拔河比赛，第一场比赛我们班输了，原因是我们班的一个淘气孩子刘某在绳子的最末端，他也是我们班的大力士，比赛时，他把绳子绕在身上，使足了力气往后拔，但是他是脸冲后拔的，跟大家的方向不一致，使其他拔河的同学全摔倒了。刚比赛完，同学们就纷纷埋怨他，我对大家说：“我们事先说好的，输了也不埋怨。刘某真的为咱们班使劲了，可惜方向没有和大家一致。我们吸取教训，心往一处想，劲往一处使，刘某要看着大家拔。”在下面的几场比赛中，我班就获得了胜利，大家都非常高兴。

比赛输了之后，学生不冷静，老师不能跟着学生的感觉走。

学校组织队列比赛，一个班的学生夺冠的劲头很足。在课间经常能看到他们一起练习转身、看齐、踏步等动作，有时甚至在放学后加班加点。每次练习，班长总是不厌其烦，一遍又一遍地喊着枯燥的口令，认真极了！比赛那天，她却因为紧张忘掉了一个环节，从而使全班丧失了进入前三名的机会。学生们还没下场，有的就忍不住皱起了眉头，还有的眼圈都红了。看到这儿，班主任老师几步跑到他们退场的出口处，一边面带微笑地迎接他们，一边向他们竖起了大拇指，大声说：“你们做得真棒！真棒！”

回到班里，同学们还是忍不住埋怨了班长，班长伤心地哭了起来。老师先制止了同学们的指责，然后问道：“你们说说，我们为什么举行队列比赛？”同学们七嘴八舌议论开了，有的说：“想让我们队列走得更好呗！”有的说：“一定是为了让我们积极锻炼身体！”……看见大家说得差不多了，老师接过来说：“大家说得都对，那我们这些目的达到了吗？”同学们一下子都不言语了。“其实我今天最想对大家说的是：“我很为你们自豪。”同学们睁大了眼睛看着老师，露出疑惑的表情。“我为大家在比赛前的努力而自豪，为同学们在赛场上的认真而自豪，为现在大家对集体的热爱而自豪，当然也为我们班长在场上那响亮的声音、清楚的口令而自豪！虽然我们没有获得名次，但我们得到的一点儿也不比别人少！我们的比赛远远没有结束，我们还有机会。”听了老师的话，同学们紧皱的眉头舒展开了，班长也停止了哭泣，看得出她在暗暗地下决心，争取在以后的比赛中取得好成绩。

事实也确实证明了这一点，在第二个月的广播操比赛中，她作为领操员，带领大家夺得了第一名。接下来，在期末英语剧的比赛中，这个班又取得了第二名的好成绩。

第四章

教育的无限魅力

◆孩子逃学怎么办?

逃学是孩子厌学的最尖锐的表现。班主任要找到他不想来上学的主要原因，有针对性地进行工作，

我在接班的第三天，就发现一个孩子没来上学，听说他过去总逃学。中午让同学到他家看看，没人。下午放学后，我自己去家访，他一个人在家。我进门先问他：“吃午饭了没有?”他说：“没有。”我想给他做饭，但小厨房的门锁着。我马上去街上买了两个火烧，对他说：“吃吧。”他哭了，默默地吃着。他的眼泪使我很有感触，说明这个孩子缺少疼爱，我要用老师的爱来温暖他的心，教育就从这里开始。邻居们听说老师来了，纷纷围过来，有的说：“老师来了，这孩子有救了。”他们还告诉我这孩子过去一星期要逃学三四天，他父母都是工人，生活很困难，母亲还有癌症，他爸爸急了就踢他，能把他从门里踢到门外。他们都希望老师能下工夫帮助他。我耐心地询问他不愿上学的原因，原来他是不愿写作业。由于长期逃学，他写作业肯定有困难。我答应他交不交作业另说，先得去上学，他同意了。临走，我给他家长留了一张便条，要求家长今后不要再打他。这一天，他果然没有挨打。就这样，他天天都来上学了。为了巩固他的进步，我编了一个小剧——《我爱上学了》，就让他演他自己，他同意了。但由于他能力有限，背不下来我写的台词，于是我们两个就一起商量，让他用自己的话说，他说出了“以后我再也不逃学了，我一定天天上学”。足够了！这个小剧是在全校大会上演出的。结果，这个过去三天两头逃学的孩子一直到毕业再也没有逃过一次学，顺利地升入中学。当时《北京日报》还报道了这件事。

当然，让他爱上学是不容易的，我千方百计让他融入我们的班集体，参与到我们的活动中来。在我们展示才能的中队会上，每个人都用不同的方式表现出自己的才能，他用橡皮泥捏了一匹非常漂亮的马，我特意也给他和他捏的小马照了一张相。我把我们中队活动的内容和照片寄给了《中国少年报》社，获得了“快乐中队”的称号。他也为之高兴，因为，这里

面也有他的功劳。

◆怎样使学生在客人面前既热情又有规矩?

《中国儿童报》来拍课本剧，一位编辑和一名摄影师一进来，孩子们就说:“叔叔阿姨好!”然后我们演了一节课的课本剧，进展非常顺利。报社的同志说:“我们去过好多班级，一般说来，活跃的班级没有规矩，规矩的班级又太死板。可我们一进你们班，学生显得很有礼貌，又有规矩，一上台表演还非常活跃，这可不容易。”怎么培养的呢?我是这样对学生讲的:“同学们，今天报社的叔叔阿姨来我们班拍照，我们要做到既热情又有规矩，热情就是有礼貌，规矩就是遵守纪律。换句话说，就是‘思维活跃，行为规范’。这两者本来是矛盾的，因为思维一活跃，行为也容易随便起来；假如行为规矩了，思维恐怕就会受到限制。可是，我们是人，是了不起的‘人’，我们可以用自己的头脑来控制自己，把矛盾的两方面统一在你一个人身上，看看谁能够做到‘思维活跃，行为规范’!”当然，这需要平时的训练，上课时注意培养学生又要积极发言，又要遵守纪律。只要老师把道理讲清楚，再加上不断的强化，孩子们是能够做到的。做到了，孩子们就不会出现“人来疯”的情况，也不会出现“吓傻了”的情况。

接新班是需要一个训练的过程的。有一年，我新接了一个四年级班，中国儿童艺术剧院的演员来我班体验生活，和我们一起开展活动。他们表演的节目很可笑，于是有的学生便在课堂上狂笑起来，并且手舞足蹈，以至影响了周围的同学。这时，我反倒不笑了。学生在老师面前有一个习惯，他总是在不由自主地随时观察老师的表情，学生一看我不笑了，就知道自己的行为过分了，于是也自然而然地有所收敛。有时，我会发现同学们因为考虑到要遵守纪律，可笑的事情也不笑，我就带头笑起来。并且告诉学生，人是应该有喜怒哀乐的，不敢表达自己的思想感情是不正常的，但是过分了，又有失大雅，要适可而止，恰到好处。

◆你教学生怎样在别人家做客了吗？

常言道："国有国法，家有家规。"有很多规矩是我们中华民族的优良传统，比如待客、做客的规矩。

班主任应该教育孩子当家里来客人时要主动向客人问好，家长和客人谈话时孩子不要中途插嘴，也不要打断别人的谈话。

班主任还要教孩子怎样在别人家做客。进别人家要先敲门，进去后要问好，说话要有礼貌。在别人家不能随便要别人家的东西，不能不经主人同意，自己就从别人家的冰箱里取出东西吃或喝，不能随便翻别人家的柜子或抽屉……主人主动赠送物品时可考虑接受与否，如果是和家长一起去做客，必须在家长同意的情况下再接受主人给的东西。

如果是一个人到别人家做客，时间不能太长，以免影响别人的休息。

◆怎么对待新转来的学生？

以什么样的态度对待新转来的同学，是一个重要的事情。因为孩子到一个陌生的环境需要一个困难的适应过程，这个过程应该得到老师的帮助。一般说，一个班的孩子已经有了一个人际关系的组合，新来的人很难融进这个关系。我们要向孩子们说明他的处境，而且我一定会说："如果我们的集体是一个优秀的集体，就应该让新转来的同学感到集体的温暖。"

我们班每转来一个同学，无论时间多紧，也要开一个简短的欢迎会。让同学们为他演几个小节目，大家再说几句欢迎他的话，比如："某某同学，欢迎你来到我们班，你以后有什么困难我们都会帮助你，希望你尽快适应新的环境。""某某同学，我愿做你的朋友，下课我会带你去熟悉我们的校园。"于是，一下课，就会有同学带他去厕所，去找饮水桶，去看各个专用教室……对新来的同学，老师和同学们都特别给予关注，尤其注意鼓励他的进步和发挥他的长处。

让同学们尽快认可新来的同学是很重要的。当我发现一个刚转来的男孩子在欢迎会上说话声音洪亮的时候，我马上很信任地交给他一个特别重要的任务：教师节去人民大会堂朗诵献词。结果他出色地完成了任务。同学们非常佩服他，这件事成了他进步的起点。

还有一个女孩子是刚从美国回来的，眼看她从一开始的不敢发言到敢于举手发言了，我就特别地鼓励她，发言内容好坏在其次，就是鼓励她敢于参与的精神。后来我发现她非常用功，就把她的事迹写进中队光荣册中，我是这样写的："在美国，在外国人面前，你是个有志气的中国女孩；在国内，在班集体的同伴中，你是个有毅力的好学生。聪明漂亮的女孩子很难做到刻苦好学，而你却兼而有之，这非常难得，若终生如此，必成大器。为了得到好成绩，字词作业你整整重抄了三遍，而且完全是自觉的，令人十分感动和心疼。由于你的奋力拼搏，在插班不到一个月的时间内，就赢得了同学们的拥护，以全中队满票的优势当上了中队委，这是了不起的，相信你不会骄傲！"当天，她的妈妈看完光荣册，激动得流出了眼泪。

◆怎么对待要转走的学生？

我们班每转走一个同学都开一个欢送会，充分肯定他的优点。

我们班一个同学要回外地老家去上学，我们班为他开了一个欢送会。同学们让他在黑板上再画一次他最拿手的阿童木，大家在黑板上写满了"张某，别忘了我们！""谢谢你的阿童木给我们带来的欢乐！""张某，我们会想你的！"等非常感人的话。同学们流着泪送走了他。

我教的另一个班有一个学生要去美国学习了，我们同样为他开了一个欢送会，同学们在黑板上写着"同窗四年，友谊长存"，还画了一些画，为他表演了几个小节目。同学们说了很多祝福的话："希望你去了美国，别忘了我们！"我说："什么时候都不要忘了自己是炎黄子孙，别给中国人丢脸。"我还把这个欢送会照了照片，让他留作纪念。过了一段时间，他回国探亲，来学校看我们，我让他汇报他在美国的学习情况，让他一一回

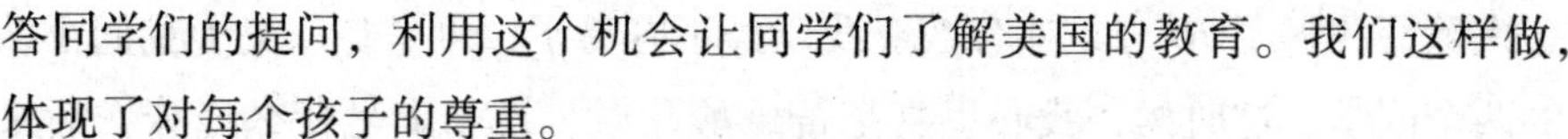

答同学们的提问，利用这个机会让同学们了解美国的教育。我们这样做，体现了对每个孩子的尊重。

◆怎样接纳留级到你班的学生？

留级，对于一个孩子来说，是一件很不体面的事，当有的同学叫他"留级生"时，他会觉得抬不起头来。所以，作为班主任，我们首先要接纳他们，这样的学生肯定学习成绩都不理想，不是因为学得慢，就是因为太淘气没学好，或者是厌学造成的。无论什么原因留的级，我们都不能嫌弃他们。我每接受一个留级生，都是非常慎重地对待他们。我刚刚工作的时候，一个非常淘气的孩子留级到我班，我先嘱咐同学们以后不要提他留级的事，让同学们也要接纳他。我们鼓掌欢迎他进班，他耷拉着脑袋走进来，我们热情洋溢地为他开了一个欢迎会，他慢慢地抬起头来了。我和他谈话，他表示愿意改变原来不遵守纪律的习惯，我就给他写了一个纸条"坚持就是胜利"，他放在铅笔盒里，看到它，他就能更严格地遵守纪律。他进步了，还被同学们选为小队长，一直跟着我们班到毕业。他的妈妈特别感动，对我说："原来我上着班都不踏实，一想起他来，脑子就'轰'的一下，现在我放心了。"后来他到东北建设兵团还给我来过信，回北京后还到我家看我。

还有一个原来只能得十几分二十几分的学生留级来到了我们班，按我们班的传统，我们热情而又郑重地为他开了欢迎会，同学们没有任何歧视他的表现，他也能积极地参加到班队活动里来了。我们召开了一个爱祖国、爱集体、爱他人的"爱的火花"主题中队会。全班四十多个同学都把自己喜欢的格言或者谚语用毛笔写在一张纸上，然后拿着自己的"火花"，到台上讲讲自己对这句"火花"的理解。大家围绕主题各自选、写、讲自己喜欢的内容，百花齐放，互相学习。这个又高又胖的留级同学上场了，他选的火花是"天时不如地利，地利不如人和。"他面对着全班同学说："我留级来到了五三班，是准备接受大家的讽刺、挖苦和嘲笑的，没想到迎接我的是热烈的掌声和关心我的话语，我很感动。我就开始努力了，第一次默写我得了76分，这分数对我已经不容易了，可是却急哭了我们小队的两个同学。这时候，我心里真是苦辣酸甜咸，说不上是什么滋味。后来在老师的帮助下，在我们小队长的帮助下，我终于得到了90多分的好成绩。我要给帮助我的老师鞠一大躬!”说着，他转向我深深地鞠了一躬，我没想到他会这么说，更没想到他会这么做，慌忙站起，郑重接受。接着，他又说：“我向帮助我的同学们鞠一躬!”大家激动得热烈鼓掌，因为他的发言对同学也是一个鼓舞。

当时，来观看中队会的有学校的校长、部分老师和外校老师，还有摄像师。有一个教过他的老师很纳闷：他怎么能说这么多话，而且说得这么明白？这说明在老师和同学们的尊重中，在鼓励每个孩子都参与的活动中，各种各样的孩子都有着巨大的潜能，都可能迸发出美好心灵的火花，展示出他内心最为灿烂的美好世界。后来，这个孩子顺利地升入六年级，进而以合格的成绩升入中学。临毕业的那天，放学以后，他一个人留下，很认真地问我一个问题：“人家都说功课不好的同学容易变坏，您说，到中学以后，我怎么才能不变坏?”我十分信任地对他说：“就凭你能问出这句话，你就不会变坏！因为你会时刻警惕这个问题的。”他工作以后，回母校对我说：“孙老师，别看我上学时功课不好，可我干活不错，我在工厂当上班组长了。”这就是我们教育的成功！不可能每个孩子都成为科学家，对于这样的孩子来说，能够做一个遵纪守法、自食其力的劳动者，这就是很好的结果。

◆你给学生过生日吗？

只要有时间，我们就会在班里给同学过生日。我认为这不仅是我们班的好传统，也是增进师生之间、同学之间友谊的桥梁，更是教育孩子的极好时机。我提倡不乱花钱，全班同学为过生日的孩子唱生日快乐歌，送自己做的生日贺卡。这是很有意义的一项活动。一般说来，我们都是利用午休时间给孩子过生日。我和孩子们一样，也给过生日的同学画生日卡。我给一个聪明、漂亮、家庭环境也不错的孩子在生日卡中写道：“祝贺你今天十岁了！你生活在欢乐和幸福之中，当生活不是这样的时候，你也要把它变成这样！”言外之意，人的一生，不可能不遇到挫折，但要做生活的强者。她的妈妈见到我，极为感慨，说：“我们看了你和同学们给孩子的生日贺卡，很感动。你写的话不仅是给孩子的，也是给我们的，要我们用自己的努力去创造幸福。”我给一个父母离异后变得很散漫的孩子写道：“祝贺你今天十岁了！这十年，你经历了别的同学不曾经历过的事情，你应该比别人更懂事、更努力。相信你在明年的今天会变得更可爱！”他接到生日贺卡后，难过又激动地看着我，说：“谢谢您，老师！”一个孩子在给我的生日贺卡中写道：“我这次取得好成绩有两个原因，一个是我好好复习了，还有一个原因就是您在给我的生日贺卡上写了‘祝你取得更大进步’。我就想，期末我一定考个好成绩，谢谢您对我的培养和鼓励。”孩子们都把老师和同学们送的生日贺卡珍藏起来，这是他们一生的精神财富。也许因此他们会更加热爱生活，懂得怎样珍惜生活。

◆老师可以把自己的生日告诉孩子吗？

一般说来，我不把自己的生日告诉我正在任课的班级，以免学生和家长送礼。有一次例外，这个班我教了六年，最后要毕业时，我们还在抽空给孩子们过生日。这时，孩子们非要我告诉他们我的生日是哪天。我告诉他们之前，和他们约法三章：一不许为我的生日花一分钱，二不许把我的生日告诉家长，三我接受的生日礼物只有同学们自己制作的生日贺卡。

接到孩子们给我的生日贺卡，我激动万分！画得漂亮自不必说，有画大蛋糕的，有画生日蜡烛的，更多的是画的红心。一个孩子画了一颗大红心中有51颗小红心，她写道：“大红心代表您，里边是我们51颗小红心。”好几个孩子的画上写着“心心相印”。一位北京市的“故事大王”、曾两次在京港澳三地的电视作文大赛中获奖并上了电视的孩子写道：“您终于告诉我们您的生日了！从进校门的第一天，我就怀疑您是‘仙人’，琴棋书画唱样样都行。您把一个胆小、怯懦的女孩培养成了敢说敢唱的学生，不容易啊！感谢您，老师！我的荣誉是您的心血栽培的，我的成绩是您的汗水浇灌的，我的一切一切都是您的付出得来的！恩师，您将会永远永远像一盏灯，照亮我今后成长的路！”看了孩子这些发自肺腑的知心话，我很感动。

还有一个孩子在送给我的贺卡中写道：“孙老师，您可能是孙猴的后代，聪明过人，虽说不会72变，但您的知识也像72变一样丰富！是您，教给了我做人的道理，教我怎样爱别人，关心别人，帮助别人；是您，教我做一个诚实、守信，知道自尊自爱的好孩子；是您，不断鼓励我大胆发言，鼓励我在中队会上多演节目，让自己变得大方、开朗；是您，给了我自信，让我时刻记住‘我能行’！我永远不会忘记您是我人生中第一位启蒙老师，一位像奶奶、像妈妈、像大朋友、像知心姐姐一样的好老师！”开始看这段文字，我还觉得奇怪，为什么她把这些不同辈分的称呼都放在我的身上？但细细琢磨，这是她真实的感受。老师，是传道授业解惑的人；奶奶，是最慈祥最疼爱自己的人；妈妈，是对自己关怀备至体贴入微的人；朋友，是身份平等、关系融洽、能够愉快相处的人；知心姐姐，是孩子们诉说心里话、可以心灵沟通的人。我这样一分析，才理解她的这几句话可是分量相当重啊！我把这一番话作为对我的最高奖赏！这是我们师生之间最最宝贵的精神财富。这种心灵上的沟通与共鸣，使我们的教育走进了神圣的境界。它不仅教育了孩子，也使我的灵魂得到了升华。我从中看到了我终生所从事的教育事业的伟大，看到了自己工作的意义，也看到了身为教师的人生价值。我一向认为，教师是我的职业，更是我的事业，而且是阳光下最美丽的事业！

◆孩子在课堂上吐了怎么办?

我认为一个人如果不知道关心他人，对周围的人缺乏热情，实际上是一种心理不健康的表现。这一点我是从培养健康的心理素质的高度来看待的。这个观点有很多心理学专家是认可的。我把我的看法讲给学生和家长听，引起他们思想上的重视。平时，我特别注意那些关心他人的学生的做法，每次都给予热情的鼓励。所以，当有孩子在班上呕吐的时候，就不会

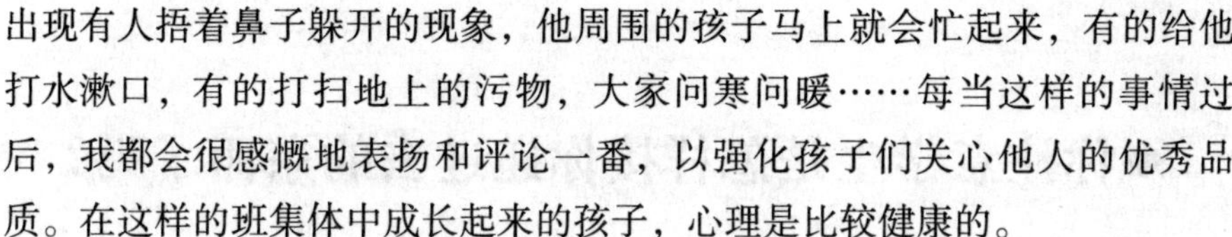

出现有人捂着鼻子躲开的现象，他周围的孩子马上就会忙起来，有的给他打水漱口，有的打扫地上的污物，大家问寒问暖……每当这样的事情过后，我都会很感慨地表扬和评论一番，以强化孩子们关心他人的优秀品质。在这样的班集体中成长起来的孩子，心理是比较健康的。

◆怎么对待病后来上学的学生？

一个有凝聚力的班集体对本班学生是很有吸引力的，生活在这样的班集体中的孩子是不愿意脱离集体的。当孩子生病，几天没有来上学时，他是非常想念同学们和老师的。所以，每当这样的同学病后第一天进班时，我就会高兴地说：“大家看，谁来了？他（她）病好了，我们欢迎他（她）能来上课啦！”并带头鼓掌欢迎他的到来。老师只要带领大家这样做一次，以后同学们就会自发地这样去做。而且，同学们还会主动帮他脱大衣、挂大衣、摆好桌椅等，让他感受到集体的温暖。

我班有一个现象，如果谁病了，准有同学给他打电话，如果病得不是很重，这个请假的同学肯定不会落下功课，虽然没有上课，作业却能够按时交上来。这就是一个优秀的班集体的同学关系和班风。

◆你班学生在学校发生了意外事故怎么办？

当然最好防范在先，对学生进行安全教育。我校规定，当学生在校发生了意外事故后，要给予最好的照顾；以最好的态度对待学生和家长；让学生得到最好的医疗。

学生一旦发生意外事故，班主任必须马上向学校领导汇报，并以最快的速度把学生送进医院。然后要把事故的原因调查清楚，是谁的责任就由谁的家长付医药费。班主任做这个工作时，要注意方法。

◆你注意学生是怎样接你递过去的东西了吗？

培养孩子的文明行为也是我们班主任的一个重要任务。在集体中培养，大家可以互相学习，互相监督，互相影响，这比对个体的培养有利得多。比如，要求学生在递给长辈东西或接过长辈递过来的东西时，一定要用双手递和用双手接，我非常强调这个习惯。那是多年前，我看到学校在给三好学生发奖状时，校长双手把奖状递给学生，有的学生用一只手把奖状随意抽过去，晃晃悠悠就下了领奖台，那情景看着真让人难受。我认为，这不全是孩子的过错，是班主任没有尽到自己的职责。于是，我更加强调了我的这一要求。

有要求，还要有训练。每天我发本时，要求学生一定用双手接我递过去的本。学生忘了，我不会把本子递给他，直到他用双手来接。学生递给我东西时也同样，以后孩子们之间就会互相提醒了。一段时间后，孩子们递给我的哪怕是一块小小的橡皮或者是一把钥匙，也必定用双手来递。当这样的习惯养成之后，不管在学校，还是在家里，他都会很有教养地对待所有的长辈。

◆怎样进行文明礼貌教育？

对学生进行文明礼貌教育，首先要把道理讲清楚，接着就要进行训练，然后对做得好的同学进行表扬。

2003 年 2 月，对全校同学进行文明礼貌教育的话我是这样讲的：

同学们：

大家好！

这学期，我校向同学们提出了“学会说话，学会走路，学会谦让”的要求，是针对部分同学存在的问题提出的，更是为了培养同学们文明礼貌的好习惯。

我校的校训是“勤勉、文雅、活泼、奋进”。这“文雅”是什么意思呢？《现代汉语词典》中这样解释：“言谈、举止温和有礼貌，不粗俗。”那么，也就是高雅，文质彬彬。这是史家胡同小学校训的特点，也是史家胡同小学学生的特点。一位外校的老师到我们学校，看到我们学校的同学后说：“奇怪，怎么你们学校的学生比我们学校的学生看着顺眼、漂亮。”其实不是长相漂亮，而是气质不同，这气质就高在“文雅”这个词上了。这是我们学校的优良传统，是老师们、同学们互相影响的结果。这是学校的校风。

上学期，我去西城一个学校做报告，他们学校的领导陪着我从大门口，一直走到学校的教导处，中途经过操场、楼道、院子，沿途遇见我们的所有同学没有一个不和我们打招呼的，都知道问好，都知道让路。我就想：我们学校的学生能做得这么好吗？他们领导说：“我有时间，一定去史家胡同小学，向你们学习。”我当时真的非常担心。

因为我们有个别同学，有时候行为也不完全文雅，我在我的办公室就听到过骂人的声音。骂人、说脏话，降低自己的身份，当你一旦形成习惯，自己是没有感觉的。一次，在108电车上，上来两个中学生（男生），穿得很干净，长得也挺漂亮，没想到一张嘴满是脏话，他们不是在吵架，而是在心平气和地聊天。我觉得非常难受，很受刺激，所以到现在我还记得这件事情。我劝同学们。千万不要养成这种坏习惯。

已经有了坏习惯怎么办？自己要有意识地进行训练，管住自己不说脏话，不说伤害别人的话。文雅的谈吐和行为是可以训练出来的。外国有一个电影，说两个有钱的语言学家在大街上看到一个卖花的姑娘，她长得很漂亮，但是，说话粗俗，当然，她是没有受过教育的穷人。这两个语言学家商量着下点工夫改变她。于是，他们出钱，训练她，教她文化，教她单词的正确发音，教她礼仪，训练她待人接物，帮她培养文明的习惯。一段时间后，给她买了漂亮的衣服，给她戴上首饰，带她参加了一个上层社会的舞会，她一进去，光彩照人！她的雍容华贵的仪表、温文尔雅的姿态、彬彬有礼的谈吐、优美的舞步，使得所有的人都惊呆了。这两个语言学家对自己的杰作非常满意，它说明人的文明行为是可以训练出来的。

千万别以为是那身衣服的作用，不是，没有好习惯，穿着漂亮衣服也没有用。刚刚开放的那个时候，我在灯市口车站等车，等车的还有一个小伙子和一位漂亮的姑娘。姑娘穿得很时髦，但是她一边吃瓜子，一边随地吐着瓜子皮，我一点也不欣赏她的美丽了。

还有一个习惯，我不知道同学们重视不重视，就是接长辈递过来的东西或递给长辈东西时都要用双手。好多年前，我在别的学校，我看到校长用双手把奖状递给学生时，有的同学晃着肩膀，用一只手拎过奖状，扭头就走，很不礼貌。去年，我们六年级的同学们举行毕业典礼，卓校长把毕业证书双手交给每一位毕业生，绝大多数同学都能够做到用双手郑重地接过毕业证书，同时还向卓校长深深地鞠一个躬，会场气氛是那样庄严，体现了大家对毕业的重视，对母校的留恋。礼貌有时候看起来是一种形式，但是却能表现一个人的气质与风度，你彬彬有礼，就显得高雅、神气、帅、酷、自信、可爱；你粗俗，就显得没文化、没品位、没教养、愚昧。

我们希望同学们重视文明礼貌习惯的培养，真正做一个“勤勉、文雅、活泼、奋进”的好学生。

就是这样掰开揉碎地把道理讲清楚，用典型事例说明问题，孩子们听得非常认真，再加上班主任的日常培养，文明礼貌的习惯就养成了。

当学生告诉我有的同学不文明、出现了骂人的现象时，我要求学生不要学出骂人的话，一方面是为了对不良行为要尽可能淡化，另一方面是为了让学生养成不说一句脏话的习惯。从一年级就开始这样要求，学生在校外、在家里都不说一句脏话，培养了学生的文明习惯。

◆怎么给学生写评语？

评价手册中教师的评语是学生和家长十分关注的内容。正因为这样，我们就更应该通过教师评语，把学生和家长的关注点引导到素质教育的轨道上来，让评语起到一个导向的作用。

过去教师评语中常见的内容是“学习努力，上课能专心听讲，积极发言，课后能认真完成作业。遵守纪律，团结同学，热爱劳动”。这样的评语，既不全面，也不深入，既没有个性，也没有感情，干干巴巴，枯燥无味。而且，缺少心理健康方面的内容。这不是实施素质教育的教师评语。我们培养的学生应是能适应21世纪需要的人才，是各方面都能得到全面和谐发展的一代新人。只有老师的观念改变了，评语的内容才会跟上时代的步伐，才会带来一个彻底的改革。

我认为，有生命力的教师评语，应该是能映出孩子美好心灵的一面镜子，是沟通师生情感交流的一座桥梁，是激励学生、教育学生的有效手段。要达到这个目的，应该做到：

1. 老师要有超前的意识和科学的头脑

我们认识到，评语不仅是对学生的一个客观评价，更重要的是引导学生做21世纪所需要的人才。对未来人所具备的素质老师要做到心中有数。我们力求把社会发展的需求与人的自身发展的需求相结合，用心理学、教育学的理论来武装自己，在通俗、浅显的评语中含蕴着我们对教育科学的运用，体现着我们对未来人的塑造，表达着我们对祖国的忠诚、热爱，和对美好人生的追求。这就需要我们在百忙中加强学习。

2. 老师要细心观察学生，充分了解学生

要想写出符合每个学生特点的评语，平时，老师就要多和孩子们在一起谈心、交流，课下和孩子们一起游戏，组织丰富多彩的活动，还要征求科任老师和家长的意见。这样，我们不仅看到了孩子们课堂上的表现，也能看到他们在游戏中、在活动中、在各方面的闪光点。当老师掌握了大量的第一手材料的情况，写出的评语就不会是干巴巴的了。

3. 评语应是映出孩子美好心灵的一面镜子

评语中对孩子的评价，一定要遵循正强化的原则，以鼓励为主，以肯定优点为主。对孩子存在的问题要抓住最主要的，以提希望的方式写出来。这一点对表现好、学习成绩优秀的学生容易做到，对学习成绩不好、又很淘气的孩子就很难做到。但从素质教育的需要出发，从教育效果看，必须用心挖掘孩子内心美好的东西，使教师评语成为能映出孩子美好心灵的一面镜子。

我给一个会弹钢琴的孩子的评语中有这样一段话：“听着你优美欢快的琴声，同学们联想到了碧绿的草地、美丽的鲜花、寂静的树林、欢乐的小鸟、弯弯的小路、宽阔的牧场……在你的伴奏下，同学们编出了舞蹈，参加了艺术节的表演。这叫什么？这叫本领！我为有这样的学生感到自豪！"

我给另一个同学的评语中有这样几句话："能歌善舞的孩子难得踏实，踏实认真的孩子难得活泼，而你却两者具备，因此难能可贵。通过你的作文，能看出你想像力丰富，心地善良。同学们都很喜欢你，愿意和你一个小队，和你同桌，甚至排队都愿意挨着你，你真是个令人羡慕的好孩子。"

我认为，评语是对孩子的一种鉴定，评语中应该肯定的是孩子的努力和进步。对孩子肯定的东西应该是引导孩子努力的方向，应该是孩子经过努力所得到的东西，而不是一种天赋。诸如"聪明""漂亮"一类的词最好不用，容易起副作用。但对自认为笨的学生倒可以告诉他"你和别人一样聪明"，让他树立自信心，说不定他的智力真的会发展起来。

对缺点比较多的孩子，评语中也要尽可能找出他们的闪光点。我曾经给一个孩子写过这样的评语："你是我们班足球队的铁大门，在比赛中曾扑救过不少险球，为我们班获得年级组的冠军立下了汗马功劳。我多希望你在学习上也这样出色啊！"在我们和儿艺演员联欢做自我介绍时，这个孩子把这段评语讲了出来，说明他对这个评语的认可和重视，由此就可以引发孩子的自信心和上进心。我给一个非常淘气、学习成绩也不理想的孩子曾写过这样的评语："你有一大优点值得同学们学习，就是不怕吃苦，家住左家庄，却能早早来到学校做值日。老师留了作业，你能抓紧时间写，从不磨蹭。有一次的组词作业，你对自己的成绩不满意，认认真真地重写了3遍，直到得了一个大大的红5分为止。这学期，你能虚心接受同学们的帮助，所以你进步了，默写还得过100分呢！"后来，他的妈妈给我写了一封长长的信，其中有这样几句话："这评语我看了好几遍，心情是难以用语言和文字表达出来的，眼泪也流出来了。我知道我的孩子是班上最淘气的，可是老师没让他掉队，从评语上就能看出来。"可见，在评语中对后进学生的充分肯定，不仅仅是一个如何写评语的方法问题，实际上是一个在写评语的过程中实施素质教育的"要面向全体学生"的一个大问题。

当我们在评语中描绘出孩子的美好心灵之后，在孩子和家长的心里的震撼力是很大的。当然，在评语中对孩子的肯定一定是实事求是的，不能浮夸，否则就失去了它的价值。

那么，孩子的缺点在评语中怎么写呢？“影响你成绩提高的敌人就是办事马虎，有信心打倒它吗?”“想一想是什么影响你在老师和同学心目中的形象呢？我希望你有上进心，你不愿意落后，是吧!”“上学期你读起课文来是那样绘声绘色，还能那样吗？我盼望着!”这不是批评，也不是指责，更不是生硬地罗列缺点，而是站在孩子的立场上，从孩子的利益出发，鼓起孩子改缺点的勇气，字里行间流露出对孩子的爱、信任和尊重。

4. 评语是沟通师生情感交流的桥梁

用第二人称给学生写评语，学生看起来亲切，拿到评语，就像读到老师给自己的一封信。有老师对自己的高度评价，有老师对自己的鼓励，还有老师对自己的希望。五年级一名同学的作文获得了联合国教科文组织的特别奖，他的老师给他的评语是：“你是父母的骄傲、我的骄傲。你是一个有毅力的孩子！从你精彩的日记中，我再一次感受到儿童世界的欢乐！我们天天见面，多么好啊！下学期，我还期待着你的好成绩!”看！老师的心与孩子的心是相通的，这里，有老师对孩子的欣赏，有老师对孩子热切的期待，有朋友式的情谊。孩子看到这样的评语，下学期能不努力吗?有这样的老师教他功课，他能不好好学习吗?

一位老师给一个同学写的评语是：“你总是默默无语，你的快乐和悲伤我们都不知道，你学习上哪儿不明白，我们也不知道！你想尽快提高学习成绩，就要敢于问问题!”要知道，想要列举这个孩子的缺点恐怕有的是，可老师一条也没写，我们从评语的字里行间，都能感受到老师的关心，老师想打开与孩子心灵沟通的门。孩子看了这段评语很感动，开始试着举手发言了。

我认为，能把评语变成一座与孩子心灵沟通的桥梁，得有艺术性与科学性相结合的本领，得有一颗可贵的童心。

5. 教师评语中应有明显的心理品质方面的内容

心理素质是素质教育的重要内容之一，不可忽略。孩子的情绪是否愉快、孩子的毅力是否坚定、孩子的心理承受能力怎么样、孩子的交往能力怎么样、孩子的自信心等，老师都应该关心、了解，并在评语中有所体现，有所引导。

心理学家认为，心理健康的孩子情绪应该是愉快的。我有一个学生性格内向且自卑，我知道这样的心理难以适应未来竞争激烈的社会，于是就在她的评语中千方百计鼓励她。我写道："一篇语言生动、描写具体的作文深深地吸引着我，谁的？一看名字，是你的！这是你努力的结果。当我们听到你大声朗读课文时，是多么欣喜！选队长，不管当选还是落选都一个劲儿，还是那么用功，那么踏实，那么认真地做值日，那么友爱地与同学相处。正因为这样，你又当选了。"这个孩子说："看了老师给我写的评语，心里甜甜的，特受鼓舞，认识了自己的能力，自信心加强了。"三年后，当这个孩子变得开朗之后，我又在她的评语中写了这样的话："你创作并表演的《孙悟空找不到家了》，为中队会增添了不少色彩，简直出乎人的意料，令人惊叹不已！你越来越可爱了！"她的父亲也说："我还没见过这样生动、具体、充满情感的评语。我的女儿从性格内向、胆小变得活泼、开朗，是老师的鼓励点燃了她心中'努力奋进'的灯火。我相信老师在评语中对她的评价可以让她受用一生。"这说明，教师写评语时，应该考虑到对孩子心理素质的培养，这是教师评语的很重要的一方面内容。后来，这个孩子能够在北京电视台的演播大厅里当众朗诵自己的获奖作文。

我班有一个孩子获北京市优秀少先队员标兵称号，获北京市演讲比赛一等奖，还是北京市的"故事大王"，她也曾在市级作文、唱歌比赛中多次获奖，我给她写的评语是："你用自己的能力多次在市区为我校争光，作为学校的红领巾电视台台长和少先队大队长，为全校同学做了不少工作，学习成绩照样优秀。而且，从不为自己取得的成绩沾沾自喜，对同学仍那么和气，对老师仍那么尊敬，在各方面还那么努力。说明你有比较好的心理素质，能够客观地评价自己和对待别人。因此就更让人喜欢。"她的妈妈多次把我给孩子的评语拿给亲戚朋友看，还对我说："您注意培养孩子健康的心理素质，不仅教书，更重育人，我们非常赞赏。"

6. 教师评语的形式可以多样

我校老师们不仅在评语的内容上进行了改进，在形式上也进行了改革。班主任史晶玉老师运用孩子们喜欢的儿歌形式给孩子们写评语，深受孩子们的欢迎。史老师给一个孩子写道："勤奋乖巧又懂事，稳重踏实讲道理。要求自己很严格，男生女生都服气。作业认真字迹好，学习成绩也优异。参加劳动很积极，脏活累活不挑剔。关心集体做好事，有目共睹记心里。多与同学在一起，说说笑笑多有趣！"孩子看了非常高兴。还有一

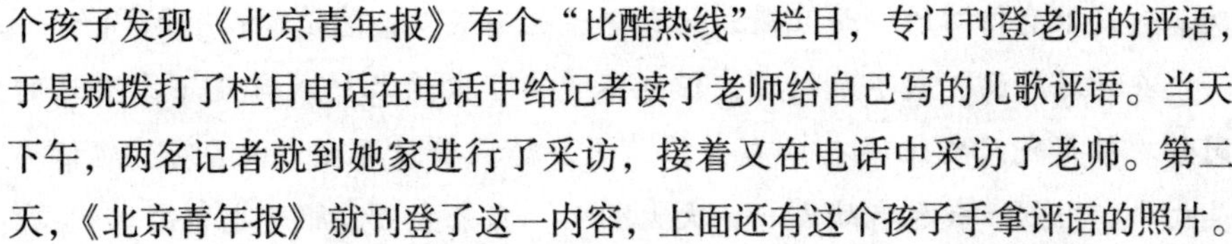

个孩子发现《北京青年报》有个“比酷热线”栏目，专门刊登老师的评语，于是就拨打了栏目电话在电话中给记者读了老师给自己写的儿歌评语。当天下午，两名记者就到她家进行了采访，接着又在电话中采访了老师。第二天，《北京青年报》就刊登了这一内容，上面还有这个孩子手拿评语的照片。

总之，教师评语是一种不可低估的教育手段，我们要充分利用它达到教育目的。

◆为什么不要把“聪明、漂亮、听话”作为优点写进评语里？

聪明、漂亮是父母遗传给孩子的基因，不是孩子本人的功劳，不是孩子自己努力的结果，所以不应该成为夸奖孩子的内容。聪明、漂亮的孩子在日常生活中已经听多了人们对他们这方面的夸奖，使他们无形中产生了一种优越感，这样的孩子还容易瞧不起没有自己聪明、漂亮的人，这种优越感不利于他们客观地评价自己和别人，往往会“聪明反为聪明误”。

教师评语是对学生行为表现与对事物所持态度的一种客观评价。我们肯定的是学生对某种事物的努力程度，是他对某种事物的积极态度。老师的评价要能够引导孩子客观地评价自己，帮助孩子认清自己某一方面的成功原因是什么，要在非智力因素上下什么功夫。因为一个人学业与事业的成功，关键不在聪明不聪明，而在认真不认真。现在聪明的孩子多的是，如果没有认真的态度，他将一事无成。

现在的小学生评价手册中有一栏“这就是我”，是学生的自我评价，有的孩子这样写“我是一个聪明、漂亮、乖巧的女孩”，我不赞赏这样评价自己，这些词都应该是别人对自己的评价，自己这样评价自己有时候是让别人很反感的。

我校的学生写的“这就是我”，我看写得挺有特点。比如：

我叫息宇升。我是1991年12月31日出生的，一年的最后一天，多棒！不管怎样，那天休息。我最喜欢绘画了，尤其是漫画，写生也不错，反正我是很有信心的！而且遇到什么事我也不灰心，总是说："没事！"

在学习方面，我不是弱者，但也不是出了大名儿的，算是不太有名的同学。但是我只要比现在努力一倍，嘿，就"前途无量"！信吗？这话不是吹牛。当然，我也有缺点——大大咧咧，直来直去，胆子也挺大。

我爱看书，《巴黎圣母院》、《悲惨世界》、《浮士德》……我全读过了，而且每次去书店，我都能抱回一大摞书来呢！

这便是我吗！有信心的我！

——五三班 息宇升

我做事一般三思而后行，一旦我知道怎么做了，便会抱必胜的信心去做。当然，我绝不会让自己的生活平淡无奇。有人说我太死心眼儿，No，那是顽强；有人说我爱搞恶作剧，No，那是开朗；爸爸说："你今天吃得少。"No，我每天都吃这么多；同学说："你今天脾气真好！"No，我一向是温柔的……而且，我不追求时尚，不追流行，只要真实和纯朴。这就是我，一个自信的我。

——五三班 苗沛青

我叫谢天舒，原名叫"谢晚頔，因为"頔"是一个古字，在计算机的字库里没有，所以无论是在保险单上，还是户口本上，我的名字总是叫"谢晚頔"，这可不是妈妈想让我叫的名字。

我经常参加学校的文体活动，为班集体争得荣誉，我最繁忙的时间是周末，除了学校的作业外，还有英语课、钢琴课和奥林匹克数学课等。其实我还是喜欢在家玩，我非常喜欢做手工，经常是做完作业后，就开始做手工。紫色是我喜欢的颜色，在我的手工作品中都会出现紫色，连记事都是用紫色的笔写的，我最喜欢的卡通人物是"流氓兔"，因为它聪明机智，形象可爱。芭比娃娃是我的好朋友，我经常和她们一起做游戏、聊天、上课。我还收集橡皮，现在都有154块橡皮啦！

——三二班 谢天舒

为什么老师也不要把"听话"作为学生的优点写进评语中呢？当然，作为老师，一般说来，都比较喜欢听话的孩子，但是，我们要想真正培养出具有独立思考能力、有创造性的人才来，就应该鼓励孩子遇事要有自己的想法和见解，允许并鼓励孩子发表不同的看法。而实际上，一旦孩子真的在一个问题上提出的意见和老师的意见相反的时候，老师未必就感觉舒服，常常习惯性地觉得顺着自己意见的孩子更可爱。孩子在表达自己意见的时候，往往很难掌握自己说话的分寸，这就更加容易造成教师的反感情绪，于是无形中“听话”就更容易使教师当作优点来评价学生。这是一个教育观念的问题，为了培养更多的创造性人才，我们要给孩子更广阔的思维空间。

◆怎样教会孩子客观地评价自己和别人?

由于独生子女在家庭里的特殊地位，很多孩子总是以我为中心，很难客观地评价自己和别人。这个问题不解决，很难做到与别人合作。而学会与别人共同合作，是国际教育委员会给联合国教科文组织的报告中提出的教育的四大支柱之一，所以，我对这个问题比较重视。在平时，要引导孩子们多看别人的长处，别人比自己好，不嫉妒，诚心诚意地向别人学习；别人比自己差，不笑话，诚心诚意地帮助别人。这样大家才能相处愉快。选举少先队小干部的过程就是一个教育学生客观评价自己和别人的极好机会。我是这样做的：首先，我让大家把小干部的标准搞清楚，他们必须有热情为大家服务的精神，必须是少先队活动的积极分子，在活动中能够发挥创造精神，善于团结同学，遇事能为别人着想，在德智体美诸方面的表现基本不错等，教育同学们当干部不是为了体面，而是要为同学们服务。第一次选举，我和大家一起制订这些标准，以后再改选时，就组织同学们再次共同讨论这些条件。这些标准可以根据不同的班级有适当的灵活变动，但前几条必须有。每次选举都在充分讨论的基础上，再进行提名和表决。当我们多次这样做之后，就会在选举中发生非常感人的事情。

有一次，中队要选一名大队委候选人，大家提名的结果，叶丹和李芳几乎是一半对一半。这时，李芳站起来说：“大家选叶丹吧，她能力强，能歌善舞，能说会道，一定能把大队工作做好。”而叶丹却说：“我同意选李芳，她做事比我踏实肯干，又处处能为别人着想，特别能吃苦，还是选她合适！”她们两个发言时态度都很诚恳。表决结果，李芳22票，叶丹20票。当我宣布李芳是我们中队的大队委候选人时，同学们以热烈的掌声向李芳祝贺，同时，大家也敏感地注意到，叶丹也在微笑着冲李芳鼓掌，真心地向她表示祝贺。掌声刚停，好多同学举手要谈自己的感受，我叫起一个同学，他说：“叶丹虽然落选了，但她没有闹情绪，说明她能看到别人的优点，正确对待自己。夸张点说，我认为叶丹在我们心中的形象更高大了！”同学们对他的发言报以热烈的掌声。最后我说：“今天同学们在推选大队委候选人的活动中，表现非常出色！大家都知道，当选大队委固然是一种责任，但也是一种荣誉，想想看，戴上三道杠的大队委符号，那是一件多么光彩和神气的事情！但是，在荣誉面前，李芳和叶丹都没有争，而是真心实意地谦让，她们都能够客观地评价自己和别人，这是极其了不起的一种精神！我非常感动！她们不愧是我们中队的干部，她们的的确确是大家学习的榜样！”同学们再一次热烈地鼓掌。这件事对全班同学影响极大，教育深刻。

◆为什么不能让调皮的学生感到自己是“坏学生”？

我在北京市家教咨询中心值班的时候，经常有家长带着自己的孩子来咨询。到这里来的家长，往往是教育孩子时遇到了难办的问题，你若问这个孩子：“你觉得你在班里是一个什么样的学生？”他八成会告诉你：“坏学生”。其实，就不该让孩子对自己有这样的评价。

孩子对自己的评价是怎么形成的？他是受周围的人对他评价的影响，特别是他的老师和同学对他的评价。老师有意无意地从话里带出来：“咱们班那几个个别生……”

孩子调皮时可能做一些出格的事情，但是不能给他们扣上一个“坏孩子”的帽子，这样非常容易造成孩子的自暴自弃。一个调皮孩子的话很说明问题，他说：“原来，他们（班上的同学）都把我当坏人，所以我就骂他们、打他们。”因此，我向来对我所有的学生说：“我们班没有坏学生，只不过有些同学缺点多一些，一些同学缺点少一些，我希望同学们都能努力改正自己的缺点，不断完善自己。”况且，每个孩子身上都会有闪光点，作为老师，就要努力发现这些孩子身上的闪光点，并且让所有的同学看到他们的闪光点，不因为他们淘气而歧视他们。这样做，有利于教育这样的学生，他们虽然缺点比较多，但仍有上进心，不会破罐子破摔，而且会使自己的长处发扬光大，逐步克服自己的缺点。更重要的是保护了孩子的自尊心不受伤害，让调皮的孩子也能具有一个健康的心理。

◆我为什么轻易不让学生写检查？

不少老师在学生犯了错误之后让学生写检查，有的还规定必须写几百字的检查。老师的目的是想通过让学生写检查使学生能够深刻认识自己的错误，似乎检查越长认识越深。有的老师还要把孩子写的检查让孩子的家长签字。我很少这样做。

我是这样想的：几乎没有孩子是故意要犯错误的，当他犯错误之后，主要是帮助他认识这样处理问题的不当之处，通过老师或同学们的分析，使学生认识到这样做，对集体、对他人、对自己造成了什么样的不良影响，要汲取什么教训，知道这件事应该怎么做。我们是在帮助学生处理问题，我们是在教会孩子怎样处理问题。当孩子犯了错误的时候，老师首先想到的是如何“帮助”，而不是“惩罚”，接下来的事情是引导同学们关注他的进步，这样就不会使犯错误的孩子长期笼罩在“错误”的阴影里不能自拔。如果孩子自觉地在自己的日记里进行深刻的反思，我们是鼓励的，这与强行让学生写检查截然不同。

孩子犯错误是难免的，要允许孩子犯错误。这样想，就不会站在孩子的对立面处理问题。

◆如何对待学生的“告状”？

一般说来，老师不大喜欢学生到老师这里来告别人的状。有的学校的个别老师一看到有学生来告状，就会很反感地说：“老告什么状？打破脑袋了吗？没打破脑袋就别告状！”这样的话，学生往往发生了问题就只能自行解决了，学生之间的矛盾也会层出不穷，而且学生在思想上是搞不清楚是非的。

我们要分析学生来老师这里告状的原因。学生因为受了别人的欺负，自然要到老师这里讨一个公道。特别是一年级的小学生，特别喜欢到老师这里来告状。我是怎样对待学生的这一行为呢？

面对一年级的学生，首先，我耐心倾听每个孩子告状的内容，一一解决。特别对欺负人的现象，一定要认真解决，引导孩子们如何与同伴交往，即如何对待别人，如何与别人相处。

但是，一年级学生来老师这里告的状有很多都不是这类问题，他们往往分不清哪些行为是属于故意欺负人，哪些行为是同学和自己逗着玩，哪些行为是同学在活动时无意碰了自己一下。当老师听完他们的告状内容之后，要反复向孩子们讲清楚，同学的哪些行为是可以原谅的，哪些行为是可以向对方解释自行解决的，哪些行为是应该向老师反映的。时间长了，学生就能够分清什么该向老师说，什么可以不说了。

我的主要方法是，教会学生在与同学交往时学会谦让，特别是在游戏的过程中，我们要观察在这方面做得好的孩子，及时表扬，树立榜样。万一同学之间发生了矛盾，要首先想自己错在什么地方，各自多做自我批评，学生中的矛盾就会大大减少。

在学生告状的过程中，我还发现了一个奇怪的现象，即他告状的目的并不在于他真的觉得别人有什么错，是孩子想找机会和老师接近。这种现象不仅在低年级存在，在高年级也一样。一天，我在办公室批改作业，我教的六年级的一个学生陈某进来笑眯眯地对我说：“孙老师，郭某他打我。”我马上把就在办公室门口的郭某叫进来，我问郭某：“你打他了？”

郭某也同样笑眯眯地看着陈某，说："我们逗着玩呢，我真的没有打他。"陈某不否认，两个人都笑眯眯地看着我，一点儿也不像刚打过架的样子。我不解陈某为什么要来我这儿告郭某的状。忽然，我从他们的笑容里明白了，我问："是不是就是想和孙老师说几句话？"陈某不好意思地说："是。"于是，我就让他们两个坐下，我和他们聊了一会儿天。这件事使我想到，作为老师，要多和孩子们接触，满足他们希望得到老师的爱的愿望。

老师完全不听孩子告状肯定是不合适的，对孩子们的告状行为要分析和指导，能使我们及时了解情况，及时解决问题。同时，还能增进师生情感。

◆老师可以没收学生的东西吗？

一般说来，我不没收学生的东西。老师们为什么会没收学生的东西呢？大多数原因是学生在上课时间玩这个东西，影响了听课。我年轻的时候也是这样。上课时，我这里讲课，学生不听讲，功课又不好，我气不打一处来，上去就没收，甚至会毁掉孩子的东西。后来我发现，孩子上课都忍不住要玩的东西，那是他的心爱之物，这个东西对他的吸引力远远超过了老师讲课的内容，如果老师给他没收了，他就更不可能专心致志地参与学习了，所以我不没收，而是提醒他收起来。如果是不适合带到学校来的东西，可以暂且保存在老师这里，放学时再让孩子拿走。这样处理问题也是对孩子的一种尊重。

我们在解决孩子的问题时，要想到孩子当时的感觉，也要想到他长大后对这件事的看法。孩子都会长大，我们不能让孩子长大后回忆这件事时是无奈、轻蔑地摇头，要让他能够发自内心地感叹："我的那位小学老师真不错！"

◆为什么不能给学习吃力的学生扣上“落后生”的帽子?

我认为，孩子的心理状态对他学业有极大的影响。如果孩子充满信心，觉得自己“能行”，他的学习积极性和主动性就可以得到最大程度的发挥，也能够设法克服学习中的困难；如果孩子自己就觉得“我不行”，面对原本能够克服的困难也会退缩。所以给某一部分学生扣上“落后生”的帽子，就会造成这部分学生的自卑心理，反而使他们更加畏惧学习中的困难。

当然，由于各方面的原因，一部分孩子的学习成绩可能比一般孩子差一些，如何给他们树立信心，让他们赶上大家，这恰恰能够反映一个班主任工作的高超之处。

如何给这部分孩子树立信心？首先，老师不要话里话外总是说“咱们班那几个落后生”如何如何，比如“今天那几个落后生放学留下，老师给你们补补课。”“今天那几个落后生又没有考好，让你们的家长找我一下。”……看来，这样的老师，工作的的确确是“兢兢业业”的，是“认真负责”的，但是就在这同时，也把“落后生”的帽子扣在了这部分孩子的头上。而自认为自己是“落后生”的学生，你就是在他身上施加多少外力，不如给他一点自信心，帮他在心里写出一个大写的“我”字来。教师工作的效率不在于花了多少时间，而在于工作是否科学。

再者，不要当着全班同学念考试分数，人为地给他们施加压力。那实际上是在用事实告诉全班同学和他本人，他是“落后生”。

重要的是要努力发掘他们身上的闪光点，以此来告诉全班同学“他能行”。这就要求老师深入细致地了解每一个学生，在和他们一起游戏和聊天中发现他们与众不同的能力和优点。老师一定要开展丰富多彩的班队活动，让每个人都有展示自己才华和优秀品质的机会。

这样做，不仅能够给学习吃力的孩子以信心，而且也给全班孩子树立一种观念：每个人都有自己的优势和不足，大家都要取长补短、互相学

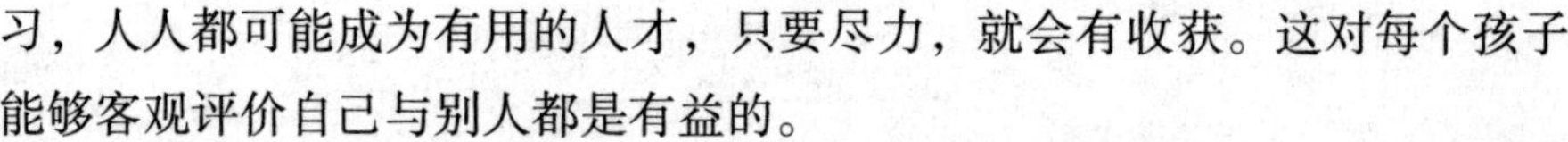

习，人人都可能成为有用的人才，只要尽力，就会有收获。这对每个孩子能够客观评价自己与别人都是有益的。

我还记得，一次，学校在百词测验前，一名小队长为了全小队队员都能取得好成绩，就去他们小队的一个因父母离异而学习吃力的同学家补习功课，并且鼓励他："我帮你认真复习字词，你要争取得个100分。"结果那个同学说："100分？可能吗？你别忘了，我叫'阎某某'！"言外之意，他是不可能取得好成绩的，说明他没有信心。而这位小队长大声对她的队员说："叫阎某某怎么啦？阎某某也是人！只要努力，就能取得好成绩！"阎某某被说服了，随着他的小队长认真默写字词，结果在百词测验中，他真的取得了100分的好成绩。

◆让学生"练坐"是不是体罚？

让学生"练坐"是变相体罚。有些班主任因为学生上科任课不遵守纪律，罚全班学生端端正正地坐40分钟。这种惩罚就是体罚。再说，是全班学生都不遵守纪律吗？这样做，那些没有违犯纪律的学生服气吗？学生觉得不合理，就不会从心里佩服老师的做法，这样做，只会有失老师的威信。学生上科任课不遵守纪律的问题是要解决，但不是用这种办法解决，可以讲清学习这门功课的重要性，可以讲个人的行为给班集体带来的影响，可以有各小队的纪律评比……有办法、有能力、有正确教育观点的班主任就不会用罚坐的办法让学生遵守纪律。

学生很快就会长大，老师的所作所为要让孩子长大后回忆起来仍旧是认可的、是亲切的、是佩服的，那才是正确的教育教师。如果我们的行为让学生每每回忆起来就觉得可恶、可恨或可笑，那还算教育吗？

◆学生可以表扬自己吗？

一次大扫除后总结时，同学们摆出了很多好人好事。一个平时比较调皮的同学干得也不错，但没有人表扬，他就自己举手说：“孙老师，可以表扬自己吗?”我先是一愣，过去很少听到学生有这种要求的，但一想到他的基础和他今天的表现，我果断地说：“可以!”他说：“今天我一直擦玻璃来着，没去玩，也没和人打闹。那是我擦的玻璃，您看干净吗?”我们都顺着他指的方向看去，玻璃果然十分明亮。我就对大家说：“他的心情我非常理解，他今天努力了、认真了，希望大家看到他的进步。我们应该睁大眼睛注视这样的同学的进步。”我是这样想的：对于这样的学生，这是进行教育的一个途径。这些孩子原来在劳动、纪律上没有严格要求自己，现在他努力做好并希望得到表扬，我们就及时表扬他，满足他的愿望。为的是巩固他做的好事，使之慢慢养成习惯，进而再教育他，做好事不是为了表扬，是为了培养自己优良的品质和全面的素质。这就体现了教育的步骤和层次。

◆怎样解决独生子女“独”的问题？

做教师要善于在工作中抓住新发现，产生新思路，创造新方法。我国有我国的国情，我国有我国的特点，这些特点是与任何一个国家都不相同的，是其他国家的教育学解决不了的问题。比如独生子女的教育问题。靠前人？前所未有！靠外国？这是全世界只有我们一个国家独一无二的问题！只有靠我们自己来解决！

计划生育政策是根据我国的国情制定的。但是在独生子女的教育问题上，很多人持有偏见。在上世纪80年代初，我在几次座谈会上，都听到这样的论调：“独生子女可以用五个字来概括，那就是‘奸懒馋滑坏’。”而且大家还把他们和50年代、60年代、70年代的孩子相比，认为这是最差的一代。当然也有持不同意见的。因为当时我还没有这方面突出的感觉，所以也没有什么想法。

独生子女的确是存在不少问题和弱点的，但这些问题用生硬的说教是绝对不见效的，我们必须使自己的教育富有说服力。

“遇事要为他人着想”独生子女要做到这一点就十分困难。独生子女的“独”，说白了，就是自私。他们习惯于接受来自各个方面的爱，却很少想到去关心别人。心理学家把“不为别人着想”作为一种严重的心理障碍来看待，有些外国专家就用这一点来反对我国的计划生育政策。其实，我们是有办法解决这一问题的，那就是利用班集体的力量。我们社会主义国家的教育特别强调集体主义教育，就是在我们建设班集体的过程中，树立遇事为他人着想、遇事为集体着想的教育，就可以有效地解决独生子女“独”的问题。具体做法就是通过处理日常生活中的一些小事来使学生明白必须要多为别人着想的道理。

有一年，我参加了和日本的家教会进行交流的会议，他们每个人的发言几乎都谈到一个家庭至少应该有三个孩子，才有利于对孩子的教育。我把这话告诉了孩子们，我说：“我们的国家要发展，人口太多国家负担不起，一家只能有一个孩子。有人说，独生子女自私，不好教育，我看不见得！我们班就好像一个大家庭，我们大家就是兄弟姐妹，大家要互相关心、团结友爱，多为别人想一想，多为集体想一想，我们一定可以相处得很好，生活得很愉快，我们不会成为一个自私的人！不过，我们要时刻警惕这一点，要努力克服这一个弱点。”平时，我们利用各种方式鼓励在这方面做得好的，遇到问题要认真解决。学生是可以接受教育的。

当时，北京儿童艺术剧团的李若君同志送给我们年级组91张话剧票，让我们去首都剧场看话剧。可我们年级三个班有120人。怎么办呢？我和我们班的同学们商量，能不能把票让给一班和二班，我们自己再想办法。学生中立刻有人说：“凭什么！凭什么！”我说明我们可以进剧场，只是没有座位。学生们就是不干，似乎只有把票平均分给三个班才是最合理的，否则我们班就吃亏了。我没有严厉地批评指责同学们为什么就不能谦让一些，而是语重心长地对大家说：“同学们，你们意识到没有，是什么原因使我们一点儿亏都不想吃呢？在关键时刻能把方便让给别人、把困难留给自己才是高尚的人！坚守在冰天雪地、荒漠高原、森林孤岛上的边防军叔叔如果都不愿意吃亏，谁来保卫我们？没有他们，那将会是一种什么后果？”我整整用了20分钟时间给孩子们反复讲这个道理。结果，刚才叫嚷得最欢的一个学生（独生子）首先站起来表态了：“听您这么一说，也是。我可以不要票，我跟首都剧场的叔叔很熟，我可以让他们帮我找个位子。”另一个孩子也说：“我尽管希望有一张票，但想到应该把方便让给别人，自己就宁肯站着看这场话剧！”很多同学都点头表示同意他的说法，这时候我说：“听了你的发言，我真的很感动，你和同学们都是通情达理的好孩子。”其实我们进去之后，几乎都找到了座位，实在找不到座位的就和同学挤着坐，问题就解决了。

通过解决这一问题，孩子们做到了“把方便让给别人，把困难留给自己”。同时也说明，只要我们把工作做到家了，独生子女是可以做到不“独”的。

第五章

班集体是爱的园地

◆什么叫班集体？

班级群体就叫“班集体”吗？不一定。形成班集体是有一定条件、有一定标准的。它应该有共同的奋斗目标，有坚强的领导核心，有正确的舆论，有优良的班风和传统，有严格的组织纪律，有严密的管理制度，特别是能够开展生动活泼的班队活动。善于把一个班级群体培养成一个有凝聚力的班集体，是班主任工作的非常重要的任务，也是衡量一个班主任能力高低的重要标志。建设班集体的水平反映了一个班主任的综合素质。

◆如何培养学生的集体荣誉感？

教育学家马卡连柯十分重视集体教育，他说：“教育了集体，团结了集体，加强了集体，以后，集体自身就成为很大的教育力量了。”我对学生进行集体主义教育是从集体荣誉感入手的。我觉得，一个班的孩子如果摆正了个人与集体的关系，树立了“集体的光荣就是我的光荣，集体的耻辱就是我的耻辱”的观点，他就会处处想着集体，想着为集体争光，克制自己，不为集体抹黑。这是培养学生优良行为、矫正学生不良行为的非常有效的办法。这种情感，要通过集体活动和处理学生中发生的各种问题去培养。在我们解决个体问题时要引导孩子和集体的利益挂上钩。比如，我常常这样教育孩子们：“别人看见你做了一件不好的事，人家往往不说你叫什么，而是说三三班同学干了什么。你如果做了一件好事，学校在广播里表扬时，也说你是某某班的。你们看，你不代表你自己，你代表的是三三班。”集体荣誉感教育是进行集体主义教育的重要内容，这是我们进行爱国主义教育的基础。因为一个孩子如果能在小时候处理好个人与集体的关系，就会使他长大后处处考虑集体和国家的利益。除了平时的教育之外，还要通过其他的方式来强化集体荣誉感的教育。比如，1984 年，我接了一个很散漫的三三班，除了从道理上对学生讲清个人与集体的关系以外，我为这个班写了一支班歌，歌曲的名字就叫《我爱三三班》，歌词是：

我爱三三班，
我爱我们三三班，
三三班是一团火，
我是火苗在中间；
三三班是一条江，
我是小溪流向前。

我爱三三班，
我爱我们三三班，
我有困难大家帮，
团结友爱多温暖，
我有荣誉归大家，
都为集体做贡献！

在歌咏比赛中，同学们唱着自己班主任作词作曲的歌，无论是领唱还是合唱的同学，心中都充满了自豪感，也都为符合我班实际的歌词所打动，唱得格外动情，因而获得了一等奖，还获得了一个创作奖。这给全班的孩子以极大的鼓舞，增强了集体荣誉感，有力地促进了班集体的形成。更令我感到意外的是，当我们班在其他比赛活动中获胜回到班里总结时，孩子们会情不自禁地唱起这支歌来。后来，每当班里发生特别感人的事情时，大家也会一块儿很动情地唱起这支歌。我体会，班主任只要肯于下功夫，在工作中肯动脑筋，就会产生很好的教育效果。

一个孩子在题为《我爱我的班集体》的作文中，一开头就以诗歌的形式写道：

我愿意我是一根干柴，
只要我们班的篝火能烈火熊熊；
我愿意我是一棵小树，

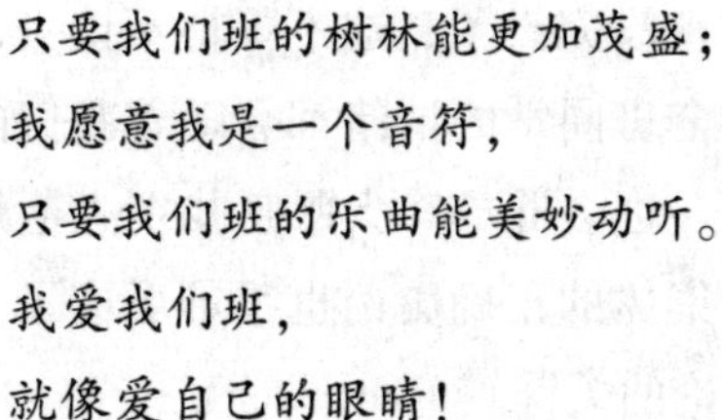

只要我们班的树林能更加茂盛；
我愿意我是一个音符，
只要我们班的乐曲能美妙动听。
我爱我们班，
就像爱自己的眼睛！

◆正确的舆论在班集体中起什么作用？

集体舆论是集体行动的导向。一个班集体有什么样的舆论，就会有什么样的集体行动。正确的舆论一旦形成，这种舆论对于孩子来说，是比命令和制度更有约束力的东西。正确的舆论会制约着每个孩子的行为方式和习惯，左右着每个孩子的品德发展方向。孩子们会把这种舆论作为行为的规范，作为衡量是非的标准，作为自己行动的指南，也作为矫正自己不良行为的依据。实际上，正确的舆论是孩子对道德的一种认知，是孩子优良品德形成的一个非常重要的心理过程。要想培养一个优秀的班集体，就一定要重视树立正确的舆论。比如：关心、帮助别人是光荣的，是快乐的；做到谦让是好样的；诚实是非常重要的；有错就改是正常的；错了做自我批评是应该的；伤害了别人要赔礼道歉是必须的；能够容忍别人的失误是大度的；爱亲人、爱同学、爱集体、爱祖国的情感是高尚的；爱清洁是人人喜欢的；有创造性是令人佩服的；有特长、有爱好是令人羡慕的；敢于当众展示自己的才华是勇敢的；不争荣誉是令人尊敬的；嫉妒别人比自己好是不光彩的；尊重别人是美德，包括尊重那些学习吃力和淘气的同学；我们班里没有坏学生；欺软怕硬、以大欺小是没有出息的；骂人是丢人的；讥笑人是不友好的表现；要睁大眼睛看到别人的进步，有机会就说别人的进步，养成鼓励别人的习惯……正确舆论的培养要靠老师的引导，对做得好的要经常大力地进行表扬。

老师在班上常说什么、常做什么，对集体舆论起着导向作用。你常常看到同学们的长处，常常强化这些地方，同学们的情绪就会是愉快和稳定的。大家也会像老师一样多看别人的优点。如果我们被个别孩子的不良行为所牵制，为这一个孩子的过失批评起来没完没了，这不仅得不偿失，浪费了宝贵的课堂教学时间，更糟糕的是全班同学的情绪都会随着我们的情绪变得烦躁起来。孩子们受老师的影响，也会养成睁大眼睛找别人毛病的习惯，越这样，集体的气氛越不和谐，集体的正确舆论也很难形成了。所以，班主任的教育行为是形成班集体舆论的关键。

◆为什么要培养“批评和自我批评”的班风?

我教的每个班，都非常重视培养批评和自我批评的习惯。这是我培养优良班风的重要内容。从一开始，就要求学生有错必须做自我批评，任何人都不可以坚持错误，当然也包括老师在内。特别是当一个人的行为影响了他人和集体利益的时候。我是这样做的。事先，我都有具体要求，我的严格就表现在要求非常具体上。对刚接班的学生，特别是一年级学生，在我没有提过要求的情况下犯的错误我是不过分指责的，只是心平气和地告诉大家，这样做为什么不对，有什么危害。我提过要求的事情学生违反了，最初我也只是“提醒”，而且不指名道姓。我会这样说：“今天，有这样一件事，我过去是提过要求的，可能有同学忘了，今天我提醒他一遍，以后不可以再这样做。”而且态度是温和的，再有犯者，我仍不点名字，再提醒一遍。这次态度是严肃的，对于一般自尊心比较强的孩子来说，这样是会有效果的。但若确实有明知故犯者，那我就不客气了，我会点出他的名字，并告诉大家，我在“批评”他。一旦挨批评，就必须当着大家做一个自我批评，说说自己错在什么地方了，以后如何改进。一直到确实认识到自己的错误为止。

一般说来，在我接班几个月后，孩子们就会养成这样的习惯：一旦犯了错误，就一定会找机会在大家面前做自我批评。一天，班上新转来的一位女同学在上操时因怕冷把手缩进了袖口里，做操也不把胳膊伸直。回到班里，在值日班长做总结时，有同学对新同学提出了意见，但这个新同学没有反应。大家在静静地等她做自我批评，值日班长也不知如何是好了，扭过头来看着我，意思是说：“她不做自我批评，这怎么办?”我开口了：

“同学们，谁知道她现在应该怎么办?”全班同学都举手了，我叫了一个我们班平时表现不是很好的同学，他脱口而出：“她应该做自我批评!”大家都点头了。而这个新同学却说：“什么叫自我批评?”马上有同学举手说：“当自己有错时，要承认错误，并说说自己错在哪了，以后要怎么做。比如你今天没有认真做操，同学给你提出来了，我要是你，就会赶紧举起手来，对大家说‘我接受同学的批评，我不应该在做操的时候把手缩进袖口里，锻炼身体就要不怕苦，这样锻炼了身体，也锻炼了意志，以后同学们看我的行动吧’!”新同学照着同学的话重复了一遍，同学们为她的进步鼓了掌。

有一年，我新接了一个高年级班，从日记中我了解到一个新转来的学生被人欺负的事。我在班里谈了同学们应该互相尊重，并希望这些同学能够做自我批评，给这个被欺负的同学赔礼道歉，但是，没有一个人举手。于是，我就在黑板上写了“自我批评”四个大字，讲了这样做能够促使自己的进步，也能达到同学之间的团结。一个同学举手了，他说：“过去我拿他取笑，我这样做是不尊重同学，今天，我在这里对你说一声‘对不起’。”我表扬了他：“你第一个勇敢地站起来做了自我批评，带了一个好头。同学们，我们应该用掌声给他一点鼓励!”同学们为他能第一个做自我批评鼓掌，接着，第二个，第三个……所有欺负过他的同学都向他赔礼道歉了。从这以后，同学之间发生了矛盾的时候，就会有人小声提醒他们：“做自我批评，自己先做自我批评。”矛盾很快就化解了。

学生犯错误是难免的，犯了错误能够进行反省，这也是在培养学生的多元智能中的“内省智能”。学生一旦养成这个习惯，就是在别人做自我批评的时候，也会想一想自己在这方面做得如何。有一次，大家在批评一个同学不应该说脏话时，高某也举手了，我以为他也是要说为什么不应该说脏话，谁知他说：“我在和我们胡同里的小孩儿一起玩时，听他们说脏话，我也说过，咱们班同学没听见，以后无论在什么地方，我都不说脏话了。”我马上说：“我要表扬高某今天的做法，他在我们帮助别的同学的同时，也在反省自己的行为，说了大家都不知道的事情，当众做了自我批评，我们相信，高某今后一定会是一个更加文明的少先队员。”这一表扬，更加促使今天犯错误的同学认识自己的问题。

具有内省智能的人能够不断地进步。内因是一个孩子进步的真正动力，学生优良品德形成的心理过程的认知阶段是非常重要的，这个过程完成了，就为优良品德的形成打下了良好的基础。一个班集体，养成了批评和自我批评的作风，很容易解决学生之间发生的矛盾，同学之间的关系也容易相处。

◆召开班队会怎样定内容？

我常听有些年轻的班主任说，他们很想开展一些班队活动，但不知道怎么搞，也不知道定什么内容。其实，这并不难，只要用心观察孩子的生活，仔细体察他们的需要，就会发现孩子中蕴藏着无穷的创造力，也会发现孩子中存在的问题。这样，你的思想就会活跃起来，就想把孩子们的可爱之处显现出来，你也会感到需要解决和引导的问题很多，就想生动活泼地解决这些问题，那你就有了活动的内容，你就会抓住这些开展活动的契机，这是一方面。另一方面，还要加强学习，看清社会的发展，摸到时代的脉搏，你就会了解社会对教育提出的要求是什么，国家发展的远景需要的人才是什么样的，于是，开展活动的内容范围就越发开阔起来。

1．活动来自孩子的生活

深入到孩子的生活中去，和他们一起玩，一起乐，就有了师生间相互沟通的渠道，就架起了师生情感的桥梁，也就寻求到了开展教育活动的源泉。

我教三一班的时候，在课间，我发现一群孩子不去操场玩，却围拢在一个孩子的座位跟前。我走过去一看，原来是这个孩子在一边画画一边讲故事，我听他在讲："北伐军开炮了，咚——打死了一个小日本！"孩子们开心得哈哈大笑。我看了一下表，他每画一个人，用的时间也就是10秒钟左右，非常神速的简笔画。不过，北伐军打日本？说明孩子们缺乏历史知识，但是，他的这种形式却是孩子们喜闻乐见的。看！孩子们不出去玩，说明吸引力之大！我们何不引来作为少先队活动的内容呢？当然，这需要老师的指导。

于是，在少先队活动时间，我先讲历史，一边板书一边讲解，从哪年到哪年是北伐军打什么人，从哪年到哪年是抗日战争，抗日战争是什么人打日本人，从哪年到哪年是解放战争，解放战争是怎么回事，从哪年到哪年是朝鲜战争，朝鲜战争是怎么回事……也简单介绍一下为什么要进行这些战争。之后，我们的边画边讲故事会就开始了。

有讲陆战的，有讲海战的，也有讲空战的。那个课间讲得最欢的同学这次可大显身手了。他胸有成竹地走上讲台，用14分钟的时间在黑板上画了52个人、52支枪、3门大炮、5挺机枪、1辆坦克，2架飞机……绘声绘色地讲了一个新四军打日本鬼子的伏击战，博得了大家一阵又一阵的掌声，获得了本次讲故事比赛的第一名。他本是一位非常普通的同学，这次活动，使他在同学们心中的威信大大提高了，对他的自尊心与自信心的培养起了不可估量的作用。而这个活动恰恰就是来自孩子的生活。

1985年，当时我调到史家胡同小学不到一年，教三年级三班。有一天，贺宏同学的父亲来学校找我，说青海省西宁市祁连路小学的三三中队要和我们三三中队建立友谊中队，看看我同意不同意。我详细了解了一下情况。原来，贺宏同学在收集糖纸，并像集邮一样把糖纸张贴在大本子里面，还按一个省一个省地分别张贴。他的妈妈经常到各地出差，就帮助他收集了很多别的省的糖纸。后来，他发现没有青海和西藏的糖纸，他非常希望得到这两个地方的糖纸。忽然，有一天，他在报纸上发现青海省的省长是黄静波同志，他就抱着试一试的想法，给黄静波伯伯写了一封信，希望能得到青海省的糖纸。没想到，黄静波同志接到这封信，十分重视，亲自委托青海省团委办理这件事。于是，贺宏同学就收到了西宁市祁连路小学三三中队队员的来信和40多张青海省的崭新的漂亮的糖纸。

我听到这件事，十分惊喜！贺宏才九岁，别看平时少言寡语，还真有点创造性！多么难得！我要求看他收集糖纸的本子，我一页一页地翻看，当我翻到西藏自治区这一页的时候，没有看到糖纸，只有一封信张贴在这里。原来，贺宏为找到西藏糖纸，给《西藏日报》写了一封信，报社的一位叔叔回信了，说西藏还没有糖厂，所以没有糖纸。在我翻看他的糖纸时，贺宏给我介绍了各种糖的知识，我都认真地听着。忽然，他说："等我长大了，去西藏建一个糖厂，就叫珠穆朗玛峰糖厂。"听了他这句话，我如获至宝，这是多么金光闪闪的理想火花！是多么可贵的创造精神！作为老师，我一定得抓住不放，我得让这个创造的火花闪烁出耀眼的光芒！

我把贺宏的做法在全班同学面前说了，大力表扬了他敢想敢做的精神，赞扬他能够从平时的玩儿中产生出这么有价值的想法来。我启发同学们：“贺宏要建一个珠穆朗玛峰糖厂，我们为他做点什么?”有人说：“为他的糖厂设计糖纸吧!”大家一齐呼应：“同意!”于是，全班同学一起动手，人人都设计了一张或几张糖纸，有牦牛牌、雪莲牌、雪山牌、布达拉宫牌、好妈妈牌、好老师牌、机器人牌等各式各样的糖纸。不但画出自己设计的糖纸，还要讲出自己构思的过程，使每个孩子的创造性都得以发挥。

我决定以贺宏的糖纸为主，举办一个《甜与美》糖纸展览，大家听说后，都把自己攒的糖纸拿来了。我们把这些糖纸分门别类，组成展览的六大部分：(1)、伟大的祖国，是祖国各省市自治区的大好河山，西湖、桂林等风景；(2)、珍奇的动物，是世界和我国的珍奇动物大熊猫、金丝猴等；(3)、迷人的神话，是古今中外的童话和民间故事；(4)、幸福的生活，是孩子们的各项活动和丰富多彩的生活；(5)、知识的海洋，是各方面的科学知识；(6)、可贵的友谊，就是贺宏收集糖纸的经过，有西宁市祁连路小学同学的来信以及他们寄来的糖纸，有《西藏日报》社叔叔的回信，还有全班同学为贺宏的珠穆朗玛峰糖厂设计的五颜六色的糖纸。这部分是孩子们最感兴趣的部分，讲解员最多，讲解得也最生动。

孩子们在布置展览的时候，并没有忘记台湾省，说等祖国统一的时候，我们一定会得到台湾省的糖纸。

在这项活动中，一个非常淘气的孩子，也是讲解员之一，他的解说不但声音洪亮，而且富有感染力，即使在中央首长面前，在中央电视台的摄像机前，在极强烈的灯光下，他仍能表现从容不迫，讲解妙趣横生。连我都感到吃惊，由衷地从心里赞叹!

我们的《甜与美》活动登在了《中国少年报》上，中央电视台和北京电视台都做了专题报道，被团中央和《中国少年报》评为全国最佳“创造杯”活动奖。

这个活动，不仅对学生进行了热爱祖国、热爱自然、热爱生活、树立远大理想的教育，也培养了孩子们的创造精神。

《甜与美》糖纸展览就是从孩子的生活中挖掘出来的。这个活动被收集在《创造杯活动100例》一书中，《儿童文学》杂志社副主编康文信同志在书中是这样评议的：

少先队活动的“源”在哪儿呢？

不在老师的备课本上，也不在辅导员的冥思苦索之中，而在孩子们丰富多彩的生活里。只要能“潜”入儿童生活的“大洋”中去，就会找到十分有趣而又无穷无尽的活动内容。只有这样搞起来的活动，才会产生“润物细无声”的教育力量。

“小朋友们都爱吃糖”，“不少同学都爱收集糖纸”，这就是孩子们生活“万花筒”中的一个侧面。也许由于太普遍了，往往会被人视为小孩子家玩玩罢了；而这位辅导员另具慧眼，看重、支持和引导了孩子们的这种“玩”。以一片片寸方糖纸为题，组织了一次次涉及美育、爱国、立志等重大教育课题的活动。活动的发生、发展如小溪流水一般的自然、通畅，主题明朗而又深邃，却又不含一点人工雕琢之弊。多少年之后，每当忆及这次活动时，还会是甜甜的、美美的。

2. 活动来自孩子的问题

有一年，我接了一个四年级班，就在上第一节劳动课时，一个很调皮的男孩子无缘无故地骂了教劳动课的老教师一句，在老师和同学中造成了很坏的影响。处理这件事时我下了工夫。我认为他向老师承认错误赔礼道歉仅仅是认识错误的初步，得让他从心里真正认识自己的错误。对这类学生，你就是给他一个处分，他思想上也是糊里糊涂不在乎。于是我们特意组织了一次中队活动，我感到收到了效果。

中队会的主题是尊敬老师，对老师要有礼貌。为了烘托气氛，我和同学们刻意布置了会场，在黑板的中央，用醒目的红色粉笔书写了“老师，您辛苦了！”几个大字，四周画满了累累的桃李和美丽的鲜花。同学们郑重地邀请了我班所有的任课老师来参加我们的队会。会上，同学们汇报了开学以来在老师们的教育下所取得的进步，还给每一位老师送了一封慰问信和一份小日历卡。信中热情地赞美了每位老师的工作，对老师的辛勤培养和耐心教导表示感谢。每一封信都有学生代表宣读，我们特意安排那位对老师不礼貌的孩子给劳动课老师写信、念信。当他念道：“您对工作兢兢业业、勤勤恳恳，可是由于我们的无知，有时还惹您生气。现在想起来真后悔！原谅我们吧，老师！相信我们吧，老师！我们一定会进步的！”大家都看到劳动课老师点头了，气消了，微笑了。当然，指导这个孩子写信和念信的过程就是一个教育他的过程，而这个过程是通过准备队会的形式进行的，所以，孩子容易接受，也容易达到教育目的。

一个小干部工作能力很强，大家的宠爱使她逐渐滋生了骄傲情绪。在一次队会上，我编了一个小节目，叫《键盘上的七姐妹》，让她演自以为是七个音符中最响亮、最动听、最重要的“5”。她的六个姐妹为了教育她，就有意让她来独唱，结果，无论她怎么变化节奏，也只能发出单调的“5”音。这声音引起了大家的一阵哄笑，“5”不好意思地低下了头，于是和大家一起演唱了一支动听的歌。这个聪明的孩子一下子就领悟了我让她演“5”的良苦用心。她说：“这是告诉我，不能只强调个人的作用，应该克服骄傲自满，和大家团结协作才能把事情办好。”

班队活动可以通过发现孩子中普遍存在的问题并根据这些问题有针对性地来设计。

比如，现在的城市孩子百分之百是独生子女，他们在生活上普遍存在着自理能力差、依赖性强的弱点。为了让他们克服这一弱点，我在一年级孩子刚刚入学两个月的时候就召开了班会，班会的题目就是《我要试一试》。召开这个班会的目的不仅在于培养孩子的自理能力，还在于引导孩子善于观察、勇于实践、敢于创造的精神。

一开始，孩子们就表演了我编导的童话剧《小马过河》，用老马和小马的话告诉孩子们一个道理：要主动帮助妈妈做事，并且，在做的过程中，要想学到本领，就要善于开动脑筋想办法，不要事事都依赖妈妈。

接着，同学们一个一个地汇报自己学本领的情况：张萌萌学梳小辫子，郑翌学喂小猫，李锋学穿衣服，吕丹学包饺子，程立雪学高台跳水，刘畅学做小风车，赵博学买冰棍，曾思学下象棋，崔晔观察蚂蚁搬家，温晓学开关教室的大窗子，马元雨学修铅笔，李晗莹做蚂蚁会不会游泳的实验，魏辰观察放大镜在阳光下照和在灯光下照的对比，郭蕊学着与来听体育课的外校老师交朋友……一个孩子说一样。

我从他们一入学就号召大家赶快学各种本领，学会了好在班会上汇报。平时，不断了解每个人所学的内容和学习的进展情况，然后帮助他们选材，指导他们说话的层次和顺序，挖掘他们在学习本领过程中精彩有趣

的片段，以增强班会的趣味性。

大家汇报完以后，是系鞋带比赛。

最后，是十个同学表演我特意为这个班会编写的拍手歌。

你拍一，我拍一，世界上可真稀奇。
你拍二，我拍二，到处都有新鲜事儿。
你拍三，我拍三，仔细观察仔细看。
你拍四，我拍四，想学就得试一试。
你拍五，我拍五，没有成功我不哭。
你拍六，我拍六，哪能一次就优秀！
你拍七，我拍七，遇到困难我不泄气。
你拍八，我拍八，动动脑筋想办法。
你拍九，我拍九，想长本领要读书。
你拍十，我拍十，创造的脚步刚开始！

十个同学表演之后，全班同学一起站起来表演，动作可以学那十个同学的，也可以自己创造。同学们兴致勃勃地边拍巴掌边说歌词，各自都在做着自己认为最恰当的动作。在现场观看的全校老师都被他们非常认真的五花八门的表演逗笑了。

孩子们通过两个来月的准备和当场汇报，对自己的事情自己做、做事要动脑筋、要注意观察、要勇于探索等问题留下了深深的印象。其实，搞这样的活动，不仅培养了学生的自理能力，更为培养21世纪所需的人才奠定了基础。

3. 活动来自社会的需要

在国际21世纪教育委员会向联合国教科文组织的报告中，提出了教育的四个支柱：学会认知，学会做事，学会合作，学会生存。而我们的“我要试一试”的班会的设计正是有利于孩子掌握认识世界的能力、在做事中克服困难的能力、与同伴合作的精神、促进孩子身心发展适应各种环境的能力。在孩子们刚刚入学的时候，我们就播下了这颗种子，在以后的教育教学工作中则不断强化这种教育。

活动，可以从孩子的生活实际引发，更要考虑从未来社会的需要导出。环保问题越来越被全世界人民关注。当我认识到21世纪将是一个人类更加注重人与自然和谐共存的世纪时，我就下决心让“可持续发展”的思想牢牢地扎根于孩子的头脑之中。我带领孩子们参加了北京儿童广播电台和覃琨同志一起在动物园组织的“做动物的小卫士”的活动。我编写了大会主题歌《动物是我们的朋友》，写了大会倡议书，星期日带领孩子们在动物园向人们宣传保护动物的意义，在猴山上站岗、巡逻。中央电视台、北京电视台和北京儿童广播电台对这项活动多次进行了报道。

在五年级时，我们召开了“让水清，让天蓝，让绿色装点家园”的中队会。中队会一开始，是两个主持人朗诵我写的开场白：

地球是我们共同拥有的家园，
大自然是我们赖以生存的条件，
动物是我们人类亲密的朋友，
保护环境是我们少年儿童义不容辞的历史重担。
我们要让水变得更清，
我们要让天变得更蓝，
我们要让绿树装点大地，
我们要让森林覆盖荒山。

接着，同学们以各种形式来表达他们对环保问题的重视。

我和孩子们一起编排了17个节目。其中有学生创作的保护森林资源的童话剧《大森林的呼唤》，有保护水资源的《孙悟空找不到家了》《畸形青蛙》和音乐剧《让大自然更美丽》，有防治空气污染的小剧《病石榴和花喜鹊》和《警察的心声》，有防止沙漠化的《风沙魔王》，有保护环境卫生的相声《自讨苦吃》，有我编写的歌曲《我们爱动物》，还有十几个孩子拿着自己画的有关环保的图画讲解自己的构思和想法，等等。有歌有舞，有诗有画，以各种形式从不同的侧面反映着一个重大的主题——保护环境，保护我们生存的地球。

下面是我写的保护树木的小诗《小树的诉说》，由四个队员朗诵：

我是一棵小柳树，

我是一棵小白杨，
我是一棵榆叶梅，
我是一棵紫丁香。

我生长在小河边，
我生长在大路旁，
我被种在公园里，
我被种在院中央。

园林工人爱护我，
给我穿上白衣裳，
给我浇水又喷药，
让我们能够更加茁壮。

春天来了，我梳理着长长的头发，
春风吹过，我高兴地把歌唱。
春雨洒过，我开出了美丽的鲜花，
阳光照耀，我发出淡淡的清香。

人都说柳树的枝条真好看，
人们热了都在树阴下乘凉，
孩子们在丁香树旁玩不够，
公园里，人都和我们一起照相。

我们是人类的好朋友，
有的人对我们可不怎么样，
淘气的孩子折断柳条当马鞭，
有些人把大绳子拴在我身上，
有的人把榆叶梅摘下拿回家，
有些人把丁香花插在自家的花瓶上。

我们虽是小树苗，
可我们愿为美化环境出力量。
好心的人们，爱树吧！
绿色是地球最美的服装。

我是想通过这首小诗，教育孩子们爱护花草树木。

最后的辅导员讲话，我是这样说的：

少先队员同志们：

今天，我们召开了一个非常成功、非常有意义的中队会，全中队的队员无一例外地都参加了。大家编排的节目这么多，演出这么精彩，出乎我的意料。保护环境、保护地球是一个具有极其重要意义的问题，这是一个关系到人类生死存亡的大问题。应该说，21世纪将是一个人与自然和谐共存的世纪，我希望同学们脑子里有深刻的环保意识，可持续发展的思想要牢牢地扎根于大家的头脑之中。等你长大了，如果当厂长，就绝不让你的工厂冒黑烟，绝不让你的厂子的污水流入江河之中，一定要重视污水处理；如果你当了市长，一定要搞好绿化，重视环保问题。现在，我们都要从我做起，从身边的小事做起，做一个有环保意识和环保行为的现代人，做到像我们黑板上写的“让水清，让天蓝，让绿色装点家园”。

通过这次中队会，同学们增强了环保意识，在准备中队会的过程中，也学到了很多环保知识。中队会之后，小队活动增加了这方面的内容，有的小队主动给院子里胡同里的小树浇水、扫地，有的小队去街上、胡同里、公园里捡白色垃圾。不少同学写了要重视环保的文章。刘畅同学参加了北京市首届“我爱地球妈妈”演讲比赛，荣获一等奖。李晗莹同学的作文选进了作文选，她的作文题目是《和星星的一次对话》：

一个晴朗的夜晚，我望着星空，和一颗小星星谈起话来。它问我：“你爱地球吗？”我回答：“当然啦，我很爱地球！”它又问我：“你为什么爱地球呢？”我说：“因为是地球养育了我，我喜欢地球上的小鸟，我喜欢地球上的小草和小花，我喜欢地球上的小溪，我还喜欢地球上的小动物。

我觉得如果我的生活中没有了它们，那么，我就像生活在一个黑暗的没有意思的世界里。”小星星说：“是呀，我也很喜欢你们的地球。有一次，我梦见了地球，梦见小鱼在池塘里快活地游来游去，梦见小鸟在枝头唱歌，梦见小溪淙淙地流着。当我梦见这一切的时候，我是多么想亲眼看一看呀，可惜我下不去。唉！我真羡慕你们人类，能生活在这么一个美丽的世界里。”

听到小星星说的这番话，我心里别提多自豪了。但我也感到十分遗憾，想到这儿，我说：“小星星，其实，你不知道，我们地球上的这些景色也在渐渐减少呀！很多人不知道保护环境的重要性，不然，我们会看到更多的小草和鲜花，有更多的动物和我们交朋友。有一次，我在电视新闻中看到，有一个犯罪团伙，窜进山里杀死了好几只名贵的动物金丝猴，拿到街头卖。看到这条新闻，我的心怎么也平静不下来。我想这些金丝猴也是我们大家庭中的成员，那些杀死它们的人是没有爱心的，他们不知道爱惜地球这个大家庭。”小星星听了我的话说：“我们这儿没有水，没有空气，没有花和草，更没有可爱的金丝猴。如果你们人类不珍惜每个小生命的话，那你们的世界将会像我们一样，成为一片孤独而寂寞的土地！”听完小星星的话，我害怕极了，我怕我们地球也会变成那样。

说着说着，我醒了，才知道我是在做梦呢！但我与小星星的这次谈话是令人难忘的！

我坚信，如果每个人都来爱护地球，那我们的世界就会变得更加美好！

不要小看孩子的这些想法！这篇文章不是我留的作业，是孩子有了环保意识以后自然而然产生的一种愿望，这种想法会影响他们一生。我认为，这才是真正的素质教育，孩子动了真感情的教育才是有效的教育。

创造能力是一个民族的灵魂，我在开展活动的时候，特别注意培养学生的创造能力。

孩子身上创造的火花随时都可能迸发出来，就看我们能不能发现并捕捉住了。有远见的教师，应该以欣赏、惊喜的态度来对待孩子的创造精神，并会千方百计把这种精神发扬光大。有人把人的知识、智力和创造能力组成一座智能金字塔，金字塔的基础是知识，塔腰是智力，塔尖就是创造能力。创造能力是智能金字塔的塔顶明珠，也是智能金字塔的核心。是这样的！只有用自己的知识、智力去创造的人，才会有新的发现，有新的发明创造。我们培养孩子一定要考虑到未来社会的需要，他们的大脑不能只是一个知识的存储器，必须是一个能驾驭时代、超越时空的智慧仓，而开展班队活动恰恰是培养孩子创造能力的极好机会。

一旦孩子们的思维活跃起来，他们就有了独立思考的能力了，遇事就会有自己的看法，而且敢于发表自己的意见。当我们三年级三班的《甜与美》活动在《中国少年报》上报道以后，我想，这个活动能够获奖是肯定的了。孩子们还想成立一个木偶剧团，我说："报社不可能给一个班两个杯，所以木偶剧团就不再成立了。"我的话刚说完，一个女孩子马上说："我认为我们开展创造性活动，不光是为夺杯，更重要的是培养我们的创造精神！"多么一针见血的意见！我马上肯定了她的发言，说："你说得对，说实在的，在这个问题上，你的觉悟和水平都比我高，我同意咱们班成立木偶剧团啦！下周队活课就开始竞选木偶剧团的团长！"孩子们非常高兴，兴奋点又转移到木偶剧团团长的竞选上面去了。我认为，这个孩子在发表与我不同的意见时，不是在显示她的高明，她是想说服老师同意他们成立木偶剧团。所以，一旦老师顺应了他们的要求，他们立刻就会感到老师是理解他们的。我支持了孩子们的想法，不仅发扬了民主，和谐了师生关系，更重要的是鼓励了孩子的创造精神。

孩子们在竞选木偶剧团团长的演说中，都有一套自己的打算，说如果当选了团长将如何如何，振振有词；在进行答辩中，回答同学们提出的问题，虽然紧张得满头大汗，却能做到对答如流。我记录了其中一个特别淘气的孩子的答辩：

问：你当了团长会看不起人吗？

答：不会！咱们中央领导那么大官，都没有看不起老百姓。一个小小的木偶剧团的团长，怎么可以看不起人呢！

问：你当了团长会不会偏向你的好朋友？比如，他要求你给他安排一个主角。

答：不会！当团长得有原则。至于安排角色的问题，那要根据他的能力，适合什么角色，就给他安排什么角色。

问：你要这样，你的好朋友生气了怎么办？

答：宁肯绝交，也不能丧失原则！（大家鼓掌）

问：同学送你贺年卡你会收下吗？

答：那我要看他送的目的，如果是想走后门，我不能收；如果为的就是同学之间的情谊，那我就收下。（同学们满意地点点头）

问：木偶剧团乱了，你怎么办？

答：我要想办法整顿。我先征求大家的意见，如果是我的问题，我改进工作；如果是我的能力问题，我只好辞职，让能力比我强、威信比我高的同学来当。

当时，我真的被感动了，就插了一句："乱不了，还有我这个顾问呢！"这个孩子只比中队长少两票，被选为木偶剧团的副团长，在以后的工作中，发挥了相当大的作用，十几分钟就能和同学们一起编出一个木偶剧，在中队会上演出。他在活动中表现出来的突出的创造精神使他在班上的威信大大提高了，还当上了小队长和"三好学生"。后来，他考上了北方交通大学，入了党，当上了学生会主席。像这样的孩子都是非常聪明、精力旺盛的孩子，如果不开展这样的活动发挥他们的才能和创造性，就会成为一个被我们扼杀了的人才。

求异思维是创造思维的显著特征。我十分重视对孩子求异思维的培养，一方面通过课堂的主渠道来培养，一方面通过我们组织的各项活动来培养。比如，我教四年级时，在少先队活动时间，我在黑板上画了三个同心圆，让同学们充分发挥想象，几分钟之内，孩子们说出了几十种与它相似的事物。一个孩子说："它像发出的电磁波。"有的说："像星球运行的轨道。""像树的年轮。""像盘子里放了一个面包圈。"……还有一个孩子说："像从上往下看的旋转楼梯。"马上遭到一个同学的反对："不对！旋转楼梯是螺旋形的，不是一个一个的圆在同一个中心上。"在这样的活动中，孩子们的思维是多么的活跃、敏捷、准确啊！

我们开展了大量的创造性活动，使孩子们的思维和智力都得到了发展。

我非常强调培养孩子们的创造能力，这一教育思想就带有一定的时代特点。在我们的教育下，孩子的观念也在变化。过去选队长是选学习成绩好又遵守纪律的学生，现在就不全是这样了。一次选小队长的讨论就说明了这一点。在孩子们表决以前，我让他们进行充分的讨论，鼓励他们把自己的想法都说出来，实际上就是通过讨论，来培养孩子的创造思维。

当时一个同学说："我选周某，因为他有能力。"

另一个同学说："我不同意，因为周某有时候不太守纪律。我选叶某。"

又一个同学说："我也同意周某，有能力很重要。我举一个例子，打仗时，一个团长光知道守纪律行吗？他必须有指挥才能！"

一个非常淘气的孩子说："不能光看有没有能力而不看纪律，如果不看纪律，我早就当上大队长了。"

马上遭到一个孩子的反对："我不同意你的发言。你的不守纪律与周某的不守纪律有着本质的不同。你不守纪律是经常的，而且有时是故意的。而周某不守纪律是偶尔的，而且是无意的。再说，现在正处在改革的时代，改革需要的人才是有能力、有才干、有创造精神的人，保守的人不符合国家的需要。"

一个女生站起来说："我看遵守纪律和有能力是同等重要的，是缺一不可的。因为，纪律是搞好我们学习和一切活动的保障，没有严格的纪律，什么也甭打算干成；没有能力，也同样不行。"

刚才发言的那个学生说："当然，你谈得很有水平，咱还得具体说吧。周某有时纪律不好，在这以前已经有了很大进步，他一旦认识到纪律的重要性，就会立刻控制自己，不违犯纪律。但要是没有能力，那可不是一两天就能练出来的。"

那个淘气的学生还在坚持自己的看法："如果是装出来的守纪律，用不了多少天就会露出马脚。"

中队长说："不会！周某原来还当过中队长呢，因为不守纪律，被咱们大家给撤下来了，他会接受这一深刻的教训，不会再让旧戏重演。"

最后，周某当选了。叶某在会上也表示以后要积极发言，关心集体，提高自己的能力。

开展活动有利于培养孩子的交往能力，我们在一个新年庆祝会上，准备召开"奔向宇宙"的中队会，可是没有新年老人的白胡子和白眉毛，怎么办呢？我和同学们一块儿讨论，他们说："我们胡同有一个皮革厂，我们可以去要一点儿下脚料，问题不就解决了吗?”我同意了，并教给他们怎么和工厂的同志谈。他们去了，果然要来了一包皮毛下脚料，我们自制了相当不错的新年老人的胡子和眉毛，当一个同学戴上一顶老头帽，穿上一件大袍，粘上胡子眉毛时，一个像样的新年老人就诞生了。

4. 活动内容来自每年的节日

如果真的想开展班队活动，可抓的教育契机是很多的。每年的各种节日就是我们开展活动的机会。比如，新年是孩子们进行迎接希望、迈向新的起点、树立更大信心的开端。

所以，几乎每年的新年联欢，我都给孩子们写少先队员新年献词。

这是我给孩子们写的 1995 年新年献词：

冬天的雪花飘呀飘，
飞舞旋转。
白雪覆盖了大地，
美化了山川。

春天的风儿吹呀吹，
吹走了寒冷，
带来了温暖。
吹化了积雪，
吹绿了农田。

我们骄傲地送走了多彩的 1994 年，
我们欣喜地迎来了崭新的 1995 年。
过去的一年我们没有虚度，
人人在争做新时代的好少年。

把忠心献给祖国，
为国争光，不怕困难；
把爱心献给社会，
社会安定，人心不乱；

把关心献给他人，
助人为乐，互送温暖；
把孝心献给父母，
中华美德，代代相传；
把信心留给自己，
心理健康，前途无限。

妈妈夸我懂事了，
老师微笑着把头点。
过去的一年多美好，
真像一幅五彩的画面。

安静下来听一听，
睁大眼睛看一看，
新年的钟声即将敲响，
春姑娘的脚步声我们即将听见。
让我们满怀豪情，
迎接不平凡的1995年！

下面是1996年的新年献词：

假如我是一只小鸟，
我会在史小的大槐树上歌唱；
假如我是一朵小花，
我会在史小的校园里开放；
假如我是一条小鱼，
我会在史小的水池里跳跃；
假如我是一棵小树，
我会在史小的操场边生长。

你们知道为什么？

因为我太爱史小这块地方！
我为我是史小的学生感到自豪，
我为我能在史小学习感到荣光！
这里是一片肥沃的土地，
这里是一座神圣的殿堂！

我们在这里幸福地生活，
我们在这里健康地成长。
一天又一天，
每天都迎来新的太阳。
一年又一年，
时间老人走得那么匆忙。

甜蜜的日子总嫌太快，
我珍惜在史小的每一寸时光。
如诗如画的1995年，
给我们留下了那么多美好的印象。
“好少年在行动”的活动轰轰烈烈，
“五爱”精神大放光芒。
好人好事如雨后春笋，
爱集体、爱学校已酿成风尚。
争做新时代的好少年，
这不仅是口号，
它已扎根在我们心上。

我们将珍藏起过去一年的收获，
以新的姿态站在1996年的起跑线上。
看，春姑娘已经在翩翩起舞，
听，新年老人的钟声已经敲响，
让我们携起手来，
在新的一年里再创辉煌！

接着，是“三八”妇女节，可以进行尊敬老师、关心妈妈的教育；清明节，进行革命传统教育；“五一”劳动节，进行热爱劳动和劳动人民的教育；“六一”儿童节，进行热爱和体会幸福生活的教育；“七一”进行热爱中国共产党的教育；“八一”建军节，进行热爱解放军的教育；9月10日教师节，进行尊敬老师的教育；“十一”国庆节，进行热爱社会主义祖国的教育……

有一年的“三八”节，我们班讨论搞一个什么样的活动。有的同学建议给老师买蛋糕，有的同学提出给老师买鲜花……我的意思是同学们最好不要花钱。一个同学说：“我会用鸡蛋壳和纸筒做小娃娃，很好看，也比较容易做，咱们可以送给全校女老师每人一个。”我同意，我支持。有的同学还建议再加上一封信。大家又开始讨论信的内容。有人说：“千篇一律的信没意思，我们要针对每个老师的特点写，要一个老师的一个样。”有人问：“可有的老师我们不认识怎么办？”有人答：“可以向别的班的同学了解嘛。”我指导写信的内容：“要先祝老师节日愉快，再把你了解到的这个老师的优点都写上，高度评价一番。最后，再写几句让老师们放心的话。”“得写得有感情。”一个孩子补充说。就这样，大家就开始分工了。

大队长首先说：“我给大队辅导员刘老师写！”

“我给音乐老师写！”这是音乐课代表的声音。

“我给数学老师写！”

“我给郑校长写！”……

还有一个孩子告诉我，他除了给老师写，还要给生病住在医院的妈妈写。我夸他懂事。

3月7日下午，老师们下班都走了，同学们把自己亲手制作的礼物和一封封慰问信恭恭敬敬地摆在每个女老师的办公桌上。

3月8日早晨，老师们看到礼物和信，有的感到新奇，有的感到高兴，有的感动得热泪盈眶。

教同年级的宋老师第一个到我们教室，对同学们说：“谢谢同学们，我很感动，本来今天我要去看病的，现在我不去了，我要给同学们上课。”同学们没想到自己的举动会产生这样的效果，高兴地鼓起掌来。

一会儿，有些科任老师给我们回信了，信中居然向同学们表示：“以后一定要更加努力地工作。”老师们的谦虚和热情深深地打动了同学们。

就连一个平时以严厉著称的老师，看了这封信也说："原来我以为信的内容都一样呢，就没打算看，一听别的老师念，我也打开看给我的。一看，我还真感动。"接着，她开玩笑说，"我死的时候，悼词能写成这样，我就满足了。"

年轻的大队辅导员刘老师满脸笑容地进来了，她的目光里闪着异样的光辉。郑重其事地说："我今天有一种感受，就是我感到我确实是生活在鲜花之中。你们对老师的一片诚心，会像一颗灿烂的星，永远留在我的记忆里。"

郑校长递进来一封信，并连声说："同学们写的信很感人，很感人！"这是中队长陈小红同学写的。她在给郑校长的信中有这样几句话："粉笔染白了您的头发，皱纹悄悄地爬上了您的脸庞，您的青春是在教室里讲桌旁度过的，您把青春和毕生的精力都献给了教育事业……您真不愧是一位模范的教育工作者！"这几句十分贴切的话的确很有分量！

"念念老校长的信吧！"同学们要求着。我开始念了："亲爱的孩子们……"多么亲切的称呼！陈小红乐了，大家也乐了，我接着念："在这婀娜多姿的三八节来临之际，在我又一个工作日的开始之时，收到你们精心制作的礼物和热情洋溢的信，我的心久久不能平静。你们给我的高度评价，我实在是受之有愧，我一定要在我的有生之年努力工作。亲爱的孩子们，你们是优秀的少先队员，是祖国未来的栋梁之材，祖国在期待着你们，中华民族在盼望着你们，希望你们学好本领，将来造福于人类，造福于子孙后代！"

信念完了，教室里异常安静，没有人说话，也没有人鼓掌，许多孩子眼里含着泪水。一个男同学站起来说："我哭了！可不是伤心！"我说："我明白，这叫激动！""对，我是激动得哭了！我现在的感觉是心跳不止，热血沸腾。我保证，将来我一定用优异的成绩向老校长汇报！"同学们使劲鼓掌。因为，他说出了大家的心里话。

一个小小的蛋壳人，一封孩子的信，引起了这么大的动静，是出乎我的意料的。这个全班都参与的活动，产生了这样震撼人心的效果，我想原因在于：我们的活动是深入的，不是走形式。为了捕捉到每位老师的长处，我们在队活动课上，集体讨论了任我们班课的老师的优点，由给这位老师写信的同学记录整理。所以，每个老师接到的信的内容是不同的。而且，我们的态度是真诚的。即使是不教我们班课的老师，同学们也从兄弟姐妹和邻居同伴那里了解到每个老师的长处，我也把我所知道的老师们的情况告诉孩子们。我这样做，是有意识地让孩子们通过了解老师们的工作情况，理解老师们的良苦用心和殷切希望，认识整个教师集体是在怎样工作，在教师的岗位上怎样为国家做着贡献。从而让孩子们更加尊敬和佩服老师们，更好地听从老师的教导，更自觉地努力学习，提高自己。

那个给妈妈写信的孩子告诉我，他的妈妈在医院接到他写的信，前后一共看了六遍，感动得直流眼泪。

在母亲节，我们把孩子们的妈妈们请到学校，参加我们的班会。班会的题目是："妈妈，您辛苦了！"班会上，孩子们表演爱妈妈的节目，谈谈妈妈对自己的关心和爱护，念给妈妈写的慰问信。不少妈妈听了孩子的肺腑之言，忍不住流下了眼泪，孩子又依偎在妈妈怀抱里给妈妈擦眼泪。

这些活动，无论是孩子还是大人，都被深深地打动了。只有让人动了心、动了真情的活动，才会使真善美的东西溶于孩子的血液之中，变为孩子个性中的本质特征。

清明节，我们班随学校大队到日坛公园马骏烈士墓前扫墓。下面是我为孩子们写的朗诵词：

敬礼！敬礼！
让我们怀着深深的敬意，
向烈士们致以崇高的敬礼！
今天，
阳光能这样灿烂，
生活能这样甜蜜，
都是烈士们用生命换来的，
这一点我们永远不会忘记！

马骏烈士为宣传革命，
牺牲时只有33岁，
而这短暂的33年，
却留下了永不磨灭的光辉！

李大钊烈士被绞索套着脖子，
至死也没有把头低！
刘胡兰大义凛然地走向铡刀，
为革命献身，视死如归。
董存瑞高举着炸药包，
呼喊着新中国的成立！
黄继光用胸膛堵住了敌人的枪眼，
赢得了战斗的最后胜利！
邱少云烈火烧身不动摇，
直到生命的最后一息。
雷锋精神永放光芒，
助人为乐已遍布神州大地。
徐洪刚叔叔见义勇为，
谱写了和平时期的新乐曲。

英雄的名字数不胜数，
英雄的事迹举不胜举。
祖国的江河在为您们唱赞歌，
祖国的青山在为您们致敬意！
鲜花在为您们开放，
松柏在为您们肃立！

今天，
我们来到了马骏烈士的墓前，
深情地向您告慰，
祖国在前进，
改革开放的春风
已吹遍祖国大地！
我们缅怀烈士们的精神，
我们牢记英雄们的事迹。
要做到！

心中有他人，
心中有集体，
心中有祖国，
心中有纪律。
刻苦钻研，
努力学习，
学得一身真本领，
把祖国打扮得更美丽。

烈士们，安息吧！
您们的英灵一定会得到安慰！
我们一定以英雄为榜样，
插上理想的翅膀，
和亲爱的祖国一起腾飞！

每年的“六一”儿童节是孩子们一年中最快乐的节日，学校和各班也总要开展一些庆祝活动，我几乎在每年的“六一”都要给孩子们写一首朗诵诗。下面是我在1997年的“六一”写的：

“六一”对我们来说是多么不平凡，
大地山河同我们一起联欢。
春天的花朵在为我们开放，
空中的白云在向我们召唤。
树上的小鸟在为我们歌唱，
海边的浪花在为我们翻卷。
它们说，你们是纯洁的天使，
把欢乐和希望洒向了人间。

是的，
我们曾给爸爸妈妈带来多少欢乐，
也让爷爷奶奶喜笑开颜。

我们的确是民族的希望，
肩负着实现四个现代化的重担。
我知道，我们不是享受的一代，
我们得艰苦奋斗、开拓向前。

我们鄙视拜金主义，
要勤俭节约，无私奉献。
我们要培养自己的吃苦精神，
深知懒惰是万恶之源。
无论是学习还是生活，
都要经得起艰苦的磨练。

有毅力的孩子长大有出息，
意志薄弱，成功就难。
要相信自己，我能行！
别人能干，我也能干！
祖国在期待着我们，
我们一定要做到全面发展。

我想悄悄告诉白云，
我要做个好孩子，
让爸爸妈妈和大家都喜欢。
我要冲着高山喊，
我是小小的男子汉，
绝不会让祖国失望，
绝不会让妈妈遗憾！

我们的话儿传到了森林，
传到了海边，
感动了大地，
感动了蓝天。

都为有这样的新一代骄傲，
都说有我们就有了辉煌的明天。

今年是1997年，
香港回归，就在眼前，
祖国的强大，令世人瞩目，
7月1日，定热闹非凡。
我们将普天同庆，
庆祝香港回到妈妈身边。
同学们，
祖国的前程美如画，
祖国的未来多么灿烂！

我在“八一”建军节为孩子们写的朗诵诗：

最美好的诗篇写给您，
最动听的歌儿唱给您，
最贴心的话儿说给您，
最鲜艳的花朵献给您。
献给谁？
献给世界上最最可爱的人——解放军。

是解放军叔叔，
打下了社会主义江山；
是解放军叔叔，
保卫着祖国边防不容侵犯；
是解放军叔叔，
哪里需要哪里去，
开山铺路，一马当先，
抗洪救灾，不畏艰险，
绿化祖国，改造荒原，

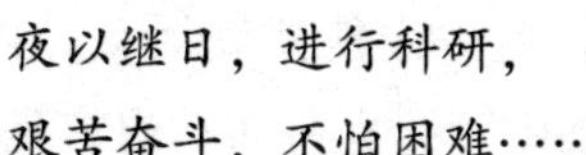

夜以继日，进行科研，
艰苦奋斗，不怕困难……

解放军叔叔的事迹数不尽，
解放军叔叔的功劳说不完，
解放军叔叔的行动是我们的榜样，
解放军叔叔的精神光辉灿烂。

八一军旗，鲜红耀眼，
领章帽徽，金光闪闪，
我们热爱解放军，
祝叔叔们节日快乐，喜报频传！
我们佩服解放军，
向叔叔们学习，永远向前！

孩子们通过朗诵这些诗歌，不仅受到了教育，也得到了美的熏陶。

在上世纪80年代初，每到八月十五中秋节，我们班的学生就集体在学校度过。当圆圆的月亮高挂在空中的时候，我们班的中秋赏月中队会就开始了。有的同学讲嫦娥奔月的民间故事，有的同学讲人类登上月球的情况，有的同学讲有关月球上的知识，还有同学表演精彩的节目。与此同时，各小队也切开了由家长帮助蒸的“团结饼”，津津有味地边吃饼边看节目、听故事。这饼可不是一家的东西做出来的，有的同学拿面，有的同学拿糖，有的同学拿芝麻酱，有的同学拿芝麻，有的同学拿青丝红丝……所以，同学们给它起名叫“团结饼”。最后，也是最激动人心的内容是放“孔明灯”。孔明灯是在老师的指导下队员们自己制作的，同学们在操场上点燃起两盏孔明灯，当孔明灯在燃烧的热气带动下冉冉升起的时候，同学们都高兴得欢呼跳跃起来，完全沉醉在欢乐之中。

孩子们在作文中写道：“孔明灯带着我们的理想，奔向月球，奔向太空，去探寻宇宙的秘密去了。”

这活动开始几年，是我们一个班搞。它很有吸引力，后来就扩展到全年级六个班搞。再后来，就全校一起搞了。

作为班主任，如果真重视开展班队活动，就一定能找到活动的内容。有的活动在开学初就已经定在班主任工作计划中了，有些活动内容是根据当时学生的实际情况临时确定的。班主任如果留心，就能抓住很多教育学生的契机。

◆召开班队会怎样定题目？

班队活动的题目应该是非常醒目的，让人一看就知道主题是什么。比如，我们要对学生进行爱国主义、集体主义和关心他人的教育，并且是以自己选讲一句格言、谚语或警句的形式进行的，我们中队会的题目就叫“爱的火花”。这四个字在黑板上写得很大，但这还不够，还必须有一个副标题“爱祖国，爱集体，爱他人”写在它的下面，这样，从视觉上就给孩子一个深刻的印象。同样的道理，要对学生进行美的教育，题目是“美的旋律”，副标题是“感受美，鉴赏美，创造美”；进行爱国主义和集体主义教育的“春天的歌——做大家喜欢的人，做祖国需要的人”；进行热爱社会主义祖国教育的“妈妈的怀抱最温暖——喜迎香港回归”；进行环保教育的“让水清，让天蓝，让绿色装点家园”；教育学生向英雄学习的“星光引路——学雷锋，学赖宁”……尽可能使题目新颖一些，醒目一些。为提高孩子们的能力，老师要尽可能地和他们一起来定题目。

环保中队会题目是这样确定的，我说：“咱们班保护环境的中队会的题目我初步想了几个，觉得不行，你们听听。一个叫‘爱我们的地球’。”学生说：“太一般化。”我说：“我也觉得是这样。那我再说一个我觉得更不行的，就是‘我们要保护环境’。”学生听了直摇头，说：“不行，人家都这么说，就显得俗了。”我明知不行，要的就是这个效果，我是想激一下学生，让他们动脑筋。于是，一个孩子说：“让地球妈妈换新装。”我马上肯定：“比我的强！”“让绿色装点家园！”又一个孩子说。大家的眼睛都一亮，我说：“好！还有水还有天呢！”“让水清，让天蓝！”“太好了！咱们中队会的题目就叫‘让水清，让天蓝，让绿色装点家园’！”我往黑板上一写，同学们高兴得鼓起掌来。一个很有诗意的中队会题目就这样诞生了，孩子们还觉得自己是主人。

◆开展教育活动会影响学生的学习吗?

有的老师认为开展教育活动会影响学生的学习，所以不在开展教育活动上下工夫，也不愿在教育活动上费工夫。实际上，教育教学是相辅相成的，学生在教育活动中所受的教育会成为促进学习的动力，学生在教育活动中学到的知识是课本里所没有的，增长的能力也是在课堂上难以培养的。

在我教的那个活跃的四三班，每天晨检之后，就让同学们一人说一条新闻。天天这样做，孩子们既关心了国家大事，又训练了记忆能力和口头表达能力。学生的课程表中每周有一节少先队活动课，我从不占用这节课让学生做作业，我们除了准备中队会内容和召开中队会外，就利用这节课进行海阔天空漫谈，讲自己从书报电视上看来的知识。他们讲了飞碟、百慕大三角、宇宙婴儿、球形闪电、恐龙蛋、古生物大量灭绝的原因、南京大屠杀等。讲者滔滔不绝，听者津津有味。有的孩子讲起来就没完没了，我只好限定每人只给 5 分钟时间。在课堂教学中，学生们也常常补充课文以外的内容。课文中写到壁虎的脚能抠住墙壁，学生便能讲出为什么能抠住墙壁；课文中写着冬天黑熊舔熊掌，学生就能讲出为什么舔熊掌；课文中说蝙蝠能发出超声波，学生不仅能讲出什么叫超声波，还能说出什么叫次声波。他们有时知道的比老师知道的还要多。老师对他们的鼓励使他们以更大的热情又去吸取新的知识。

孩子们讲着讲着，就产生了写的愿望。他们问我周记的内容能不能写科幻小说，起初我答应了，于是，周记中就出现了大量的科幻小说。这样我又觉得不合适，因为小学生的写作练习基本上是记叙文，周记最好是孩子们真实生活的记录。但孩子们的创作热情是绝对不能打击的，应该细心地加以保护。我决定另发一个小作文本，孩子们起名叫“创作本”，自愿写，谁需要，我都给。少先队活动课上，一周海阔天空漫谈，一周念自己的创作作品。男孩子写科幻故事，女孩子写童话。

一个叫于浩的同学写了一篇名为《人类忘不了他》的幻想故事，登在了《工人日报》上。下面是他的这篇文章：

话说公元3001年1月9日凌晨6时，联合国办公厅收到北京吴博士发来的一封急电。电文大意是：今发现一颗比地球坚硬十倍的行星正以每秒403.75公里的速度向地球撞来，按此速度，69.48万秒后，将与地球相撞共毁，望早日转移到人造地球上去。

十余分钟后，联合国召开紧急会议，一致通过决议，将所有的人都转移到人造地球上，并任命吴博士为输送总指挥。这惊人的消息一公布，地球上所有的角落都不能平静了。

晨8时，地球上的人都集中在亚、非、美、欧四个洲的航天公司，吴博士走上一个高十多米的卫星广播站的讲台。只见他扶正眼镜，整整服装，清清嗓子，用激光电镀手杖敲着地，严肃地说："地球上危险，我们要转移，可属于我们的时间不多了，望大家配合。"说罢，就开始输送了。

晨9时，第一批19架航天飞机以每秒400公里的速度起飞了，运送了20.89万人。晨10时，第二批22架航天飞机也起飞了，运送了30万人……到了离两球相撞时间还有8640秒的时候，才运了所有人的三分之一，时间太紧迫了。

一向沉着冷静的吴博士也急得像热锅上的蚂蚁，最后，只好说："唉，只得用激光输送了。"说罢，他让200余人站在一条沟槽上，按动电钮，唰！一束激光打了出去，随着光亮，那200余人已到了人造地球，不到半小时，除吴博士和100多名联合国人士及工作人员之外，所有的人都安全地到达了人造地球。不料，祸事又来了。

激光器坏了！待修好后只有30分钟了。29分钟内，吴博士把剩下的人都运走了。这时，吴博士自己也必须离开地球，但机器又失灵了，惨不忍睹的一幕终于撩开了。

地球被那可恶的行星撞得粉碎，随着巨大的声响，吴博士向宇宙坠去，一块坚实的土地像母亲的手一样托住了他。他长眠在这块生他养他的土地上，得到了很大的安慰。他睡了，永久地睡了，那么安详，那么庄重，那么欣慰。"吴博士——"人造地球上的人几乎用不同的语言同时喊着，"吴博士——"这声音在宇宙中久久地回荡着，回荡着……

这篇作文被选进了《首都名校小学生优秀作文选评》一书中，我是这样为他写的评析："科学幻想是创造的钥匙。作者在这篇幻想故事中塑造了一位博学、干练、有忘我精神的中国科学家吴博士。他把人物放在矛盾的焦点上，着意刻画吴博士临危不惧、急中生智、先人后己的崇高品质，表现了作者征服宇宙的信心和丰富的想像。文章最后一节的描写极富有感染力，悲壮的情景震撼人心，说明在作者心里，做人类的科学家就应该像吴博士那样，这是作者纯洁心灵的自然流露。同时也能看出，作者善于学习，知识丰富，否则写不出这样的科幻习作来。"我们就是这样为孩子的思维发展创造了一个可以自由翱翔的广阔天地，使孩子去追求伟大的理想和高尚的思想境界。

我在这个班开展了大量的班队活动，这班孩子在写文章时，思路开阔，选材广泛，文笔流畅，构思特别。这个班的孩子有 14 个人共 15 篇文章登在了报纸上，而且是《人民日报》、《北京日报》、《经济日报》、《工人日报》、《光明日报》等成人阅读的报纸。

◆怎样对小学生进行热爱祖国的教育？

对小学生来说，"祖国"是个非常抽象的概念。首先，我得让孩子知道，自己是"中国人"，中国就是自己的祖国，祖国就像自己的妈妈，有一个强大的祖国才会感到安全。

对于低年级六七岁的孩子来说，爱祖国就是热爱祖国的一草一木。在我们组织的"祖国妈妈，我爱你"的班会上，我给孩子们编写了这样的朗诵诗：

甲：我冲着祖国的高山大声喊：
祖国妈妈——我爱您！
你们说，祖国妈妈她听得见吗？
乙：听得见，听得见！
你们看，高山巍峨抖雄姿，

欣慰地笑着把头点。

丙：我冲着祖国的大地高声喊：
祖国妈妈——我爱您！
你们说，祖国妈妈她听得见吗？

丁：听得见，听得见！
你们看，祖国大地换新装，
万紫千红春满园！

甲：我冲着祖国的天空大声喊：
祖国妈妈——我爱您！
你们说，祖国妈妈她听得见吗？

乙：听得见，听得见！
你们看，祖国的天空白云飘，
蔚蓝的天空更加蓝！

合：祖国妈妈我爱您，
我要为您做贡献！

我教三年级时，召开了一个“为五星红旗添光彩”的中队会，我们请了一位国家女篮运动员和我们见面，谈谈她们是怎样努力拼搏为祖国争光的。同时还想请一位人民艺术剧院的演员谈谈他们去欧洲演出的情况，这是一个孩子的父亲。当我让他跟他的爸爸说这件事的时候，他说：“您是不是让我爸爸谈他们《茶馆》剧组去国外演出很成功，为祖国争得了荣誉，说明我们的祖国伟大可爱?”我听了很高兴，说：“对！你对我们中队会的主题掌握得很准确，能跟你爸爸说清楚吗?”他非常有把握地说：“能！”我们召开中队会的时候，他爸爸来了，讲得很生动，这个孩子的座位也比较靠前，听得很高兴、很自豪。但讲着讲着，他爸爸却反复强调起学习外语的重要性来了。这孩子着急了，冲着他爸爸提醒道：“跑题了，说正题，说正题！”他爸爸瞪了他一眼，这个孩子仍坚持说：“说正题，说正题！”直到他爸爸拉回正题，他才放下心来。我看到这情景，忍不住想笑。会后，他爸爸对我说：“我这孩子真淘气！”我却高兴地说：“他淘是淘，心里很明白。”

到了高年级，我就找机会讲一些我们国家的近代史和现代史，也多少讲一些党史，比如讲我党的五次反“围剿”，讲抗日战争……

1997 年 7 月 1 日，香港回归祖国，这是一件世界瞩目的大事。作为教师，就要抓住这样的时机对学生进行爱国主义教育。借着社会上的大气候，提高教育的实效性。当时，各大报纸、电视台、广播电台都在报道有关香港回归的内容，连家里的大人们也在关心这件事情，这就是大气候。在这种环境中，我们的教育容易起作用。在香港回归之前，我们班召开了一个题为《妈妈的怀抱最温暖》的主题中队会。我想通过这个中队会，使学生了解旧中国屈辱的历史，从而更加热爱我们的社会主义新中国，也初步认识邓小平同志一国两制的伟大构想与现实意义。

搞这样的活动，要下很大的工夫，因为，这件事对孩子们来说，是一件很深奥很抽象的政治事件，涉及他们认为很遥远很陌生很不可思议的历史问题。所以，这个中队会我们从准备到召开，用了好几个月的时间。

首先，我们组织孩子们阅读有关香港从被割让到回归的书籍和资料。例如，号召大家看电视台正在播放的电视片《香港沧桑》，提醒孩子们给香港的亲友们写信，了解香港同胞对回归的反映，保留着香港来信；鼓励孩子们积极参加以香港回归为题材的国际儿童画大赛；安排一名同学画一张突出京九铁路线的中国大地图；安排另一名同学画出标准的香港特别行政区的区旗和区徽。因为当时找不到适合孩子们唱的歌曲和朗诵的诗，我就自己创作了迎接香港回归的歌曲与诗歌，印发给大家，教他们唱歌，指导他们朗诵。我还画出香港地区地图的幻灯片。

中队会在学校大礼堂举行，全校老师和部分外校老师听课。

台前有两块大黑板，一块上面写着八个大字“妈妈的怀抱最温暖”，另一块上面是同学们画的中国大地图和香港特别行政区的区旗和区徽。

队会仪式过后，由四名同学朗诵诗歌《喜迎香港回归》：

小河流水归大海，
骏马驰骋奔草原，
孩子总要找妈妈，
香港回归是历史的必然！

香港的地自古就是中国的地，

香港的天自古就是中国的天，
香港的水自古就是中国的水，
香港的山自古就是中国的山。

"鸦片战争"清政府腐败无能，
帝国主义用强权把香港侵占，
致使这块美丽的土地，
在外国人手里统治了一百多年，
这是我们民族的奇耻大辱，
这是中国历史的一大遗憾。

今天，祖国强大了，香港回归了，
这是一件举国欢庆的大事，
显示了我们共和国的尊严！
香港这颗东方之珠，
将会比过去更加璀璨！
因为祖国的天地更广阔，
祖国妈妈的怀抱最温暖。

我们热切地盼望香港的回归，
以极大的热情，
迎接香港回归的那一天。
我们是21世纪的建设者，
祖国的命运和我们息息相关，
学好本领，增长才干，
祖国的未来会比今天更灿烂！

然后，就是几个同学结合幻灯、地图、录像分别介绍了香港的地理位置和现状，"鸦片战争"后香港被侵占的情形，中英公报的内容以及香港回归的信息。

孩子的活动不能总是在说，尽管我们在说的时候尽可能地利用声像并茂的现代化教育手段，但还是要注意形式多样。所以，我还给孩子们编排了他们喜欢的《打花巴掌歌》，由十个女孩子和十个男孩子一起表演：

打花巴掌歌，正月正，家家户户挂红灯。
打花巴掌歌，二月二，香港回归是大喜事儿。
打花巴掌歌，三月三，祖国强大有靠山。
打花巴掌歌，四月四，7月1日回归日。
打花巴掌歌，五月五，香港本是我领土。
打花巴掌歌，六月六，香港人心连大陆。
打花巴掌歌，七月七，香港人民庆回归。
打花巴掌歌，八月八，香港回家找妈妈。
打花巴掌歌，九月九，举国上下齐庆祝。

孩子们连歌带舞，积极地参与，使他们对这次活动留下了深刻的印象。

之后是国际儿童画大赛获奖者介绍自己的美术作品，内容都是庆祝香港回归的。我们班这次获金奖两名，银奖两名，铜奖三名。他们胸前挂着明晃晃的奖牌，手中展示着自己的美术作品，介绍自己是如何构思、如何描绘出这幅图画的。

一个同学念了叔叔从香港的来信，他的叔叔听到香港回归的事情是很高兴的，叔叔的孩子正在努力学习普通话。还有一个同学念的是舅舅从香港的来信，信中表达了作为一个中国人的自豪心情。

在香港回归问题的知识竞赛中，把“鸦片战争”、香港被割让、香港回归等知识复习一下，也把香港特别行政区的区旗、区徽的含义及京九铁路线的作用一边指着图一边讲了一遍。

我们还为香港回归的那一天准备了贺词：

今天，太阳为什么露出了笑脸？
今天，天空为什么湛蓝湛蓝？
因为香港回到了妈妈的怀抱，
这大喜的日子，花儿都显得格外鲜艳。

香港被外国人统治的时代已经结束，
这屈辱的历史将永不复返！

从今天起，五星红旗在香港的土地上高高飘扬，
迎着太阳，映着蓝天，
光彩夺目，分外耀眼！
这是一幅美丽的图画，
这是一首动人的诗篇。
在这庄严神圣的时刻，
我们心中重复着一个信念：
做祖国妈妈的儿女，
我们感到幸福，
我们感到安全，
我们感到自豪，
我们感到温暖。

我们出生在红旗下，
一直成长在妈妈的身边，
我们的生活充满了欢乐，
不懂得离开妈妈的艰难，
没体验过思念妈妈的痛苦，
没尝受过被人欺侮的辛酸。

香港同胞不失民族气节，
用斗争维护着中国人的尊严，
创造了一颗东方之珠，
镶嵌在祖国南部的大海边。

我们是同一个妈妈的孩子，
情同手足，血脉相连。
在过去的岁岁月月，

我们无不盼着月儿圆。

香港回归是祖国强大的象征，
建设祖国是我们共同的心愿。
亲爱的朋友们，
让我们携起手，肩并肩，
共同为祖国的富强贡献力量，
共同为民族的振兴扬起风帆。

让祖国的山河更加雄伟壮丽，
让祖国的建设更加飞速发展，
让我们做顶天立地的中国人，
以新的姿态迎接21世纪的挑战！

这首贺词由两名同学朗诵，他们朗诵得非常动情，感动了在场所有的人。

最后是由我们班的22名同学演唱我创作的歌曲《共同的心愿》。

这个活动对孩子的教育是很深刻的。郭蕊同学说："从我一生下来，就以为中国一直是这么强大的，是神圣不可侵犯的，没想到历史上中国这么受欺负，我知道了落后不行，落后让人欺负。我们一定得好好学习，学好本领，把祖国建设得更强大。"很多同学都谈到，是祖国的强大，香港才能回归的。刘潇同学说："中国强大起来，得感谢中国共产党。"马红同学接着说："我现在真正明白了没有共产党就没有新中国的道理。"王泽韬同学说："过去中国落后，人家可以随便往我国运毒品鸦片，现在谁再敢往中国运毒品，警察叔叔抓住就把他严办！"他说话时的表情很自豪。石晨同学说："我在家练习唱《共同的心愿》这支歌，唱到'孩子总要找妈妈'时，眼泪都要流下来了。香港回归，就好像我好多天没有见到妈妈，忽然回到妈妈身边一样。"王媛媛同学也说："我听你们唱这一句时，也流眼泪了。"自从搞了这个活动，同学们每当看到电视里或报纸上有香港回归的消息时，都特别关注。这个活动的意义在于对孩子们进行了一次深刻的爱国主义教育。

◆怎样选举少先队的干部?

我在语文课上是老师，在管理班级事务中是班主任，在少先队活动中我是孩子们的辅导员、指导者和大朋友。所以在选举少先队干部的时候，不能指定，不能包办，不能行政命令。

一般说来，在选举小干部之前，我要事先告诉孩子们，我们要选举小干部了，而且向孩子们渗透什么样的行为符合小干部的条件，让孩子们在争取的过程中改变自己，努力克服缺点，不断完善自己。这个时候，老师要密切关注着每个孩子的进步，并提醒大家也要关注周围同学的进步。

选举的时候，先和同学们一起讨论和制订 小干部的标准，最主要的有以下方面：能够热心为大家服务，有一定的工作能力，能够团结同学一起工作，在德智体美劳各方面能够做同学们的榜样，办事公正等。

有了标准，就可以提名。提名前，我要讲清楚："从你的提名中，也能够看出你的水平，不能你和谁好，就提谁的名，要用小干部的标准来衡量。你提谁的名要说说为什么提他。"接下来是提名，实际上通过提名是对同学的好行为的一次鼓励。提名后是表决，最后是大家表态，被选上的表态，落选的也表态，使大家都有一个平和的心态。这是引导孩子从小正确对待荣誉、对待他人和自己的开始。

◆怎样培养小干部?

培养一批积极向上、以身作则、又能为集体热心做事的小干部，对班集体的形成起着相当大的作用，他们是同学们的榜样，是班集体的核心力量。作为班主任，班集体搞的活动、班里的每一件事情，都由自己做主，不与小干部们商量，不仅自己忙不过来，小干部们也得不到锻炼。相反，不给小干部们方法上的指导，什么都让他们自己去干，学生也会有畏难情绪。我培养小干部的方法是：

1．相信他们，和他们一起研究工作

相信学生的能力，相信学生能够提出自己的看法。比如，我们在制订中小队活动计划时，征求小干部们的意见，和他们一起研究实施的具体措施，他们也能提供很有价值的建议。还比如，如何帮助学习吃力的同学，他们的方法也许更有效。

2．加强指导，教给他们如何工作

小干部的工作能力是老师培养出来的。比如，让壁报委员出板报也要具体指导。老师可以和小干部共同商量出什么内容、定什么题目，告诉学生版面如何安排才美观，怎样做行不会斜等。

3．大胆放手，鼓励他们敢于创造

经过培养，学生到了高年级，已经有一定的工作能力了，有些事情就可以放手让他们去做。我们班准备召开一个环保内容的中队会，我知道学生写的两篇有关的童话是可以改编成短剧的，只要告诉他们“你的那篇文章可以改编成短剧”就可以了。过了几天，他们就排练出来让我审查了，都非常精彩。

在我生病期间，学校正赶上朗诵比赛。我让小干部自己找朗诵材料，自己给同学们排练，照样获得了一等奖。

我常常教育我们班的小干部，要想在同学们中树立起自己的威信，要想更好地为大家服务，必须处处做大家的榜样。小干部应该是遵守纪律和尊敬师长的模范；是积极参与学习活动和班队活动的表率；在游戏中、在平时与同学的交往中要做到谦让；在劳动中要主动挑选最脏最累的活来干；在老师不在的情况下，要让同学们感到自己就是大家可以信赖的人，要敢于负责；处理问题要大公无私，要公正。长期这样培养，小干部们在班集体的建设中就能发挥核心力量的作用了。

曾经有这样一件事，美术课上，地上有一块蓝色橡皮，两个同学都说是自己的。美术老师无法判定，就把橡皮交给了我。我把两个同学都找来，一看，一个淘气的学生，一个“三好学生”，两个人都哭着说橡皮是自己的。橡皮到底是谁的呢？我没有主观猜测，而是把橡皮留下，让他们都回家看看，看看谁的橡皮在家里呢。第二天一大早，那位“三好学生”就找到我，说她的和这块一模一样的橡皮在家里的抽屉里呢，这块橡皮不是她的。我说："你很诚实。"她不好意思地说："其实，我到家一看，我的橡皮在家里呢，我心里是很害怕的，因为我在学校里说得那么肯定，说这块橡皮是我的，我怕您说我，可我又觉得不能撒谎，心里很矛盾。怎么办呢？我就找咱们班的李芳（大队长）去了，把这事儿说了，是她告诉我来找您的。"我仍说："你很诚实。"她哭了，向那个淘气的同学道了歉。在关键的时刻，孩子们能想到去找小干部，这就是对小干部的信任，而小干部也真能帮助解决问题。

一个周末的下午，我外出开会。在放学以后，晚走的中队长被美术老师叫住，通知她我们班星期二的美术课因故改在星期一上午上。这节课恰好要用水彩，大家都不知道带水彩，课怎么上？当时，电话还没有普及，于是，她就亲自去胡同里一个一个地通知同学。凡是已经知道的小干部和部分同学都帮助一起通知。星期一全班同学都带水彩了，连美术老师都感到惊讶。我及时肯定了这个中队长的责任心和用实际行动为集体做贡献的精神。在这样的干部的带动下，班上无论搞什么活动大家都是热心参与的。小干部的这种主人翁的精神一旦成为孩子的本质特点，将来就会产生巨大的能量，变成集体和国家的宝贵财富。我表扬这样的同学时就说："小时候办事心里想着班集体，想着同学，长大办事就会想着国家和人民。将来如果身负重任，就会成为像周总理和焦裕禄那样的人物。他们都是心里装着国家和人民，所以，人民永远怀念他们。"每教一个班，这样的话我一有机会就说，我要让我的学生牢牢记住这些话。

孩子们确实非常可爱。他们一旦接受了我们的教育，就会照着去做。1984 年毕业的王府井小学的六一班，发生了这样的一件事。一次，我外出听课去了，孩子们自己上自习课。突然，姚欣燕同学的肚子疼起来了，疼得脸色由红变黄，又由黄变白，满头是汗，手里的铅笔都被她撅断了。这时，中队长吴延静同学去找卫生室的老师，正巧老师不在，她就对全班同学说："得带她去医院，看病得用钱呢，谁带零钱了，大家凑一凑吧！""我有一毛！""我这儿有两毛！"……一会儿工夫，吴延静手里攥着一大把钱了，她激动地说："可以了，够了！谢谢大家！"但是姚欣燕同学站不起来，更不能走，小队长孟华说："我去医院找大夫！我熟。"经中队长允许，他飞也似的奔出教室。小队长郭树荣说："我家近，我去拿热水袋来！"同学们围着姚欣燕，有的同学给她擦汗，有的同学帮她揉肚子，安慰她。这时，中队委、也是男生中个子最大的田若谷同学站过来，憨声憨气地说："我来背她上医院，试试行不行。"同学们七手八脚地把姚欣燕抬上了田若谷的脊背，刚走到前院，就碰到了其他老师和医院来的大夫，姚欣燕被送进了医院。

大队长边红看姚欣燕病得这么厉害，就想到得通知她的家长，但她只知道姚欣燕家的胡同，不知道门牌号码，她就一个门牌一个门牌地问，终于找到了姚欣燕的家，把事情告诉了家长。当姚欣燕的家长赶到医院时，姚欣燕已经安静地躺在病床上了。她的家长说："你们班的同学简直都是小能人。"

姚欣燕恢复健康后，在日记中写道："我们的中队是一个优秀的中队、光荣的中队，也是一个充满了友谊和温暖的中队。同学们的心像水一样纯，像火一样热。"

这件事是我回校后，同学们详详细细告诉我的。我夸他们会办事，我夸他们有创造性，我夸他们有责任心，我夸他们关心同学，我夸六一班是一个团结友爱的集体。我特别夸了小干部在这个事情中所起的作用，夸他们绝对称得起是这个班集体的坚强的领导核心。

◆你设值日班长吗?

设值日班长有很多好处。这实际上是一种干部轮换制，是在为每个孩子创造机会，培养他们的工作能力。

每天的值日班长需要做什么，一天的工作应该怎样安排，必须具体指导。一般说来，我总是在学生担任值日班长前，告诉学生早早到学校，先把当天的日期在黑板上写好，再写上当天的课表；下课提醒值日生擦黑板；课间看看有谁表现得特别好，存在什么问题；午饭后，在班主任去食堂吃饭的时候要督促值日生把值日做好，把值日中表现特别好的同学名字用红粉笔写在黑板上；放学时把门窗关好……最后还要记中队日志。我特别提醒值日班长在管理同学时，要以表扬为主，值日班长的任务不是记录表现不好的同学，然后向老师汇报，而是在老师不在时能够发现同学优点。值日班长还要负责记当天的中队日志，中队日志的内容也要以表扬为主，最好不要在中队日志中点名批评，还可以把当天班上的重要活动、重要事件和好人好事记下来，第二天午休时当众念中队日志。

值日班长的产生，可以是自荐与大家推选、老师推荐相结合。对于初当值日班长的同学，老师要具体辅导他应该做什么和怎样做。

◆怎样指导学生出板报和小报?

各班都有板报，有的老师就让学生自己出，结果费了半天劲，出的板报不尽人意，于是，有的老师就索性自己出，又漂亮又快。但是，这毕竟是孩子们的工作，应该利用这个阵地锻炼学生的能力，这就需要进行指导。我是这样做的，大题目定了以后，等于这一期的主题就定了，壁报委员会中有能写文章的，有会画画的，有会写美术字的，大家分工合作。

出板报前，由学生先画出一个小样，也就是一个粗略的版面安排，老师审一下，提出建议或修改意见。板报的文章不宜过长，每篇几十字即可，老师过目修改后，找一个时间，让学生首先把黑板擦干净，然后用尺子轻轻画出板报的边线，大约离黑板边五厘米，不然学生会一直画、写到黑板的最边缘，这样不美观。首先让会写美术字的同学把大标题写上，然后开始画画。写字的同学，要先用米尺轻轻打格，以便使文字排列整齐。图画最好以面表示，用线画远看不鲜艳。详细指导一次，以后学生自己就知道怎样做了。板报出来后，要大力赞赏一番，让孩子们享受到成功的喜悦。

创办学生自己的小报，这活动很多年以前大家已经都在做了。内容可以有自己写的文章，自己画的画，还可以有摘抄的格言、童话、小笑话等。我们班在做的时候，这项活动的创造性就表现在给小报起什么名字上。我启发同学们："你的小报的名字最好不要与别人的一样，应该有自己的特色，千篇一律就没有意思了。"于是他们的小报名字就五花八门了：小脚印、小雪花、翱翔的雄鹰、五彩桥、小花朵……中队的小报名字是大家讨论定的。有的说："叫'小苗'吧!"马上有人说："《北京日报》就有个‘小苗版’，咱们干吗和人家一样?”“那叫‘幼芽’吧!”“五二班的小报就叫‘幼芽’，咱换个!”“叫‘窗口’?”“不行！大人用的名字。”一个男孩子想了半天，说：“我看叫‘毛毛雨’吧，咱们的作品还不太成熟，只不过是下点毛毛雨罢了。再说，保证没有和咱们重名的。”“同意!”于是，我们班的“毛毛雨”小报就诞生了。

◆你班的光荣册给学生家长看吗?

建立中队光荣册是激励学生进步、树立优良班风的有力措施。我制作了中队闪光点集锦《闪光的足迹》，也就是中队光荣册，把在各种活动中涌现出来的积极分子都写了进去，每人一页，这一页有他的彩照，有他喜欢的格言，还有我写的长达几百字的闪光点。写完谁的闪光点，谁拿回家和家长一起看，然后，家长再写上自己的感受。这一做法对孩子对家长都触动很深。我给一个处事大度的孩子写的闪光点中有几句是这样的：“你天生有一种大将风度，宰相肚里能撑船，从不因一点小事与同学斤斤计较，像个小小的男子汉!”他的家长看后写了洋洋几千字，他写道：“您是放任其闪光而不纵其无度，严格管理而不压抑其热情，激发起奋进而从不包办代替，您教书育人，方法独特，不可平凡而论。”

光荣册中学生的闪光点是方方面面的，总之都是学生的可爱之处。我给一个孩子是这样写的：“你是独生女，却不像独生女，因为你不‘独’。你能像大姐姐一样去关心别人，给人以温暖。你怀着满腔热情关心集体的事。第三小队由后进变先进有你不可磨灭的功劳。你还是中队的报刊杂志的分发员，这工作既麻烦又辛苦，而你却做得兴致勃勃，井井有条。我班‘做文明小乘客’的活动在中央电视台录像时，你是那么从容自如，有一定的应变能力，这种能力在长大以后是很有用的。另外，你演的小鸟只是《白雪公主》剧中的一个小小的配角，你却演得那么认真，给人留下了深刻的印象。你很讨人喜欢却并不张扬，从不显示自己做了什么，似乎这一切都是应该的。你是一个既平凡又了不起的好孩子!”她的家长李克强同志看了《光荣册》后，写道：“当我的孩子谈到他们中队的光荣册时，言语中流露出某种自豪。我想，大概她的所有的小伙伴都会以类似的心态来对待这样的做法。由此可见，赞扬，或者说符合儿童心理的表扬，对一个孩子来说是多么大的鼓舞和激励。她的母亲正在国外进修，不能目睹，但我要求她把有关她的那一页抄下来，寄给她的妈妈。因为这些文字不仅记载了孩子的成长足迹，也浸透了老师的心血。要观察几十个孩子的细微之处，并且又要如数家珍般地写出来，这不是‘写’的功夫，确实是用‘心’在做。”一本《光荣册》之所以能引起学生和家长这样的关注和动心，说明孩子和孩子的家长多么需要老师对孩子的肯定，而这种写成文字的肯定就成了有效的“强化物”，强化了孩子的进步和优点，无疑会使孩子更加有意地朝着这个方向努力。

◆带学生春游应该做些什么？

春游是学生非常盼望的一个活动，因为是在老师的带领下，和同学们一起玩。作为班主任，带领学生春游，责任重大，既要让孩子们玩得开心，又要让孩子们有所收获；既要照顾好孩子们的生活，又不能出现安全事故。

春游前，班主任一定要根据所去的地点提出非常具体的要求。

作为高年级的班主任，春游前，可以让学生自愿组合小组，选出组长，负责大家的安全、纪律，互相提醒做到学校提出的要求，活动中要互相关心，不要丢掉一个人等。

春游整个过程中，班主任要时刻关注孩子们的活动情况，解决他们遇到的困难和问题，观察孩子们表现出的好品质，谁在车上能够主动照顾晕车的同学，谁能够把通风的座位让给不舒服的同学，谁在上下车时对司机叔叔有礼貌，谁在下车时能够主动把同学们掉在车上的废物捡起来扔进垃圾箱，活动中，谁能发现那样做是危险的，提醒大家注意……

老师绝对不可以到公园后，把学生一撒，自己想干什么就干什么去了。

我校教低年级的特级教师刘淑敏，在春游时做得非常周到，下面是项

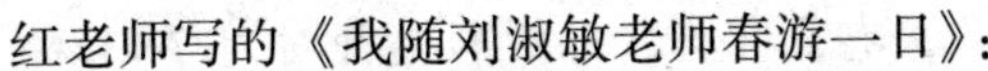

红老师写的《我随刘淑敏老师春游一日》：

春游一日，受益难以用语言表达。

4 月 16 日，学校春游，我随一年级前往，亲眼目睹了特级教师刘淑敏老师一日工作情况，深受感动。

早上，一二班同学的胸前大多别着一个牌牌儿："春游大队长""春游总指挥""春游队长""春游组长"……一个个喜气洋洋，脸上流露出自豪、兴奋之情。

整队了，列是列，行是行，同学们个个挺着小胸脯，那副神气劲儿，真让人羡慕。

上车了，秩序井然，孩子们主动向司机叔叔问好。车上，刘老师还在不停地嘱咐："准备好塑料袋，要是不舒服想吐，吐在塑料袋里。""还有爱晕车的同学没吃药的吗？"……

下车了，同学们在刘老师带动下，纷纷向司机叔叔礼貌地表示谢意。车厢内，干干净净，刘老师还不放心，又仔仔细细检查一遍才下车。走进公园，有的学生已经开始口头作文了："4 月 16 日，阴。今天……"我有些惊异了。我们分别游览了熊猫馆、猴山、熊池、狮虎山、水禽湖……刘老师一边组织着学生，一边不停地讲解着。几个小时了，就没见刘老师闲一会儿。

我都有点累了，好容易该休息一下了。我们找到了一处离厕所不远的藤萝架，我真想一下子坐在石凳上歇会儿，没想到刘老师又嘱咐上了："先去上厕所，回来点齐了人才能吃饭。""吃饭前先用消毒纸擦手。""石凳凉，要铺张报纸再坐。"……学生终于都落座了，我不由自主地坐下了，打开书包，拿出所带的食物，刚要吃，却见刘老师又在同学间转悠了：给这个打开易拉罐，给那个剪开火腿肠，还把自己带的食物分给带的饭不太合适的同学……我都不知道刘老师什么时候吃的饭。60 岁的人了，这样下来怎么吃得消？这时，同来的副班主任杨春娜老师告诉我："每天中午饭后，刘老师都亲自把全班的桌椅挪到教室前面，从后面一点点打扫干净再挪回来。"

饭后，我们所在的藤萝架下，干干净净。刚开始时还有些担心的公园清洁工阿姨此时也露出了笑容。

下小雨了，大家穿戴都不算多，有点凉意，只听刘老师对同学们说："我们不怕冷，你心里说不冷，就不会觉得冷了。来，我们一起说'我不冷'！"几十个小家伙齐声喊着："我不冷！"稚嫩的声音在公园的上空回荡，连我都觉得身上在发烧。

……

春游后回到学校，让孩子们上完厕所后，我一定会进行总结，表扬在春游中的好人好事，一个一个地了解学生花零钱的情况，鼓励不随便花钱的同学。

◆为什么要尽可能地扩大班队会的参与面？

开展班队活动不是为了走形式，要讲究它的实效性，即确实使学生受到教育，而且是尽可能使每个学生都受到教育。

我们组织班队活动要为每个孩子的参与创造条件。这是一个面向全体学生的实施素质教育的大问题。我们在设计某一个活动的时候，就要把这个问题首先考虑进去。比如我们班的中队活动"火箭啊，前进!"，就是让全班学生一个不落地参与，我们的规定就是全小队的队员必须每个人都得到了火箭章，小队的火箭才能"起飞"。各小队的火箭都能"起飞"了，中队的"火箭发射"仪式才能举行。而每个人要想得到火箭章必须先得到十张火箭票，获得火箭票的过程就是培养孩子们高尚的情操、优良的道德品质、良好的学习习惯和劳动习惯、多方面的兴趣爱好的过程。因为我们规定，凡是在德智体美劳无论哪方面做得突出的都可获得一张火箭票，孩子们为了自己的小队，为了全小队的荣誉，都千方百计想在各方面都取得好成绩。几个月的活动下来，孩子们每个人的整体素质都得到了提高。

即便是文艺表演式的中队会，也不能只让几个能歌善舞的孩子表演一下就完了。我这样想：我们是在培养孩子的能力，不是电视台播放节目，谁表演得精彩就让谁表演，我们要的是让每个孩子都关心自己班开展的活动，并且都愿意积极参与到活动中来，让每个孩子在活动中都能找到自己的位置，用以证明“我能行”，这才是最主要的！所以，我鼓励孩子们都参与，并且，在班里酿成一种风气，会表演的帮助、辅导差一些的，大家都互相学习别人的长处，不笑话别人，不轻视别人。一个拍手歌，本可以四个人表演，挑的孩子如果又漂亮又聪明，演出的效果肯定好，但我往往是只要场地够，能上多少就上多少，最多的一次我们上过20人，10个男孩子、10个女孩子，因为词都是我自己编的，有教育意义，听别人说一遍和自己表演一遍效果是不相同的。

我开展班队活动不走过场，不单纯追求形式，我把孩子到底能受到多少教育放在首位。

香港回归的中队会中的一项是读香港亲友的来信，我挑了两封来信，一个孩子的舅舅的来信，写得好，表达了一个中国人的自豪、激动的心情，这个孩子也读得绘声绘色，很有感染力；另一个是一个学习吃力的孩子，我给他这样一个机会是想让他通过这件事提高自信心，调动他参与班队活动的积极性。我们这个中队会是个公开课，我想的不是为了让听课的老师感觉我组织的中队会有多么漂亮，而是给孩子一个表现自我的机会，也就是要抓住一个教育契机。

◆为什么要重视队会仪式？

不可忽视队会仪式的作用。教育家马卡连柯就很重视教育形式，也包括仪式，他的那个工读学校收割麦子时还要举行一个隆重的仪式。我们少先队队会的仪式对学生更是一种教育的形式。在队会仪式上，咚咚的队鼓声，会焕发起孩子们的热情，少先队员五指并拢，高举头上，敬队礼时，会让孩子无数遍在心里重复着“人民利益高于一切”的信念，星星火炬的旗帜会在孩子们心中激起庄严、神圣的情感。嘹亮的队歌声会给孩子们留下终生难忘的美好印象，一声“时刻准备着”的响亮呼号，会在孩子高尚的心灵境界中永久回荡。这种形式对于学生来说，起到了撼人心弦、感人肺腑的作用，我们说，这本身已经起到了教育的作用。因此，队会仪式决不是可有可无的。如果我们嫌麻烦不愿意举行队会仪式，其实是失去了教育学生的极好机会。

◆怎样摆正辅导员在班队活动中的位置?

在我们组织的少先队活动中，我常常同时扮演着老师、辅导员、大朋友、好伙伴的角色，作为他们中的一员真正参与到他们的活动中去。不仅起着教育他们指导他们的作用，也和他们一起受教育。比如在学雷锋学赖宁的“星光引路”的中队会上，同学们都把自己学习英雄的情况画成投影幻灯片打出来讲给大家听。我也画，我也讲。我讲的是学习英雄要有毅力，我打出了一张我正在写文章的幻灯片，然后说：“光明日报社约我写一篇关于赖宁成长与学校教育的论文，说实在的，写这篇文章对于我来说是有一定困难的，我要看完孙云晓叔叔写的介绍赖宁事迹的书，还要看很多有关学校教育方面的文章才能下笔。我的工作又很忙，但是，雷锋同志对待学习的钉子精神和赖宁同学对待学习的刻苦精神鼓舞着我，使我战胜疲劳和困倦，看书、写稿，终于写出来了。大家看，文章已经收集在这本光明日报社出版的论文集中了。”我举起书给同学们看，同学们都听愣了，他们陷入了沉思之中，我开玩笑说：“我是不是也应该受到一点鼓励啊?”同学们如梦初醒，为我热烈地鼓起掌来。这时候，我是和孩子们以平等的身份来参与他们的活动的，说的也是心里话。这次中队会有市区督学室的同志观看，他们的反馈意见中说，“你们的那位中队辅导员老师有一颗可贵的童心”。是的，正是这一颗童心，使我和孩子们之间缩短了距离；正是这一颗童心，使我和孩子们心心相印；正是这一颗童心，使我在教师工作中得到了巨大的欢乐；正是这一颗童心，使我在工作中有所发现、有所创造。班主任有一颗童心是工作成功的一半。

◆老师有权任命少先队干部吗？

老师是无权任命某个孩子做少先队干部的，少先队的干部应该由孩子们民主选举产生。因为孩子们是国家未来的主人，必须让他们从小就树立当家做主人的意识，要明确认识到要保护自己的民主权利，要运用自己的民主权利，学会做主人。这是今后他们在民主法制的社会中生存的一种能力。孩子们改选少先队干部，我从不包办代替，只是把评选标准交给孩子，在提名和评选过程中，他们都意识到这是对自己思想水平和如何评价别人的一次考验，他们都是很谨慎地行使着自己的权力，尽可能地表现出自己的公正和负责精神。一次准备充分的改选活动，就是一次高尚的道德洗礼。

老师无权任命某个孩子做少先队干部，也无权罢免某个孩子的少先队干部的职务。

◆老师有权摘掉学生的红领巾和队长标志吗？

班主任和其他任课教师任何时候都没有权力私自把孩子的红领巾或队长符号摘下来！这是侵犯了孩子的民主权利！孩子的入队是经过个人申请、集体讨论、大队批准的，队长是队员们选举出来的。老师不仅应该尊重孩子的这些权利，还应该在孩子的头脑中立下“维护自己的合法权益”的思想。这为孩子长大后用法律来保护自己打下了基础。

但是为什么会有老师在一气之下摘下孩子的红领巾或队长符号呢？因为老师们无形中会认为，干部就应该是处处做榜样的，似乎干部是不应该犯错误的。其实，干部也是孩子，也是在成长中的未成年人，犯错误是难免的，或者说是正常的。孩子犯了错误，要帮助他认识自己的错误及危害，改了就好。

◆为什么“学习兴趣”比“高分”更重要？

学生对学习产生兴趣，学习这件事就变成了乐事，而不是负担，因此学起来就主动和用心，分数早晚会提高；如果孩子是被迫学习，即便考出了高分，也是暂时的，因为他的学习行为是被动的。孩子的学习兴趣是怎样来的？是从成功的体验中培养出来的！而孩子的成就感又是如何获得的呢？是老师和家长鼓励，是同伴们的认可，是孩子看到了自己的“成果”而来的，所以老师要为孩子的成功创造条件，一定要让每个孩子看到自己的成绩，不断体验成功的喜悦。老师要看到每个孩子在学习的过程中所做出的努力，不断肯定孩子做出的点滴“努力”，即便孩子发言说得不正确，也不要批评。我总是说：“今天你能够积极参与，就值得大家学习，再来听听别人对这个问题的理解。”当别人说出正确答案时，老师再回过头来问原来说错的同学：“你听他说得是不是更有道理？”千万不要说：“你说的什么呀！简直是胡说八道！”一棒子就把学生的积极性打击下去了。孩子写作业时，老师在教室巡视，要不断发现孩子中的闪光点，及时表扬：“某某同学写得又好又快。”“某某同学的字太漂亮了！”看到需要帮助的就去帮助，不要对孩子的失误大惊小怪，你明明看到一个孩子写字很吃力，写得又难看，你也不可以大声嚷道：“哎呀！你在写天书呢！擦了重写！”

我校特级教师刘淑敏老师非常善于调动一年级孩子的学习积极性。她对孩子要求很严格，她的严格表现在不放过一个错字和一个不规范的字，但是用的却是激励的方法，她不厌其烦地在学生的作业中用红笔在好看的字下面画波浪线。对学习吃力的孩子，哪怕只有一个字写得漂亮，她就在这一个字上大张旗鼓地表扬，用红笔在这个字的上下左右写上“好”字，她起名叫做“四好包围字”。她绝不会随便用不好的分数苛学生，如果一行中有一个字没有写好，她先不给分，等着学生改过来后，最后还给一个大大的5分加红旗。她在学生优秀的作业中不断地写上鼓励的批语："真棒！""太棒了！""有进步。""你又进步了！""再努把力，老师相信你一定能赶上班上最好的同学！""看到你的进步，老师真高兴！""你是小小书法家！""你真了不起！""你下工夫了，我真佩服你！""你的字写得跟老师写得一模一样，你成功了！""你的字写得真漂亮，就像一幅美丽的画，我越看越爱看！"……就这样，她的学生的作业越写越漂亮。孩子也特别爱上刘老师的语文课。分数是什么？分数是培养学生学习兴趣的手段。

◆一上课，当你走进一个混乱的课堂时怎么办？

如果是新接的班，打完上课铃，老师走到教室门口，发现教室内一片混乱，先不要进去，就站在教室门口看着，严肃地看着，看准了谁在这种环境中照常遵守着纪律，再看看表，几分钟以后，教室里会安静下来，这时再稳稳地走进教室。给学生还礼后，说："我没想到我们班在上课铃响了几分钟才能安静下来，希望以后不要看到这种情况，不过我要特别提出，刚才一直安静坐好的有……"你可以说出是第几行的第几个，或者是哪些行。

如果上课铃一响，你就径直走向讲台，大声说："上课！"学生起立后，大家都不动，老师什么话也不说，也能够使课堂安静下来。

遇到这种情况，老师不要大声冲全班学生喊："你们别说话了！大家安静吧！"这种乞求般的语言不会有丝毫的力度。实际上，学生都知道，上课铃响后是不应该再说话的，他们也在观察教师，这时的教师要把自己的眼光放在观察学生身上，表现教师的稳重、沉着、自信与宽容。

这时，老师的注意力千万不能放在一个不遵守纪律的学生身上，如果放弃大家，和他一个人没完没了地较劲，可就失策了。

◆怎样能一开始就把学生的注意力吸引到你的课堂里来?

首先，老师应该精神抖擞地走进课堂，饶有兴趣地开始本节课的教学活动，并且要动动脑筋想一句能够把同学们的注意力吸引到这节课的内容里来的话。已故的关琦老师认为，老师进教室的那一刹那，就“如同见到了久别重逢的朋友”。可有的老师却说：“我本来是想这样的，可进班不到五分钟，我这火就不打一处来。”所以有的老师认为应该首先整顿纪律。殊不知单纯整顿纪律要浪费学生多少时间！而且这样做，绝对是下策。假如学生眼巴巴地盼望着上您的这节课，还用整顿纪律吗？王欢老师在一节作文课的一开始就说：“我这儿有一个宝贝，谁想知道是什么？一会儿我们一个一个地过来看。”学生的注意力一下子就被吸引住了。

◆怎样解决课堂上的突发事件?

老师要正面引导。比如，我校教数学的刘颖老师正在上课，忽然一只小鸟飞进了一年级的教室，安静的课堂立即骚动起来，男孩子要抓小鸟，女孩子吓得大叫。刘老师请孩子们帮助“走错了门找不到家”的小鸟打开窗子，飞返蓝天。教室里很快恢复了平静。而孩子们幼小的心灵中，又多了一份对小生灵的爱。有一次，我正在上课，外面忽然下起了冰雹，孩子们都往外看。这时，我索性把课停下来，带孩子们到走廊里看个痛快，还可以捡起不常见的冰雹看一看，满足了孩子们的好奇心，这是完全可以的。

如果大家正在上课，忽然一个孩子的桌椅随着学生的动作倒了，这时会引起全班学生的哄笑。作为老师，首先是关心孩子摔坏了没有，再就是让同学帮助他扶起桌椅，做这一切时，不笑也不嚷，然后告诉大家：“谁都会有

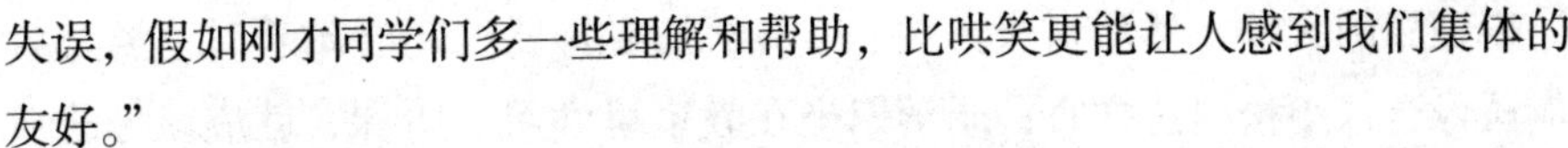

失误，假如刚才同学们多一些理解和帮助，比哄笑更能让人感到我们集体的友好。”

◆怎样制止学生课上不合时宜的“哄堂大笑”？

孩子们在和谐的课堂里学习，情绪是愉快的，随着有趣事情的发生，时时发出笑声是无可非议的。我要求学生即便是遇到很可笑的事情，也不要笑起没完没了，这样会耽误时间，涣散纪律。我不赞成课堂上起哄似的狂笑，尤其是当着客人，我觉得这样很不礼貌。怎样避免发生这种情况呢？首先我会把道理讲清楚，但是在新接的班级，有时孩子们会忘记了老师的要求，不过几乎所有的孩子都有一个习惯，他们在老师面前，总会情不自禁地随时瞅老师一眼。当孩子们狂笑时，我往往会态度严肃起来，孩子们一看，就会发现自己的失控状态，马上使自己的行为收敛一些。这样的事情没有必要厉声训斥孩子们，那样会破坏了课堂的活跃气氛，影响学生的学习积极性。

◆如何教育学生遵守纪律？

要让学生认识到，遵守纪律是遵纪守法的基础，是良好的行为习惯的重要内容，是培养规则意识的途径之一。纪律是一种规矩，没有规矩，不成方圆，没有纪律，将无法正常进行教育教学活动，纪律是各项活动的保证。为什么必须遵守课堂纪律呢？我们国家的学校，大部分是几十个人的教学班，没有正常的秩序，无法进行教学活动；我们是社会主义国家，我们强调集体主义精神，一个班必须有严格的规章制度，有良好的行为习惯，有很强的规则意识，这是形成一个班集体的重要因素之一。培养学生遵守纪律的习惯，面对一年级的学生，不能硬性地规定，生硬地要求。我是这样做的：在黑板的左上角画了一棵直直的小松树，在黑板的右上角画一口稳稳的大钟，然后对大家说："同学们在排队、起立站着时，姿势就应该像这棵小松树这样直；同学们坐在教室里学习、听课，就应该像这口大钟一样稳稳当当。"当然，课堂安排要内容丰富，不能让孩子总一个姿势坐着。

培养学生遵守纪律的习惯，实行小队之间的评比也是非常有效的做法。不过这得在已经培养了集体荣誉感的基础上进行才更有效。比如，学生一般上班主任的课是能够做到遵守纪律的，但是上科任课就比较难以做到了。我们用小队评比的办法，来约束孩子的行为。为了小队的荣誉，大部分孩子都能做到自觉遵守纪律。

◆学生站起来所答非所问怎么办？

从前，我看到学生上课回答问题说话哆嗦或者声音小，就会很生硬地让他坐下，叫回答问题声音洪亮、语言组织得好的学生来回答。如果有的学生站起来说得驴唇不对马嘴，常常会批评学生："你想什么呢！"但是，自从我参加了北师大的心理学课题组的研究后，认识上发生了很大的变化。

寒假后的第一个星期日，我们来到北师大听讲座。刚上课，董奇教授就问："我们在这里学习的心理学知识，在这个寒假里你是如何运用到你的生活里的？"说完，他叫起一位老师，那位老师说："上学期，我们觉得史家胡同小学介绍的和谐教育对我们启发很大……"明显的，这是所答非所问。董奇教授又叫起一位老师，她谈了她在工作中对心理学的应用，这又是一个所答非所问。这时，董奇教授问道："刚才我问的是什么问题？"叫了好几个老师，谁都说不上来，连我自己也记不清楚问题是什么了，只模模糊糊记得不是讲在工作和学习方面的应用。于是，董奇教授语重心长地说："老师们，咱们工作都很忙，星期天还要搞家务，大家在百忙之中大老远来到师大听讲座，能说不认真吗？可是，谁都没记住我问的问题，其实这很自然。但是，如果您的学生没听清您问的问题，您却不能容忍，您一定得批评学生一顿。本来，这种现象是很正常的，是应该谅解的。希望老师们以后对学生宽容一些。只要孩子参与了，就不要批评。”这件事对我教育很深。

后来，我在课堂上尽可能采取董奇教授提出的“无错原则”。在讲课过程中，允许学生没听清我提的问题，允许学生没有学会，允许学生回答得不对或不完全，允许学生理解错了、理解偏了，特别鼓励孩子积极参与。这样一来，学生的学习积极性大大提高了，上课积极发言的人大大增加。课堂氛围相当和谐，师生关系也融洽了许多。

我们练习用一个字的多种意思各说一句话。用“深”说话时，有的同学说：“这道题太深了，深是深奥的意思。”有的说：“我们俩的友谊很深，深是感情深厚的意思。”还有一个说：“他穿着深色衣服，深是颜色浓的意思。”就在这时，刚转来的一个很少发言的同学突然把手高高举起，同学们都示意我叫他，我叫了，他站起来说：“颜色有深有浅的深是颜色浓的意思。”同学们一听，扫兴地小声说：“这个意思别人都说过了。”这时答问题的同学很不好意思，非常难堪。我认为现在老师如何对待他，这是个很关键的问题。他需要的是帮助与鼓励。于是我说：“他刚才可能在专心思考自己的句子，所以没注意同学说了什么，但他今天敢发言就是进步！”同学们点头了，新同学的表情也自然多了。在说“领”字的一字多义句子时，他又举手了，说了一个别人都没想起来的用法。我大力赞扬了他肯于动脑的积极态度，同学们为他热烈鼓掌。从此，他敢于发言了。

◆学生答不上来老师的问题怎么办？

应该说，学生有时候站起来答不出老师提的问题是正常现象。有的时候，学生使劲举手，急切地希望老师叫他回答问题，但是一旦叫起他来，他反而张口结舌什么都说不出来了，这是因为刚才他光顾着举手了，心里想的话是：“叫我，叫我！”倒把自己要发言的内容忘了，所以，遇到这种情况，让他坐下，不要批评。老师可以把刚才提的问题再重复一遍，或者对孩子说：“没关系，过一会儿我再叫你。”为的是不影响学生的学习积极性。

◆个别学生总举手，老师没有叫他，他不高兴，怎么办？

按我们中国的国情，一般学校是几十个人一个教学班，一节课下来，每个孩子都能有发言的机会就不错了。但是往往爱发言的学生在课堂上总举手，不叫他，他还着急。我教过一个孩子李某，在一节公开课上，在大家学得热火朝天的时候，他忽然趴在课桌上哭了起来。我以为出了什么事情，赶紧过去询问："你怎么啦?"孩子非常伤心地说："我举了11次手，您都没有叫我。"这时我说："一次都没有叫到你吗?""是的。""那就是我的失误，对不起！下面的一个内容，我们就请李某同学来谈，大家为他这种愿意积极参与学习的精神鼓掌！"当然，老师必须讲清楚，一节课上，每个人最多只能叫起来三次，要把机会给更多的同学。

这是一个思维高度活跃的班级，为了能够使那些思维特别活跃的孩子不降低学习积极性，我曾经把这个班的孩子分成三个组，思维最活跃的组叫做"发言特优组"，仅次于他们的叫"发言优秀组"，其他的同学叫"积极发言组"，也可称作三个梯队。当我让孩子们围绕一个讨论题理解一段课文内容时，同学们自动把发言的机会让给"积极发言组"，也就是首先让第一梯队的同学发言。这部分孩子抢先把最容易理解的内容讲了，比如他们会发现课文中一个比喻句，通过对这个句子的理解来讨论课文的中心。当这批人没有什么可说了的时候，第二梯队的人举手补充，他们又提出自己对其他词句的理解。当第二梯队的人也没有可讲的内容时，第三梯队的这批同学就开始大显身手了，他们会从文章的结构、标点的使用、对插图的描绘等来理解中心，有时候他们把有关课外知识的内容也介绍给大家。这样不但解决了他们急于发言的问题，也加大了这批同学思维的深度和广度。

◆怎样对待迟到的孩子？

有的老师非常反感学生迟到，不管什么原因，只要迟到，就罚学生在教室门口站着，不让学生回座位，以示纪律的严格。其实老师应该明白，一般孩子是非常不愿意迟到的。如果一个孩子偶尔迟到了，一定有他的原因，可以和颜悦色地询问一下为什么迟到了，诸如堵车、遇上特殊情况等，就可以让孩子回到自己的座位。不能不分青红皂白一看孩子迟到就批评，这样做会使偶尔迟到的孩子不敢进教室，以至造成孩子逃学。有一位中学的老师，为了全班同学都不迟到，来一个别出心裁的“惩罚”，谁迟到了，给大家唱一支歌，也达到了教育的目的，而且对学生的人格也做到了尊重。

如果一个孩子经常迟到，班主任就要做详细地了解，有针对性地做工作。有的孩子是冬天不爱起床，这就要对学生进行“不怕吃苦”的教育，和孩子商量好，是要家长帮忙，还是自己上好闹钟，让闹钟提醒自己起床；有的孩子是晚上看电视看得太晚，就要让家长帮助督促一下；有些孩子是动作太慢，磨磨蹭蹭地把时间都浪费掉了，就要进行爱惜时间的教育，并伴之于有效的训练；有的孩子迟到责任在家长，是家长掐着时间送孩子，或者是早饭做晚了，那就要对家长提出要求，给家长讲明孩子迟到造成的不良影响。

◆学生上课玩东西怎么办？

在我年轻的时候，一看到学生上课玩与学习没有关系的东西，总是很生气地批评一顿，如果学生再犯，我就给没收了，更有甚者，当场毁掉。后来我认识到，这样做是不尊重学生的。于是后来我再发现学生上课玩东西，就提醒他收起来，也可以征求他的意见，对管不住自己的学生，可以和他商量，能否把东西暂且放在我这里，放学再拿回家。

从另一个角度来看这个问题，他上课玩的东西肯定是他非常喜欢的东西，或者是非常吸引他的东西，那是孩子的“宝贝”，你没收或毁坏了他的这个东西，他会心疼得什么都干不下去。我们做老师，要处处为孩子着想。

◆学生上课看课外书怎么办？

我校的一位班主任王瑾老师在一节语文课上，发现一名同学正津津有味地读着一本《海底世界》，她一边听着同学们读课文，一边悄悄地走过去，轻轻地把他的课外书塞到位子里，并把他的语文书摆在桌面上。孩子羞红了脸，低下了头，马上打开语文书和大家一起读起来，其他学生依旧读着课文，谁也没有发现这一情况，甚至连同桌也未曾发觉，课堂气氛依然那么和谐，一堂愉快的语文课在愉快的情绪中结束了。

课间，在其他学生休息、活动的时候，这名同学怯生生地来找老师承认错误。王老师亲切地对他说：“爱看课外书是特别好的学习习惯，看课外书能学到许多课堂里学不到的知识。你说对吗?”孩子用疑惑的眼睛看着老师。“书是我们人类的朋友，能丰富我们的知识，增长见识，我们都应和好书交朋友！王老师也特别喜欢看书。”在孩子那一双的闪着泪花的眼睛里，师生之间的距离在缩短。老师接着说：“但你应记住，看课外书应分时间、分场合，课上看课外书影响了你课堂参与的效果。你是个聪明的孩子，课外知识很丰富，本来在课上你能充分展示你的语言表达能力、积极思维能力，结果却失去了这种机会，多可惜呀！另外，老师在前面讲课，你在底下不认真听讲，也是一种不尊重老师的表现，你说对吗?”孩子深深地点了几下头。“如果你能改掉课上不专心听讲的习惯，咱们班就聘请你当图书管理员，你愿意吗?”他抬起头，惊讶地看着老师，又使劲地点了点头，两串泪珠不由自主地滑落下来。

看到这些，老师很高兴，因为学生知道错了。老师这样做，既没有影响正常的教学，也没让他在课上当众受批评而损伤自尊心。

后来，他课上努力听讲，积极思维，踊跃发言，并发挥了课外知识丰富的特长，参与了班上的“环保知识竞赛”的答题活动，取得了很好的效果。后来，他果真被同学们聘请为图书管理员了。

这样处理学生上课看课外书的问题，是不是比把学生的课外书没收了效果好？

◆上课时学生要上厕所怎么办？

一般说来，孩子上课但凡能够不去厕所，他是不好意思跟老师说的，只有他实在憋不住了，才会提出这个要求。所以，我是允许孩子上课上厕所的，而且，学生去后，总不回来，我还想他是不是没有手纸啊？我还会让另一个孩子拿着手纸去厕所看看。这样做，会不会让孩子养成一到上课，大家就纷纷去厕所呢？几十年的实践证明，孩子们没有这样。当然，当孩子从厕所回来后，我要问一下，刚才下课时去没去厕所，如果已经去过了，我就不再说什么，如果没有去过，就提醒他：“以后下课要先去厕所，然后再玩。”对于低年级学生，一下课，老师就要提醒学生先上厕所。

有一次，一位老师刚一上课，一个孩子就说要去厕所大便。老师说：“下课你为什么不去？我就是不让你去！”结果这个孩子就把大便拉到裤子里了，事情不是更麻烦了吗？一般的家长心里不满也不敢跟老师说什么，遇到厉害的家长就会和老师闹起来。其实这是完全可以避免的矛盾，为什么我们不能对孩子宽容一些呢？如果孩子总是这样，也要让他回来以后再批评不迟。

第六章

创造，在每一分钟中

◆怎样对待学生提的不着边儿的问题？

作为教师，应该鼓励孩子提问题，哪怕是不着边儿的问题。托兰斯说：“尊重儿童提出的任何问题，甚至是幼稚、荒诞的问题。”“夸奖儿童‘提出’问题的价值，无论对错，儿童‘提出问题’这一行动本身就值得褒奖，其价值远远大于问题的对错。”李政道先生说过：“学问学问，不是学‘答’，而是学‘问’。”“脑子里面没有问题之日，就是你的知识寿终正寝之时。”

实际上，爱提问题是创造型孩子的一个特点，应该鼓励和赞扬。但是有的老师非常反感学生在课堂上提出本节课教学内容以外的问题，怕耽误教学时间，怕完不成教学任务，这实在是眼光短浅。

我们要为孩子创造一个宽松的课堂氛围，让孩子敢于大胆提出自己的见解。

◆怎样培养学生的创造思维？

鼓励孩子的标新立异、与众不同、突发奇想，保护孩子的好奇心，培养孩子的求异思维、逆向思维、发散思维和概括能力……我们要把孩子一点一滴的创造都视为珍宝。应该看到，创造思维是孩子最富生命力的思想火花，培养学生的创造思维是可持续发展的思想在教育工作中的一种体现。怎样才能有意识地培养学生的创造思维呢？

课堂教学是主渠道。我很注意在教学中培养学生的求异思维。求异思维是一种创造思维。我鼓励与众不同的见解，当然不是胡思乱想和胡说八道。其实，不要怕孩子具有创造性的“胡思乱想”、“胡说八道”和“胡作非为”，也许孩子就是从这“三胡”中发展了自己的创造思维，充分显示了孩子敢想敢干、思维活跃的特点。爱迪生小时候不就是这样一个人吗？可老师不喜欢，是妈妈培养出来的。因为创造型的孩子不驯服、不顺从，这是很多心理学家共同的观点。

有一次，学校领导来听我的课，按进度这一段应该讲完了，坐在副校长旁边的一个学生把手举得高高的，就是不放下，嘴里还说着："我还有呢！"他还有要讲的呢！我叫了他，这课是《珍贵的教科书》，他说："这一段还用了七个叹号，这也是说明指导员的精神的。"他一句一句、一个叹号一个叹号地谈了他对课文的理解，我肯定了他的看法。

1984年，我调到史家胡同小学工作，接了一个班。这班孩子非常活跃，有点难以驾驭的感觉。但这说明这些孩子大多是创造型的孩子，我这是看书得出的结论。我这样说并不是说所有淘气的孩子都是创造型的孩子。创造型孩子是有特点的。这班学生淘是淘，但是爱干正事，比如爱看书，有自己的爱好，不示弱，有本事。上课你按部就班地讲，让他听，别想！他不听你的，他在下面看书，考试照样得90多分，这是典型的创造型孩子！我心里急了：老师的主导作用呢？于是，我必须进行教改，必须让学生作为课堂的主体，我想尽方法充分发挥他们的创造精神。课堂上我引导他们自己来谈对课文的理解。在讲《瀑布》这课书时，一个孩子说："课文里说'这般景象没法比喻'，其实，这篇课文里已经用了两个比喻了，您看，一个是把它比成一道白银，一个是把它比成一座珍珠的屏，他还说没法比喻，说明作者看到的这个瀑布的景象是多么的壮观、多么的雄伟、多么的美丽了！"他一边说，一边比画，逗得同学们哈哈大笑。我也觉得很有趣，表扬他谈得好，很生动。大家觉得语文课非常有意思。如果这时老师说："瞧你那摇头晃脑的样子，规矩点儿！这是课堂！"孩子的积极性马上就下去了，别提创造性了。如果那样，孩子就会变得完全无视你的课堂。因为，学生在心理上如果感到威胁和压抑，就会影响他们的探索精神，这才是最重要的。

我鼓励学生有创见。在讲《参观刘家峡水电站》时，一个孩子在分析课文之后说："课文中的这个爸爸很高明，他带自己的孩子来水电站，不是玩儿来了，是通过参观让自己的孩子增长知识、受到教育。"我说："我非常同意你的看法。"另一个孩子说："课文中也有美中不足的地方。大家看，每段都是先说他们看到了什么，又写他爸爸的讲解，爸爸的话一完，这一段就结束了。这个孩子看到这么美丽的人工湖不想赞叹两句吗？看到泄洪道开闸的壮观景象不感到惊讶吗？为什么课文中不写上几句孩子的感想或者感受呢？”我立即肯定了这个孩子的看法，说：“你的意见很有道理，这是一个很有创造性的看法。”孩子心满意足地坐下了。相反，如果我听了这个孩子的发言后说：“剧本剧本演剧之本，课本课本上课之本，你还妄想修改课本？你狂得没边儿了！”试想是什么后果。细想想，这个孩子的发言本来就是有道理的，说明他对课文的理解比较深刻，并不是不沾边儿的胡思乱想、胡说八道。又一个孩子说：“课文中写的是刘家峡大坝镶嵌在狭窄陡峭的山壁中间，但是书上的插图并没有画出这雄伟的景象。老师，我来画一张插图吧！”第二天，他果真拿来了两张他自己画的插图。后来，这班的一个孩子还在教材中发现一个错字，我大力表扬了他，并告诉大家，虚心向别人学习固然很重要，但一个人一定要有自己的独立见解，任何时候都不迷信权威，在学习他人的基础上，自己一定要有所创造。

有创造才能进步，有个性才有魅力。我总是鼓励孩子有自己的见解，有自己的特色。特别是造句和作文的选材，在高年级最好不要千篇一律。我记得让学生仿照《落花生》一文，写借物喻理或借物喻人的文章。全班40多名学生选40多样东西来写，有写鹰的拼搏精神的，有写松树和梅花的坚强性格的，有写爬山虎不懈攀登的精神的，有写蚯蚓外表难看可实际有用的内容的，有写案板默默无闻、无私奉献精神的……谁都不愿意与别人雷同。1997年1月，正在清华大学上学的一个毕业生给我写的信中还提到这个事。他说：“您培养我们求异思维，就是对我们的创造性的鼓励，这对我们个性的发展是至关重要的。我想到咱们班的一堂公开课，您要求我们写一篇与《落花生》类似的作文，咱们班的选材可以说是五花八门了，从飞禽走兽到厨房用具，应有尽有，可以开百货商店了。那时，咱们班的作文甚至造句，都绝不能容忍和别人的类似，总要想出自己的新花样，不这样做就觉得丢人。这份创造性，这种求异思维，无疑是您留给我们的‘财富’之一。”

我们培养学生的创新精神，要注意的一点就是，必须重视基础知识的学习。北京教育学院梅汝莉教授说：“我们一谈创新思维，就是发散，就是求异，就是想象。实际上，概括能力在创新当中非常重要，概括本身就是一种超越。据调查，相关知识的迁移在科学研究模式构建中占50%，而远缘迁移只占 2%。夸大想象的作用，我觉得是有害于创新思维培养的，这说明教授知识和培养能力密不可分，学科性学习和研究性学习密不可分。”

◆创造型的学生有什么特征？

有强烈的好奇心，特别爱提问题，爱刨根问底，做事情容易入迷，不迷信权威，遇事总有自己的看法，自信，富于幽默感，态度乐观，想像力强，不驯服。

◆创造型的教师有什么特点？

一、自己本身具有创造力；
二、有强烈的求知欲；
三、努力设法形成具有高创造性的班集体；
四、创设宽容、理解、温暖的班级气氛；
五、具有和学生一起共同学习的态度；
六、创设良好的学习环境；
七、注重对创造活动过程的评价以激发儿童的创造渴望；
八、幽默、热情、乐观、自信；
九、乐于接受不同观点；
十、对工作之外的事情也表现出强烈的兴趣并乐于探索。

◆有些学生上课不敢发言怎么办?

有些学生不敢发言，原因很多。首先是怕说错，同学笑话，所以，老师必须营造一种和谐友好、互相鼓励的课堂氛围，解除所有同学的顾虑。还有的同学胆子小，不敢当着大家说话，可以从念课文开始练习，慢慢的胆子就大了。

一个女同学看到很多同学都能在语文课上积极发言，就在课下问我："孙老师，我也想举手，但是，假如我发言6次都说不对，那怎么办?"我十分肯定地说："那也叫积极发言了！再说我不相信你一次也说不对，试试看吧!"上课了，我们在讨论自己如何理解课文中的语言文字时，她犹犹豫豫地举起了手，我马上叫了她，但她没有说对，立刻遭到了同学的反驳，她非常难为情，眼泪在眼圈里打转。我觉得这是孩子在要求进步，但暂时遇到挫折，需要老师帮助的关键时刻，我提醒那个反驳她的同学说："她是说错了，但你对她今天的行动没有想法吗?""当然，她今天敢于发言就是进步，她讲的省略号的用法虽然不对，但也沾边儿，这说明她学习语文就要入门了。"一番话使她平静下来。过了一会儿，她又举手了，我赶紧叫她，她讲对了，全班同学热烈鼓掌。就这样，她敢发言了。学校在总结如何做课堂小主人时，我班推荐她做个人的典型发言，这对她又是一个极大的鼓舞。一步步帮助这个孩子敢于课上发言的过程，就是保护她的自尊心、建立她的自信心的过程。这是比教会她几个字更重要的事情。

有的同学是不想发言，认为不发言也能够把功课学好，我们就得讲清口头表达能力的重要性，而且要说明口头表达能力是训练出来的，鼓励同学们积极发言。

◆学生回答问题之后老师应该有什么表现？

学生回答问题之后，非常注意老师对他的评价。毫无疑问，孩子希望得到老师的积极评价，即得到表扬。但是，老师们在学生回答问题之后，往往说："你说得很好！"好在什么地方呢？一定要进一步说明好在什么地方。比如："你的语言非常准确。""你的看法很有创造性，不是人云亦云。""你的见解真有独到之处！""你说出了最关键的地方，说明你的概括能力相当强。""你的思路很有道理，这是我在备课的时候都没有想到的问题，说明你真动脑子了。"……表扬的内容越具体，学生的努力方向越明确，对孩子的激励作用也就越大。老师不要吝惜对孩子的表扬。

当然，表扬学生时，老师的态度一定要诚恳。方式可以多种多样，可以说一句肯定的话，如果时间很紧，还可以在孩子回答问题之后，冲他微笑着点点头，或竖一下大拇指，表示他说得你很满意。孩子得到老师的鼓励，以后的学习积极性会更高。应避免孩子回答问题之后老师什么表示都没有。一次，已经上了中学的几个毕业生回小学看我。一个男孩子说："孙老师，您知道不知道，我们在小学时，一下您的语文课，总会说，今天孙老师冲我微笑着点了几回头。"孩子觉得这就是表扬，就是老师对自己的认可。到了明天，他还会积极参与到学习过程中来，兴许就是为了得到老师的一句夸奖或者会心的微笑。

◆学生学不会，该怨学生，还是该怨老师自己？

一节课下来，很多学生学不会，就不该怨学生，原因肯定出在老师身上。一种教学方法在一个班效果很好，换个班未必！一个班一个样。

一位数学老师讲完课后，批改学生的练习作业，一看，错！打叉子，大声说："张某，2 分！"再批改一本："李某，2 分！""王某，2 分！""赵某，2分！”……连续七八个2分，连中队委的作业都得2分了。老师气得几乎把学生的作业本扔在地上，孩子吓得大气都不敢出了，老师也气得呼哧呼哧直喘。其实，老师这样做是不明智的。学生不会故意把题做错，谁想得2分啊！全错了位了！原本就是老师没有教会这节课的知识，或者说，教师没有完成这节课的教学任务，这怎么能怨学生呢！这是一个思想方法的问题。如果我们觉得学生没有学会就得怨学生，会对学生发火，不会想办法改变教学方法，不但自己的教学水平难以提高，而且严重地影响了师生关系。

◆课堂气氛沉闷，该怨学生，还是该怨老师自己？

在我刚当教师的时候，如果发现学生上课都无精打采的，我会埋怨学生：“今天怎么啦？我这儿讲得这么卖力气，你们听都懒得听！什么学习态度！”后来，再遇这种情况，我的怨气少了，但是还开玩笑地说：“这课讲着没劲，没人搭理我！”直到我都到了中年，才悟出一个比较客观的道理：课堂气氛沉闷，不该怨学生，责任就在教师。为什么？教师在课堂上必须发挥主导作用。固然，学生是课堂的主体，但是，他的主体作用是在老师充分发挥主导作用的情况下才会显现出来的。学生的学习积极性应该是老师调动起来的，你讲得枯燥无味，学生就是投入不进来；你的教学过程设计得不恰当，学生就是不感兴趣；学生获取其他信息的方式已经是快节奏、高科技的现代化技术了，而你还是在沿用老一套的所谓经验，学生就是不过瘾；学生的心理需求是什么我们不知道，还在一个劲地“生灌”，凭什么学生就得爱听！所以，要解决这个问题，还得从自身想办法，要进行教学改革，要科学地安排教学过程，要通过课堂教学的艺术性和趣味性，要尽可能地恰当地运用现代教育技术。

◆为什么学生不爱上自己的课是自己的耻辱？

作为一个教师，如果做到学生每天都在盼望着能够上你的课，那就是一个教师最大的幸福。但是要做到这一点，非常困难。首先，老师要非常熟悉自己所教授的内容，并且能够设计出符合孩子心理特点的教学过程，运用适合儿童特点的教学方法，再配合现代教育技术的使用，满足学生在课堂上获取知识的需求，使课堂变成学生探讨知识的乐园。还必须有融洽的师生关系与宽松和谐的课堂氛围，学生在探索知识的同时，也能够享受到被人尊重的快乐。

假如学生不愿意或者企图逃避上自己的课，那就是一个教师最大的悲哀和耻辱，也是自己最大的失败。这样说是不是太苛刻了？不是！孩子一整天都在学校上课，设身处地地想一想，枯燥的课堂对于孩子来说多么可怕！如果教师能够这样想，就会不断地追求课堂教学的科学性和艺术性，为孩子们创造一个求知的乐园。设计生动活泼的教学过程需要教师的博学与智慧，也需要教师的创造性与责任心。

◆为什么不要轻易给孩子打坏分数？

教育家苏霍姆林斯基在学生入学的前四年内，没有给学生打过分，他做的一切都是为真正能够把学生的学习积极性调动起来。给学生的作业打分应该是我们调动学生学习积极性的手段，而不是目的。既然是这样，其中的灵活性就很大。我发现学生作业中有错误时先不给分，待学生改完后再给分；有时在作文已经给分的情况下，假如学生又重新写了一篇，还可以把分数改过来。总之，不要把分数作为“治”学生的绳索，要让学生从我们给他的分数中看到进步、看到希望、看到信心，能够享受到成功的喜悦。

我是轻易不给孩子坏分数的。一次小测验过后，一个平时成绩不错的女孩子躲到一边哭去了，我走过去问她怎么了，她说她得了一个4分，我说："妈妈会打吗?"她摇摇头，我说："就是自己心里难过?"她点点头。当时孩子才上一年级。上课了，我问："同学们，你们是不是很怕得坏分啊?"同学们异口同声地说："对!"马上有孩子举手说："上次我得了一个3分，爸爸来接我，路上要给我买雪糕，我都没有要，我觉得我不配吃。"我听了心里一紧。另一个孩子说："有一次我默写得了一个2分，大姨来我们家，我接大姨送我的礼物的时候手直发抖。"我非常出乎意料，这是刚刚入学的孩子，他们是很希望自己是一个好孩子的，这种强烈的愿望使他们非常害怕失败，如果我们无视这一点，总是不为孩子创造成功的机会，让孩子享受到成功的喜悦，任意按照我们自以为"公平"的打分标准，给孩子一个3分、4分甚至2分，日久天长，孩子习以为常，也就不以为意了，孩子的上进心的火花也就熄灭了。从那以后，我给学生打分，特别是给低年级学生打分就相当慎重。

有一次，我让一年级学生默写，写着写着，就看见一个孩子哭了，仔细一看，好几个孩子都在抹眼泪。我走过去看看，原来他们都有写不上来的字词。我分析，如果是极少数的孩子写不上来，那是孩子的问题，这么多孩子都写不上来，那就是我教学上的问题。于是我说："今天的默写改成抄写字词作业。好，先停下笔，我把昨天教的字词再讲一遍，我们看看谁有更好的办法把这些字词记得更牢固一些。"我把学生的学习积极性看得比学习成绩重要得多得多，学生有了学习积极性，以后会主动学习更多的知识，而没有学习积极性的高分是暂时的。所以，就是到了高年级，如果孩子对自己的作文成绩不满意，愿意改写，我就重新批改，重新给分。有时孩子的作业中有错，就先不给分，改后照样给5分。当然，如果一次就写得正确，而且整洁，我还会在5分的后面加上"好""很好""特别好"的批语，天天如此，不厌其烦。于是，孩子就把完成作业当作一种乐趣了。

◆怎样让学生的作业完成得更好？

作业量要适当，不能留得太多，作业太多，孩子不可能完成得很好。一个学校的一位老师，在一个星期日，给学生留了100道数学题，连功课好的学生都有不完成的，其他学生一看，自己没完成也不是多了不得的问题。老师把没有完成作业的同学轰出教室，一站一大排，轰出来就轰出来，学生无所谓了。

老师留的作业最好让学生还没有写够就已经完成了。我教二年级的语文一课书的书面作业是这样的：第一天，在生字本上留六个生词，一个词写三遍，也就是一个词写一行，课后字词一个词写两遍。第二天找出几组与本课有关的同音字、形近字组词，再在小作文本上抄写几句本课重点或语言优美的句子。作业量不会超过半个小时，作业越少，学生完成得越认真。我们在批改时，尽可能用鼓励的办法来提高兴趣，还和小队的评比挂起钩来，谁的作业是5分后面加一个“好”字的，给小队加一面红旗；5分后面加一个“很好”的，加两面红旗；“特别好”的，加三面红旗，学生在写作业时就有动力。

当然，思想教育必须跟上。我告诉孩子们：“你们虽然都是独生子女，但是不能自己娇自己，写作业有点苦，看谁不怕吃苦，能吃苦的孩子长大有作为。”“有毅力的孩子长大有出息。”“坚持就是胜利。”我们在教五年级班时，广播电台的同志采访我班学生，问一个学生：“你们爱写作业吗?”一个孩子自豪地说：“孙老师说，有毅力的孩子长大有出息，我们不怕写作业，我们不认为写作业是一种负担，而把它当做一种乐趣。”

◆学生没完成作业怎么办？

学生如果是偶尔没有完成作业，让他及时补上就可以了；如果是习惯性地不写作业，就要做深入细致的工作。我教一个三年级班时，一个小女孩总是完不成作业。好好说不见效，批评也不起作用。于是，我把自己也变为小孩子，用小孩子“拉钩守信”的常用方法竟然帮助她克服了这一缺点。事后，她把这件事写成了一篇作文，这篇文还获得了北京市作文比赛三等奖。下面是她写的这篇作文：

过去，我学习成绩比较差，一到写作业时，我就想找1号楼的婷婷玩，有时就看小人书。最吸引我的要数我抽屉里的小鸭子、小熊猫和小公鸡了，所以作业总完不成。可是到了三年级，孙蒲远老师当了我们的班主任，她帮助同学的办法可多了。

有一次，我做完值日刚要走，被孙老师叫住了。我走到孙老师面前，她亲切地对我说：“今天留的作业比较多，你能完成吗？”我说：“能。”老师伸出手指说：“那我们拉钩！”我很奇怪，心想：“拉钩是我们小孩子表示守信用的方法，怎么四十多岁的孙老师也用这种方式呢？”真要拉钩，我倒有些犹豫了，因为当时天已经不早了，万一我完不成作业呢？孙老师说：“怎么？没有决心？”我慌忙伸出手指和老师拉了钩。这时，我一下子觉得孙老师好像离我近了许多，就像我的一位大朋友。

回到家里，我赶忙写起作业来。写着写着，又有些不耐烦了，手里的笔停了下来，不由自主地打开抽屉，看见了我那可爱的小鸭子、淘气的小熊猫和小公鸡……它们都好像在向我招手。我刚要拿起它们，忽然想到和孙老师拉钩的情景，我的眼前又仿佛出现了老师那亲切的笑容和期待的目光。老师温暖的手紧紧地拉着我，这不是老师对我的无声的命令吗？我怎么能辜负老师对我的信任和希望呢？于是我就拿起笔，自言自语地说：“要守信用，不能骗人，坚持写完！”终于把作业写完了。

第二天，我一进教室，老师就问：“你的作业写完了吗？”我连忙把作业本从书包里拿出来，交给老师。老师看了后很高兴，亲切地对我说：“昨天我们没白拉钩，你很守信用！”听了老师的表扬，我高兴地笑了。

这天放学的时候，我主动找到孙老师，坚定地伸出我的小手指头，充满信心地说：“孙老师，咱们拉钩，今后，我保证天天完成作业！”孙老师激动地又和我拉了一次钩，目光里充满了信任和喜悦。

就这样，我渐渐地养成了自觉完成作业的习惯。同学们都知道我进步了，他们却不知道我和孙老师拉钩的秘密。

我没想到和这个孩子拉钩的做法能产生这样好的效果，这里有一个很深刻的道理：假如我们能真正了解孩子，虚下心来，蹲下身来，进入他们的世界，就会出现奇迹，就会创造出惊人的师生心灵碰撞的火花。当然，同样一种方法，不见得适合每个学生，有心的教师可以创造很多教育孩子的方法。

◆为什么罚学生重抄 20 遍是愚蠢的行为？

我们曾经遇到过这样的老师，一年级学生默写，每错一个字，就得把有错字的这个词在田格本上一笔一画抄写 20 遍。一个孩子错了 6 个字，就要写 120 个词，有的词是两个字，有的词是三四个字，一年级孩子写字慢，从吃完晚饭就开始写，写到晚上 9 点还没写完。一开始，孩子还在笑着说："写 20 遍加深印象，加深印象！"写到晚上 11 点，孩子累了，困了，还没有写完，就哭了。妈妈说："我替孩子写得了！"爸爸不同意，说要按老师的要求做。他们班上还有一个孩子这天错了 20 个字，孩子写到凌晨 3 点还没有写完，爸爸妈妈坚持让孩子写完，孩子哭，爷爷奶奶心疼，和孩子的爸爸妈妈吵起来了，一家人为孩子被罚写作业的事情闹得彻夜不安。

我的一个朋友的孩子上一年级时，数学作业中把"3 个 2"的算式写成"3×2"了（现在的教材这样写是可以的，从前不行，要写成 2×3），结果老师让孩子把 2×3 重抄 100 遍！这种惩罚多么愚蠢！对于孩子学习知识毫无意义，客观上起了什么作用呢？只能让刚入学的孩子惧怕学习！学习过程中出现错误是难免的，一出错就这样罚，学习在孩子心目中成了非常可怕的东西。本来孩子是非常向往上学的，被这样一罚，孩子得出的结论是"其实上学也没什么意思"，会使孩子在"学习路程"这个马拉松长跑的起跑线上就丧失了信心。我们所做的一切，都应该是让孩子能够体验到成功的喜悦，体验到学习的乐趣。

◆怎样批改学生的日记?

鼓励孩子写日记，养成写日记的好习惯。写日记不仅可以培养学生的观察能力、写作能力，也是学生抒发情感、自我反省、认识自我、认识世界的过程，有利于学生的自我教育。日记要有指导，有批阅，有讲评，有表扬。老师批改学生的日记也是沟通师生感情的机会。

老师还可以通过学生的日记发现一些问题，就要针对这些问题来解决。引导学生正确对待周围的事物。

一个三年级的学生在日记中第一天反映了一个小干部的工作作风不民主，第二天反映一个同学偷看别人的日记，后来他又反映了公共汽车上有人因为争座位吵架的事等，都是些不愉快的事。他文笔很好，我在鼓励他文章生动、看问题尖锐的同时，告诉他，不要把眼光只盯在反面的事物上，要学会寻找并记录下生活中美好的事物。于是，他在以后的日记中写道："天安门花坛里的草绿绿的，茂盛极了，真好看！家门外，绿油油的刺柏还在茁壮成长，其他的树虽然是光秃秃的，但是它们不像'傻瓜'似的呆在那里，听，树好像对我们说话：'我们会长出嫩绿的新芽。'"我在批语中写道："你有丰富的想像力，这是创造的翅膀，要珍惜！"

过几天，他又在日记中写道：

今天早晨，几只小鸟在阳台上叽叽喳喳地歌唱，我望着这几只小鸟笑了。

忽然，我发现几只小鸟尾巴是分叉的，我更高兴了，目不转睛地看着。它们似乎没有发现我，仍在高兴地唱着。多好的小鸟呀！它们的羽毛、尾巴漂亮极了，真是别具一格。

我越看越开心，小鸟好像看见我了！它的歌声更动人、更抒情、更美丽了……

蔚蓝的天空飘着几朵白云，我仿佛看到了其他小鸟在伴奏，一只小鸟在独唱……真美啊，简直像一支抒情乐曲！

我看后，非常高兴他看周围事物的角度的变化，就在批语中写道："字里行间流露出对生活的热爱。能发现生活中美好东西的人是聪明的人，是会生活的人！"他又在日记中写道："孙老师是我一生难忘的老师，我每次看到给我判的日记批语时，心里都有一种说不出来的享受……孙老师给我很高的评价，我写得没那么好，未免过奖了，但这使我有了一种自信，我会一生记住孙老师。"后来，这个孩子在中学，当他发现有的同学看问题比较"灰暗"时，他对他妈妈说："我就不像他们那样灰。您知道是谁影响了我吗？是小学的孙老师。"这是他的妈妈告诉我的。

◆学生写作业磨蹭怎么办？

要找出他磨蹭的原因，对症下药。有的学生是作业中有不会做的题，我们就要帮助他解决学习中的困难；有的学生是怕艰苦，就要进行意志品质的教育；有的学生是没有良好的行为习惯，做什么事情都是拖拖拉拉的，就要和家长商量，共同配合，从各方面培养做事要抓紧的习惯；有的学生是有厌学情绪，就要讲清学习目的，努力培养他的学习兴趣；有的学生是有某种生理疾病（如有的孩子总是头疼或眼睛疼），就要通知家长，及时治疗。无论哪种情况，当我们发现孩子稍微有一些进步的时候，就要及时给予鼓励。

我刚接一个三年级班时，遇到三个孩子写作业极其磨蹭，他们也和别人一样同时拿起笔的，但是半天看不到他们的作业上有字。我当时想：都三年级学生了，为什么是这个样子！我就生硬地说："快抓紧时间写作业！"一看，作业上还是没有字，于是我就批评："又不是一年级学生了，写作业还要老师说吗？"仍不见效，我发火了："都三年级了，为什么不写作业？我都纳闷了！"他们仍旧无动于衷。

后来我才知道，他们不想写作业已经成习惯了，其中的一个就是在考试时也懒得动笔。二年级期末考试时，他妈妈事先在他的课桌上放一根小棍，当着他跟监考老师说："考试时他要是不写，就用这个小棍敲他！"看着小棍，他才把考卷答完了。我想：怎么办呢？反正批评不起作用，用鼓励的方法试一试。又开始写作业了，我非常耐心地说："有几个同学写作业有点慢，今天，你们几个比一比，看谁写得快。我这就下去看了啊!"我慢慢走下讲台，朝第一个同学那里走去，一看，她竟然已经写完了课题，于是我兴奋地说："李某已经把课题写完了，今天她真有进步！我再去看看陈某写多少了。"我故意慢慢走，发现他也在不停地写，待我走到陈某跟前时，看到他已经写完了第一行生字词的汉语拼音，我惊喜地说："陈某已经写完了一行汉语拼音！我再去看看朱某。"他自然也不愿意落后，已经把第一个生字词写完了。就这样，他们开始抓紧时间写作业了。当然，作业批改中的鼓励也要伴之使用，才能使他们巩固住已有的进步。

◆学生的字迹潦草怎么办?

用压分的方法不见效。首先要向学生讲清"字是一个人的门面"的道理，然后就是训练。为让学生把字写漂亮，我采取了不少措施。讲字的基本结构，在低年级时，把一个字的每一笔的起笔收笔位置讲清楚，带领学生一笔一画地在田字格中书写。孩子写得好的，我不厌其烦地每天在他们的本子上画红色曲线，不厌其烦地在5分的后面写上"好""很好""非常好""特别好"等鼓励孩子们的批语。孩子们为了得到这样的评价，每天的作业都写得漂漂亮亮的，凡是作业写得好的还要给该小队加红旗数，日久天长，孩子们练就了一手好字。不仅如此，还养成了做事认真的好习惯。

◆你了解教师拖堂为什么是错误的吗?

学校有一个"童心信箱"，孩子们就往信箱中写要求老师不要拖堂的意见，少先队员代表在学校的少代会上也当着学校领导严肃地提出了"希望老师不要拖堂"的提案。这是孩子们的呼声！

孩子上了40分钟的课，只有10分钟休息。在这10分钟内，他们要上厕所、喝水、活动、要和同学交往……不能再剥夺孩子这几分钟的“自由”了！

我上师范的时候，老师曾告诫我们：“以后你们当了老师，千万不要拖堂，拖堂是一种‘犯罪’行为！”她的话也许有点过，但是我记住了老师的话，几十年来，我没有侵犯孩子的10分钟休息。因为我知道老师拖堂是错误的。

◆教师为什么应该是脚踏实地的实干家，又是富有激情的理想主义者？

教师具体做的工作是细致琐碎繁杂艰苦的，培养的人却是明天的支撑者，干着今天手中的事，要想着明天壮丽的景，不能迷失方向。毫无疑问，一个个教师都是实实在在的实干家，但是又不能够整天埋头在备课、上课、批改作业、处理学生问题之中，这样会疲惫不堪，生活毫无乐趣，这种消极的精神状态是培养不出对未来满怀憧憬的人的。教师必须清醒地意识到自己的角色是创造未来的人。要常常以饱满的热情来感染孩子，就应该是具有激情的理想主义者，为孩子们描绘出美好的未来，激励孩子们为创造美好的未来而努力。

第七章

家校合作的秘密

◆可以用哪些方式与家长沟通?

老师与家长最基本的沟通方式是家长会，通过家长会，让家长了解我们的教育观点，了解班上的情况，了解孩子在集体中的表现。

有些班主任还建立了家长俱乐部、家长沙龙、家长咨询日等，与部分家长进行定期或不定期的沟通。

一般说来，用电话与家长交流情况比较方便，也节省时间。

还可以书面交流，让学生给家长带一封信或者一个条子，或者发 E-mail。

老师进行家访与家长进行交流，最直接、最有效、最富有人情味。

我校老师有的利用语音信箱，有的利用网上留言，有的利用《童心校刊》……都可以达到交流经验、互通情况的目的。

我校每月还召开一次网上家长会。

班主任尽量不在上班时间把家长“请”到学校。

◆为什么开家长会应该以表扬为主?

一般说来，家长会一个学期召开一次或两次。这是向家长汇报、争取家长支持、宣传正确的教育思想的极好机会。家长来学校想了解什么？最想知道的恐怕就是他的孩子在学校的表现，而且他非常想知道好的一方面。可班主任总想在家长会上谈点儿班上的问题，想借助家长的力量解决有些孩子存在的问题。所以弄不好家长会也会变成老师罗列孩子问题的批评会。所以，一般孩子就会想到家长会之后，家里会“暴风雨来临”。我认为家长会上特别忌讳班主任当众点名批评某个学生或某个家长，开家长会要以表扬为主。

我是这样开家长会的。开家长会前，我先让同学们集体讨论，把各方面表现好的同学名单列出来。无论哪一项，都把表现最好的同学的名字写在最前面，能写多少就写多少。包括德智体美劳各方面，如对集体的事情特别热心的，热爱劳动的，上课能积极发言的，作业写得漂亮的，团结同学突出的，喜欢看课外书的，参加少先队活动积极的，美术音乐体育等有特长、在各级组织的比赛中获奖的……这名单一列就是一大片，同学提名我记录。

到开家长会时，我不厌其烦地把我早已准备好的表扬名单逐一念给家长听，这时家长不会厌烦的，他们每个人都会在每一项中竖着耳朵听有没有自己的孩子。这一项内容是家长会必不可少的内容。除此之外，我还把班上的好人好事像讲故事似的讲给家长们，是对孩子的表扬，也是在告诉家长，孩子中的什么行为是优良行为。还有一项内容是感谢各位家长在这一阶段对学校工作的支持，包括对孩子学习的关心，对我们开展活动的协助，为集体提供物质方面的帮助，对孩子教育方面非常用心等。

班上的问题也要谈。问题是抱什么态度谈。对于孩子中出现的问题，我不埋怨，不推卸责任，不反感，抱着商讨的态度共同研究问题形成的原因，共同探讨教育孩子的方法。

◆怎样开家长会？

每接一个班，家长会除了表扬同学们中的好人好事外，我都要谈以下几个方面的观点：

我力求做到一视同仁。无论什么样性格的孩子，无论什么背景、什么家境的孩子。像史家胡同小学这样的名校，毫无疑问，肯定有不少有地位、有钱、有活动能力的家长。我讲明“一视同仁”对每个孩子都是有好处的，将来的社会是一个平等竞争的社会，每个人都要靠自己的能力生存。再说，老师如果做不到公平，就无法教育自己的学生。我也表明我看重的是孩子的表现，而不是他的家庭。我让家长们放心，我会对每个孩子负责。

家庭教育与学校教育相结合，教育效果好。我希望家长能与学校合作，合作的具体做法就是，要重视学校的要求，配合学校的教育，鼓励孩子积极参与学校组织的活动，按学校要求去做。如果对班主任的工作、对学校的工作有意见，可以直接给老师提，但不要当着孩子发牢骚，发泄对学校工作的不满，因为那样将会影响教师在孩子心目中的威信。教师没有威信，教育是非常难以进行的。当然，这威信首先是由教师自己的言行在同学中树立起来的，我们也希望得到家长的配合。

正确的教育方法是鼓励。教育孩子一定以鼓励为主，要杜绝打骂教育，要尊重孩子，要发扬民主，民主型的家庭容易教育出创造型的孩子。打骂孩子伤害的不仅是孩子的皮肉，也伤害了孩子的心灵，不利于孩子的身心健康。

要注重孩子学习兴趣的培养，这是有长远意义的措施。用题海战术、增加作业量的办法提高孩子的学习成绩是不科学的。我不提倡家长在学生已经完成学校作业之后，再继续留家庭作业。要把精力用在提高孩子的学习兴趣上去，这是比孩子现在得一个高分重要得多的问题。

要严格要求孩子，不能娇惯孩子。不能因为家里经济条件富裕，孩子想要什么，家长就给买什么；孩子想干什么，就让他干什么。必须有节制，有引导。提醒家长，真正的父爱、母爱，孩子是懂得回报的。必须培养“为他人着想”的思想方法和习惯，这是心理健康的重要方面，也是一个孩子人格健全的表现。必须锻炼孩子的吃苦精神，不然将一事无成。

总之，家长会是向家长报告孩子们进步的汇报会，是引导家长运用正确的教育方法教育孩子的交流会，是探讨问题解决问题的研讨会。

形式也可以多种多样。可以老师讲，也可以组织家长们交流，还可以让学生汇报，也可以放一些我们班队活动的录像。有的老师提醒孩子们用自己的零花钱给家长买一瓶水，写一封温馨的信，家长来开家长会时看到孩子为自己准备的水和写的信，会非常感动。

有时候我也做一些专题讲座。比如，培养学生创造能力的问题，培养学生健康的心理素质的问题，培养孩子非智力因素的问题，有效地使用正强化的原则的问题，和睦的家庭有利于孩子成长的问题，等等。

◆怎样接待家长来访？

家长主动到学校来和老师联系，目的当然是希望详细了解自己孩子的情况。作为老师，无论多忙，也要热情接待，反映孩子情况时，一定要先说优点，说孩子的可爱之处。对于孩子的问题，要和家长一起研究如何帮助孩子，而不是“告状”，老师最好能够指导家长如何做才能有助于孩子的进步。

还可以跟家长了解孩子在家的表现，特别是好的表现，然后有机会就在班上表扬。

◆进大杂院家访应该注意些什么？

一般家长都认为老师来家访，肯定是孩子出了问题，老师来告状的，邻居也会这样认为，甚至有些家长（孩子的祖父母）会这样夸一个好孩子：“他爸小时候上学六年，老师就从来没来过家里，特别省心。”形成这种状况，和不少老师进行家访的目的有关。所以，我如果是进大杂院家访，一进院就会大声说：“我今天来某某家看看，某某在学校表现挺好的！”邻居们都听得见。我的目的是告诉大家和家长，我不是来告状的。而且态度是乐呵呵的，省得学生家长和邻居一一解释去了。

◆家访的目的是告状吗？

老师家访的目的绝不是给孩子告状。如果真的形成“一家访就是告状”的局面，那么孩子和家长都会害怕老师来家访了。

我家访的目的：一是向家长汇报近期孩子的进步；二是想了解孩子在家的学习环境和生活环境；三是了解一下家长的教育观点和教育方法，和家长交流教育孩子的体会，向家长宣传正确的教育方法；四是征求家长对学校工作、对老师的工作有什么意见和建议；五是了解孩子在家的表现，特别是好的表现。

我这样做之后，学生和家长都非常欢迎老师进行家访，为家校协作打下一个很好的基础。

◆学生犯了错误，该不该把正在上班的家长“请”到学校里来？

我们常常看到，某个学生犯了错误，老师就理直气壮地把正在上班的家长“请”到了学校。这样做是不合适的，人家也在工作岗位上，而且家长在请假来学校时，他（她）的领导和同事都会知道，家长会觉得很没面子。这样家长会把气发泄到孩子身上，极其不利于今后对孩子的教育。

当然，要分情况，如果情况特殊，就必须让家长到学校，比如，孩子病了，特别是孩子出现了伤害事故，那是必须及时通报学校和家长的。

◆怎样向家长反映学生的问题？

无论孩子出现了什么问题，作为老师，都要心平气和地和家长谈，不带情绪，不埋怨，不推卸责任。而且，应该先肯定孩子的优点和进步。

反映孩子的问题，要实事求是，不夸大其词，思想感情要和家长一致，共同商讨解决问题的方法。

一个孩子学习成绩还不错，但是总是和同学发生摩擦，几乎天天有同学告他的状，谁都不愿意和他一个座位。而且无论他成绩多好，同学们就是不同意他当“三好学生”。当这位同学的家长向老师了解自己孩子的情况时，我是这样说的：“他上课时思维是很活跃的，思考问题比较到位，发言很踊跃，对知识掌握得比较灵活。但是我就不明白，他和同学的关系为什么总是处理不好。”我这是在和家长进行商讨。我看家长皱着眉头，就问他：“您觉得孩子的问题出在哪里？”“实话告诉您吧，我们经常跟同学了解他的情况，一听他在学校的表现，我们就揍他，几乎天天揍！”我一下子就知道了孩子在学校情绪反常的根源，又不能直截了当地指责家长，我是这样说的：“听您这么一说，我心里特别难受，您天天打，打好了吗？没有！那就别打！常挨打的孩子肯定心理上有障碍，他会到同学中去发泄。这也许就是他与同学关系不正常的原因。”以后他的家长不打孩子了，孩子也渐渐恢复了正常，毕业时当上了“三好学生”，也进了重点中学。

这样处理，孩子进步，家长高兴。

◆孩子犯了错误，老师有权训斥家长吗？

学生犯错误本是常事，即便有些错误和家庭教育有关，也不能把学生家长叫到学校，批评甚至训斥家长。有一次，一个学生总打同学，老师把学生的爸爸“请”到学校里来，当着一个大办公室的老师把这位家长训斥得嚎啕大哭。这位家长边哭边说：“我实在是没有办法啊！我答应他，如果他一天不打架，我给他钱，这都不行，他还是打人。”试想，这位家长心里该是多么窝火！还可以想象一下，这位家长今天在学校受到老师的训斥，丢了这么大的面子，回家后，会怎样对待他的孩子，肯定会把今天的火都发到孩子身上，说不定给孩子一顿毒打，那么可想而知，孩子的暴躁情绪又会发泄到学校的同学和老师身上……就这样恶性循环，孩子的不良行为怎么可能得到矫正！

我们在尊重学生的同时，也必须尊重家长，只有在互相尊重的基础上，才能有效地教育孩子。

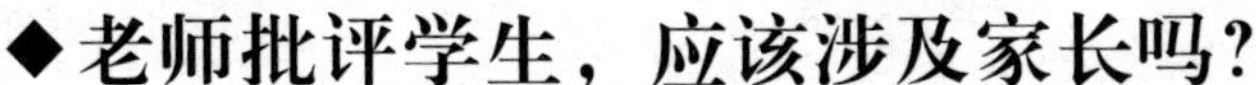

◆老师批评学生，应该涉及家长吗？

有的老师在批评学生时总是不由自主地涉及家长，学生学习吃力，老师会说："你们家怎么养你这么个废物！白痴！"孩子行为出现问题，有的老师会说："你就是缺家教！"有的孩子表现比较自私，老师也会说："你妈这样教育你的？""这就是你们家的规矩吧？反正学校老师没有这样教育过你。"这些话都是对学生本人和他的家长的极大的侮辱和不尊重。老师批评学生时要就事论事，不说别的，尤其不要牵扯家长。批评学生时涉及家长的弊端是：一是解决不了学生的问题；二是让学生产生逆反心理；三是一旦让家长知道老师说的这些话，必然对老师有看法，就难以做到家校协作，不利于教育学生。

◆老师接受家长赠送的礼物有什么弊病？

家长送给老师礼物，目的各有不同。有的家长是觉得老师为自己的孩子付出了很多，孩子进步很大，送点礼物表示感谢；有的家长是希望老师对自己的孩子多关照一些；有的家长是希望通过这种方法让自己的孩子当上干部或者"三好学生"……

我们说，老师对孩子们负责任、关注每个孩子的成长是应该的，没想着让家长回报；至于孩子能不能当上干部和"三好学生"，那是有标准的，队干部是队员们选举的，不够条件，老师硬让当上，学生是有看法的，他的看法又会回家传达给家长，老师的威信就没有了。因为做老师很重要的一条是公正，是对所有的孩子一视同仁。

再说了，家长送完老师礼物，几乎没有不对别人讲的，我就不止一次地听到过有些家长说过类似的话："某某老师特别贪，谁的家长不送礼，他（她）就对谁不好。"这样的老师的师德在学生和家长心目中就不存在了。

◆怎样对待父母离异的孩子?

对父母离异的孩子，我们更要给予无微不至的关爱。他们经历了一般孩子难以承受的精神痛苦和折磨。家庭的破裂在很大程度上造成了孩子精神世界的创伤，这种遭遇对男孩子更是这样。这种家庭出来的孩子，很难相信别人，非常容易形成自卑或与人为敌的心理障碍，很难与同伴相处；有的孩子则变得沉默寡言，把自己的情感世界封闭起来。可父母离异的孩子越来越多，有的班能占到六分之一。

但孩子毕竟是孩子，在他们内心的深处，也同样希望得到老师的爱。

班里有个父母离异的孩子，一下课就追着我说这说那，直到我走进办公室，他才离去。有一天，我看到了他这样一篇作文：

和妈妈一起过假期，对一般同学来说，是很平常的事，但对我来说，却是一件天大的喜事。因为，我的爸爸妈妈在我很小的时候就分开了，而且是无可挽回地分开了，我已经有八年没有见到妈妈了。

过去的假期，我都像奶奶的小尾巴一样跟到东跟到西。今年，妈妈让我到她那里过暑假，听到这个消息，我高兴得就像发了疯一样。妈妈在一个县城里做电影放映员，是一位叔叔把我带到妈妈那里的。我一见到妈妈，就扑过去抱着妈妈的肩膀打提溜。妈妈不断地问这问那。在妈妈那里，妈妈教我骑自行车，教我如何放电影。我和妈妈一起在夕阳的余晖中散步……一个愉快的假期一眨眼就过去了。

我要返回北京了，妈妈一边嘱咐我，一边为我收拾行装。我仔细地端详着妈妈，她的脸上已经出现了细细的皱纹，原来放射着光彩的目光也显得暗淡了。妈妈亲自送我回北京后，我们缓缓地默默无语地走着。我希望这路总也走不完……妈妈把我送回北京，马上就得坐火车返回。火车开来了，我依依不舍地离开了妈妈。火车的汽笛响了，火车启动了，我泪流满面地追着火车，声音嘶哑地喊着："妈妈——妈妈——"可它无情地载着妈妈开走了！月台上只剩下我孤零零的一个人……

我看这篇作文的时候流泪了，办公桌对面的老师看见我这样，问："你怎么啦?"我把孩子的文章给她看，她也流泪了。

因为受社会的影响，学生对父母离异的同学会产生莫名其妙的歧视，这是很不公平的。就像这个孩子，一旦和同学发生矛盾，同学就会说："谁的妈妈丢了?"他就会脸色苍白地站在那里发愣。暴躁的孩子遇到这种情况就会大打出手。我想用这篇作文来感化我们班的学生，让大家懂得同情他们，给这样的同学以温暖。

作文讲评时，我问这个孩子愿意不愿意念自己的作文，他含泪摇了摇头："老师，我会难受得念不下来。""那我让同学代你念?"他同意了。我叫中队长到前边来念。她念着念着，同学们都流下了眼泪，念到最后一段，这个中队长已经泣不成声，对我说："老师，我实在念不下去了！"就把作文本交给了我，跑回了座位。我接着念，当我念到最后一句"月台上只剩下我孤零零的一个人"的时候，我也控制不住自己的感情，泪水夺眶而出。这时，恰好打了下课铃，我急忙走出教室，可我发现孩子们没有一个出来的。我又返回教室，看到这个孩子的四周围满了同学，大家都在安慰他。一个女孩子掏出自己的手绢递给他，让他擦擦眼泪，还说："我向你道歉，对不起！过去，我一不高兴就说：'谁没有妈妈来着?谁的妈妈丢了?'以后我再也不这样说了！请你原谅我！"还有一个孩子说："过去默写字词，你一有错字，我就埋怨你，其实，我们有妈妈帮助复习，可你没有。以后，我们不会再埋怨你，我们会帮助你。"从此，这个孩子不再受任何人的欺负，大家对他非常友好。

老师对孩子的爱要爱在孩子最需要关怀的地方，这对孩子简直就是精神的支柱。

我对父母离异的孩子特别关照，因为他们的精神世界已经经历了磨难。我必须让他们在集体生活中看到更多的光明，感受到更多的温暖。一个女孩子的父母离异，父亲再娶，母亲却没有再嫁。听着她母亲的哭诉，我十分同情。但没想到她处理事情往往与常人不同，竟变得令人难以理解。有一天，因这个女孩子眼保健操没认真做，我们班被学校值周生扣掉1分，同学们批评她，她哭了。她妈妈知道后，不分青红皂白冲我嚷嚷一通，还去校长室告了我一状。当天深夜，我还接了一个男人打来的恐吓电话。第二天课间，这个孩子变得格外蔫儿，坐在自己的座位上发呆。过了一会儿，她站起来，犹豫不决地走到我跟前，小声对我说："孙老师，您还跟我下跳棋吗？"我和平常一样，马上拿出跳棋，说："好的，我们下跳棋。"我不想因为她妈妈的无理使孩子的心灵受到伤害。我清楚这时孩子最担心的是老师从此再也不喜欢她了。我一边下棋一边对她说："以后你有什么委屈跟我说，我会帮你解决的，免得发生这样不愉快的事。"她流着泪点了点头。在后来的日子里，她没有因此受到任何人的歧视，照样被评为"三好学生"，照样被选为小队长。她的妈妈也很感动，在以后的接触中，总是亲热地称呼我"孙妈妈，孙妈妈"。我被她叫得很不好意思，但是为了孩子，随她去吧。当老师就得心胸博大，爱学生是我们的天职，不能有任何附加条件。

我也非常理解这种家庭的孩子情感上的需要。一个父母离异跟着妈妈生活的孩子，是多么希望见到爸爸，能和爸爸多待一会儿啊！所以，每当她的爸爸中午来学校看她，要带她出去吃饭时，哪怕我已经把午饭盛到她的餐盘里去了，也同意她马上跟爸爸一起出去。因为不知多少天才能遇到这样的一次机会啊！

我发现一个平时功课还算不错的孩子连着几天作业都完成得不好，他为什么会这样？他不求进步了吗？一了解，父母打架闹离婚，一打就打到夜里 12 点多，孩子的心全乱了，他还有心思学习吗？老师只能怀着同情的心情关怀他，帮助他，不可再一味指责了。

◆如何使单亲家庭的孩子接纳新的爸爸或妈妈？

随着离婚率的增高，再婚的情况必然增加，这对于孩子来说，是一个必须接受的现实。一个二年级孩子哭着对我说："孙老师，我的爸爸去世了，我很爱我的爸爸，我不想让我的妈妈再给我找一个爸爸。"像这样的孩子的问题，都会装在我的脑子里，一有机会，我就会告诉他们："妈妈也需要幸福，等你长大了，你也会有你自己的家，谁来陪妈妈？再找一个爸爸也不是坏事。妈妈一个人太苦了。你爱妈妈，就要为妈妈着想。”孩子信服老师的话，老师就要帮助这样的孩子解决他们的问题。有的孩子的妈妈已经再婚，孩子就一个劲儿哭：“我不要这个新爸爸！我不要这个新爸爸！我还要自己的爸爸!”有些孩子的继父送孩子来学校，孩子竟然大声大气地告诉老师：“他不是我爸爸!”遇到这种情况，我只好说：“过去的爸爸和妈妈合不来，分开了，可以换一个新爸爸，只要他对你好。你别这样说，你这么说，新爸爸会很难受的。”一般说来，孩子能够听进老师的话。

一个孩子的继父来给孩子开家长会，我主动找到他，对他说：“我非常感谢你能来给孩子开家长会，希望你能大胆教育这个孩子，我会教育他相信你，听从你的教育。感谢你使这个家又完整了，这对孩子来说是一件大好事。”那位家长也很激动，一个劲儿地说谢谢老师。

◆怎样对待生活困难的孩子?

上世纪80年代初，我曾经教过一个家庭生活困难的孩子，他家需要每天糊纸盒维持生活，孩子每天回家都必须和大人一起糊很长时间的纸盒，没有时间做作业。我把他的情况跟同学们说了以后，大家都很同情他，自发提出希望帮助他，尤其是他所在的小队决定，每天放学后，安排几个人去他家帮助他完成他需要糊的纸盒数，让他腾出时间写作业。我支持了同学们的想法和做法，从此他就可以按时完成作业了。

但这是20多年前的事情，当时大家都不富裕，又都是多子女家庭，都住在学校附近，每天下午两节课后就放学了，外边什么辅导班都没有。现在情况不一样了。都是独生子女，家庭普遍都比较富裕，只有个别下岗职工的孩子家庭比较困难，但是困难程度与过去不同，他们只是不富裕而已，老师对这样的孩子关键是精神上的鼓励。首先，老师要教育同学们不要歧视这种家庭的孩子，告诉大家，长大能不能成才不在你的父母现在有没有钱，而在于你现在的学习态度，在于你现在是不是勤奋、上进、好学。对孩子本人，要个别做工作，教育孩子要体谅家长的难处，不和同学比吃、穿、玩，要长志气、长本领。

我有一个学生，爸爸是残疾人，没有工作，妈妈是个没有文化的普通工人，家住一间小平房，只有一张桌子，爸爸要在上面写文章，妈妈要在上面做饭，孩子要在上面写作业。她的衣服都是她家亲戚朋友的孩子穿剩下的。很多同学都是由爸爸开车送来上学的，她是坐着爸爸的残疾车来上学的。但是对于这样的孩子，我处处给她树立信心，在同学中给她树立威信。她的文章写得好，我当众念、我表扬；她学习努力，成绩优秀，我夸奖。我在表扬她的时候，也跟同学们介绍她的学习条件，也谈她的家境，而这些，都会使大家对她更加佩服和敬重。每次为灾区人民捐款捐物，她和她的家人都要捐，哪怕只有十元。我和同学们都很感动。她和同学们一起看了电影《背起爸爸上学》后，写了一篇观后感《我不是个苦孩子》，文中谈了她家庭的困难，但是比起影片中的主人公，她感到自己还是幸运的。我把她的这篇文章登在了我校的《童心校刊》上。她的作文在比赛中屡屡获奖，为此，她被重点中学优先录取。

◆怎样对待有地位的家长的孩子？

我在接班后的第一次家长会上都会表明一个观点：我对所有的孩子都一视同仁。其中有一个意思是包括所有的家庭，我说："我不看孩子的家庭背景，无论您是做什么的、什么职位，因为这样对孩子没有好处，要让孩子在公平中去竞争。"家长们的掌声说明大家是同意我的观点的。

一般说来，我不在同学们中强调谁的家长是干什么的，而且我发现，有身份有地位的家长也不主张孩子炫耀自己的家庭。史家胡同小学是一所名校，孩子必然会来自各个阶层的家庭。我们在评价一个孩子时不考虑他的家庭背景，就看这个孩子的表现，这也是考验一个教师对所有的学生是否公正的标志之一。

有一次，我和一个孩子探讨一个问题，他的爷爷是著名人士。"你懂得'纨绔子弟'这个词吗？"他说："不懂。""就是有钱人家的孩子。我发现一个规律，爷爷这辈特别辉煌的，到了孙子辈就要败落，什么原因呢？是不是家庭条件太好了，这种家庭出来的孩子就不再自己奋斗了？”“可能。”“你会吗？”“我会注意。”“你就把自己当作一个普通家庭的儿子，长大一切要自己从头做起，用自己的本领在社会上生存。”“行。”

一位高级干部的女儿在我班学习，她的爸爸打电话了解孩子的情况，我说：“她没有干部子弟的优越感，心态很平常。”这位爸爸说：“这叫什么优点啊！这是应该的。”我说：“在我们老百姓看来，这就是难得的优点。孩子像一般孩子一样，热心大家的事，积极参加集体的活动，在小剧中即使扮演一个小小的配角也演得认认真真，这就了不起，说明你们的家庭教育相当到位。”我对孩子本人说：“永远不利用家长的权势搞特殊化，要靠自己的实力开创自己的事业。”

◆为什么体罚学生是无知无能的表现？

我在不同的时期对于家长打孩子的情况做过调查。1992 年 12 月，我去人民日报社参加一个座谈会，针对有些父母望子成龙心切、殴打孩子致死的情况发表自己的看法。会前，我在自己的班里做了一个调查。我所教的一年级学生才上学三个月，全班 48 个孩子中有 47 人挨过家长的打，其中有 27 人是被用棍子打的（木棍、铁棍、笤帚把、尺子），18 个孩子是被脱了衣服打，25 人被掐过，20 个人挨过家长的脚踢，15 人被罚过不让吃饭。挨打原因是多种的，有 23 人是学习上的问题；24 人是因为家长让学弹琴、画画、书法、外语，孩子不想学或学不好；18 个人是因为淘气“不听话”。国家虽然颁布了《未成年人保护法》，但是，我们中国人就是认为打孩子是自己家的事。

2003 年，我曾在一个三年级班进行调查，50 人中有 37 人挨过家长的打，看来家庭教育的情况有所进步，但还是存在打骂教育的现象。

作为班主任，我们应该宣传《未成年人保护法》，要让家长们知道，打骂教育是最简单、最落后、最下策、最没水平、最愚蠢的教育方法。因为，打的是孩子的皮肉，伤的是孩子的自尊，摧残的是孩子的心灵。孩子的学习兴趣是培养、鼓励出来的，不是打出来的。打骂孩子说明家长不懂教育、不会教育孩子，所以我说体罚孩子是无知无能的表现。

◆和睦的家庭对孩子的成长起什么作用？

和睦的家庭有利于孩子的健康成长。反之，则会对孩子起着负面的影响。一个孩子上学来坐那儿直流眼泪，我问她怎么了，她说：“我妈妈走了，不要我和爸爸了。”我安慰她：“不会的，她会回来的。”但是她认真地说：“我妈妈真的不要我们了。”功课一直不错的她，这天默写字词出现错字了。我给她的爸爸妈妈通了电话，说明他们的做法对孩子的影响，希望他们不要当着孩子说一些过头的话。

还有一次语文课上，一位同学读完课文，同学们照常给评议一下，他什么地方念得好，什么地方有问题。当同学提出他有字音读错了的时候，他一反常态，嚷道：“他们瞧不起我！”我很奇怪，平时我们都是这样做的，他为什么这样不虚心？下课时，我找他谈，问他为什么会认为这是瞧不起他，他竟然说：“因为我父母不和。”我说：“怎么不和？”“他们说离婚。”“办手续了吗？”“我不懂。”我赶快问了一下情况，才知道是他的父母吵架时随便说的，并没有真的离婚。我跟家长联系，告诉他们不要当着孩子随便说离婚。

我觉得有必要跟家长谈谈这个问题了，一个星期六的下午，我召开了我们班的家长会，我欢迎爸爸妈妈、爷爷奶奶都来，特意讲了和睦的家庭对孩子成长的好处，列举了大量的事实来说明这个问题，使家长尽可能为孩子创造一个温馨的家庭环境。

◆你告诉家长如何指导孩子花钱了吗？

该不该给孩子零花钱，家长们肯定反复考虑过。给，怕孩子养成随便花钱的习惯；不给，别人家的孩子都有零花钱，自己的孩子没有，没面子。我的观点是适当地给，但是要教会孩子花钱、理财。有的家长认为自己拼命赚钱不就是为了孩子吗，有了钱，就可以满足孩子的一切愿望，孩子要多少零花钱就给多少零花钱。学校组织春游，给孩子带好几百元，甚至还带上美元。其实，这样做是不明智的，因为孩子这样大手大脚地花惯了钱，今后无论家长给他存多少钱，他都可以很快花光，花光之后怎么办？还有，这样做，有点“摆阔”的嫌疑。据说，国外的大富翁不会让自己的孩子随便乱花钱，孩子想有零花钱吗？自己卖报去，打小工去。可是我们有的家长动不动就当着孩子说自己多么多么有钱，有个家长甚至公开声称：“你老爸有的是钱，我要用金子给你铺一条人生之路，让你上最好的小学、最好的中学、最好的大学!”实际上，孩子的人生之路，家长用金钱是铺不出来的，培养孩子学会做人，学有所长，让孩子有真才实学，才是给了孩子最最宝贵的生存的财富。

当然，也有家长认为，就得让自己的孩子保持艰苦奋斗的优良传统，一点零花钱也不给。这样似乎也不妥。我不是说，艰苦奋斗的作风不要了，问题是要实事求是，孩子万一遇到什么情况，兜里真没有一块钱，也不行。

我的观点是，适当给孩子一些零花钱，但是要指导孩子如何使用这些钱，并且要教育孩子不能随便就把这些钱花掉了。我了解了一些高年级孩子的情况，一般家庭一个月给孩子10元至30元的零花钱，孩子们都懂得节约，不乱花，有节余。家长们高明的地方是并不把这些节余收回来，都让孩子们自己存着，下月照样给，节余多的有奖，这样孩子就有了存钱的积极性。我了解的几十个孩子中，他们自己存了不少钱，少则几百元，多则几千元，有的家长允许孩子自己保存“压岁钱”，这样孩子就可以有几万元的“私人存款”，孩子们自己在银行开了户头。要相信孩子，他们对自己“存款”的使用是很慎重的，不是自己特别喜爱的东西，他们是不会随便动用自己的“小金库”的，这样不仅教会了孩子花钱，也教会了孩子理财。

给孩子零花钱的方法也是各式各样的。有的是让孩子买一趟东西，奖励一两元；有的是承包一项家务劳动，给几元的承包费用；有的是每天给孩子打的或坐空调车的车钱，但是孩子自己宁愿挤公共汽车，省下的钱归自己……我看这些方法都可行。但是必须进行教育，要使孩子明白，自己作为家庭中的一个成员，有义务为这个家庭服务，有责任孝敬父母，不能给家里每做一件事都得给钱。

在这方面，学校教育也要重视。我做班主任，应该教育学生养成勤俭节约的好习惯。我认为，虽然现在人们的生活水平都提高了，但是，孩子们还没有为社会创造一点财富，因为家里有钱，就可以肆无忌惮地浪费吗？这是万万要不得的！现在要不得，将来也要不得！我首先在家长会上阐明我的观点，先得到家长们的支持，再反复对孩子们讲："我们这一代不应该是只会享受的一代，应该是艰苦奋斗的一代，应该是拼搏创造的一代。我们在学会创造的同时，必须学会节约。"然后就从日常生活的点点滴滴做起。比如，每年的春游和秋游，我都教育孩子不要带很多钱，即便家长给好多钱，也教育孩子们不乱花钱。游玩回来，不管多累，我都要回到教室，让每个孩子汇报带了多少钱，花了多少钱，很多孩子都是一分钱也不花的。事先，我让孩子们一定带足了水，一方面锻炼负重行走，一方面不用花钱买水喝。当然，带的水实在不够，也可以买水。有一次，一个家庭条件相当好的孩子带的水喝完了，他去买水，回来对我说："一瓶矿泉水四块多钱，太贵了！一个软包装才一块多钱，我就买了这个软包装。"回到班里总结时，我除了表扬那些没有花钱的同学之外，也把这个孩子的话说给大家听，表扬他不随便花钱的想法和做法。一次春游回来太晚了，家长都拥在学校门口等孩子，我想马上放学，一个父亲在国外都有公司的孩子大声提醒我："老师，咱们还没汇报花钱的情况呢！"于是，我还是照惯例让大家逐个汇报自己带了多少钱，花了多少钱，轮到这个孩子发言时，他自豪地说："今天我带了 30 元，可一分都没有花。"我让大家给他鼓掌，我感到非常欣慰，孩子们有了节约的意识，养成了节约的习惯，这将受益终生。

◆怎样教育孩子孝敬父母？

什么是完整的母爱？母爱不仅是妈妈疼爱孩子，也应该包括孩子对妈妈的爱。这一点，应该让学生和家长都明确。

有一天，闵乐夫老师带着电视台的同志来到我教的二年级三班，找了十几个学生做节目。闵乐夫老师是主持人，在我们没有任何准备的情况下拍摄开始了，他问孩子们的第一个问题就是："谁知道自己妈妈的生日？"知道者寥寥无几，我立刻就感到这是我工作的一大失误。

可以说，几乎没有父母不给孩子过生日的，但是孩子知道妈妈生日的却很少。我们必须引导孩子知道孝敬父母。

"三八"节到了，我们引导孩子给妈妈写信，我是这样指导的，信要有以下内容：（1）首先祝贺妈妈节日快乐；（2）告诉妈妈："妈妈爱我，我知道。"举例写出妈妈对自己的爱，而且要写出感受；（3）告诉妈妈："妈妈，我爱您。"也是举出具体事例；（4）告诉妈妈，为孝敬妈妈，你打算怎样做，或者说，你知道你怎样做妈妈才高兴，你就怎样做。妈妈看到这样的信都会特别感动。同时，我还给孩子写首诗歌《祝妈妈"三八"节快乐》。内容如下：

今天是"三八"妇女节，
祝您节日快乐，妈妈！
是您，辛辛苦苦地把我养大，
给了我生命，
给了我一个温暖的家，
给了我无数的爱和幸福，
我衷心地感谢您，妈妈！
今后，无论遇到什么困难，
我都不会害怕，
因为我有您，
我最信赖的妈妈！
现在我明白，
妈妈的爱最无私，
妈妈的爱最伟大。
再一次祝您节日快乐，
我最亲最爱的妈妈！

我还教给孩子怎样动员爸爸在“三八”节给妈妈一个惊喜。下面是一位同学写的给妈妈过“三八”节的文章：

今天是姥姥、奶奶、妈妈、老师和阿姨们的节日，“三八”国际妇女节。

一大早，爸爸就忙着去采购，还表示要亲自下厨给妈妈做一顿大餐。爸爸走后，我把妈妈拉到我的房间，请妈妈坐下，拿出孙老师给我们的诗歌，带着我自己的真情实感朗诵起来。朗诵到一半，我自己的声音就哽咽起来，我强忍着泪水朗诵完了，抬起头望着妈妈，妈妈已是满脸泪水。我和妈妈情不自禁地拥抱在一起，任凭泪水肆意地流淌。此时没有语言，但我明白妈妈的心情，妈妈也理解我。在这一刻，我不再责怪妈妈的严厉，就像诗上所说：“妈妈给了我无数的爱和幸福，给了我一个温暖的家。”就这样，我靠在妈妈的肩膀上，让一切不愉快和以前对妈妈的不满，都随泪水流走。这时，妈妈拍拍我的肩：“快点儿起来，一会儿爸爸回来，还以为咱们怎么了呢？”我看着妈妈，不好意思地笑了。

这时爸爸回来了，妈妈和爸爸钻进厨房，热火朝天地干起来了。我把自己关进房间，考虑给妈妈送个什么礼物？我苦思苦想，终于决定要给妈妈做一张染纸。等开饭的时候，爸爸举起杯：“来！祝我们家的‘妇女’节日快乐！干杯！”我赶紧把我做的染纸双手递给了妈妈，妈妈双手捧着我做的染纸，脸上的笑容就像染纸上绽放的花朵，好看极了。我看着妈妈，举起杯，“我祝妈妈节日快乐！”妈妈也举起杯，看着我，眼睛里又闪烁着点点泪花，但脸上却绽放着灿烂的笑容。

我在心里祝福妈妈永远健康、快乐！

◆你给家长们讲过怎么打扮自己的孩子吗？

开家长会时，有时我也会讲一讲怎样打扮孩子。

从一个孩子的穿着打扮，差不多就能够知道这个孩子生活在一个什么样的家庭中，从孩子的穿着打扮中能够看出他的家长的文化层次、审美观

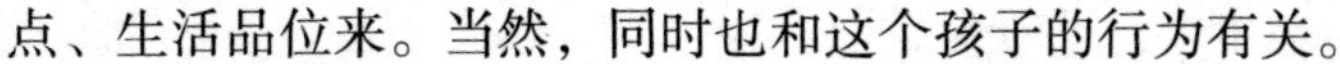

点、生活品位来。当然，同时也和这个孩子的行为有关。

如何给自己的孩子选择衣服呢？我想可以从以下几方面考虑：

一、舒适

孩子正在长身体，不要让衣服束缚了孩子的生长，所以穿比较休闲的服装好一些。要想做到舒适，一方面在款式上不要太呆板，另外在选择衣服的质地上，以棉的针织品和布料为主，冬天再加上毛纺织品。合体也是孩子感到舒适的原因之一，衣服小了，箍在身上不舒服；衣服太大，孩子行动起来不方便也不舒服。

二、美观

衣服想要美观，就要在款式和色彩上注意有所选择。衣服的款式简洁为好，特别是夏季的服装，孩子穿上凉快就好，所以要简单。一般说来，孩子的裙子或连衣裙不要长过膝盖。有的孩子穿的衣服不见得很贵，却给人眼前一亮的感觉，让人不由得多看他（她）两眼，什么原因？很可能是因为色彩鲜亮。女孩子的连衣裙只要合体和简洁，都会是好看的。假如颜色是单色的，可以在领边或裙边上方加一两个非常精致的小装饰品，有时也能够起到意想不到的点缀作用。衣服色彩的搭配也很重要，如果上衣是非常鲜艳和很花的颜色，那么裤子或裙子就最好是白色或其他的单一颜色；如果上衣是浅黄色，就可以配浅蓝色的短裤或裙子，这叫对比美，也可以配褐色的短裤或裙子，这叫调和美。

三、时尚

服装也必须随着时代的发展而变化，不是为追求时髦，而是与世界接轨、与时代合拍。所以也应该了解世界服装发展的潮流，借鉴外国儿童服装的优点和特点，在为自己的孩子选择服装时加以考虑。千万不要给孩子打扮得像成人一样，有的家长给孩子化妆，抹口红，再戴上项链和耳环，这样不但失去了孩子的天真和自然的美，也表明了家长审美观念的低俗。这绝对不是时尚。

四、廉价

孩子正在长身体，一般说来，合体的衣服只能穿一年，所以最好选择价廉的衣服为好。还有一个重要的原因，就是不给孩子灌输“追求名牌”的思想。即便家里非常富裕，给孩子养成高消费的习惯也是不明智的。当然，如果孩子要参加一些重要的活动，为孩子选择一身高档的服装也是必要的。

有时同样的一身衣服，穿在不同孩子的身上却出现了不同的效果，这是什么原因呢？一方面可能是身材有差异，更重要的原因是孩子的气质和行为不同所致。假如一个孩子举止文雅、说话有礼貌、行为文明，同样的衣服穿在他（她）身上，就显得很高雅、帅气。

一个小女孩，在冬天穿了一身深灰色的毛线衣裙，黑色毛线袜子，灰色皮靴，浑身上下几乎没有什么色彩，看起来却非同一般的美。我就琢磨为什么她会让人产生这样的感觉，当然，她本来长得就很美，而且神态是那样的祥和，常常面带微笑。当接过老师递给她的作业本时，她每次都会甜甜地说一声“谢谢”，和同学一起玩时，懂得谦让，所以和大家相处得也很好。看来一个孩子的美也和这个孩子的行为有关。另外，当很多孩子都穿得花花绿绿的时候，她却以“素”从“花”中出落出来，这叫物以稀为贵，这也是原因之一。反之，当别的孩子都穿得灰黑一片时，如果一个孩子穿一件带色彩的衣服，也会产生相同的效果。

无论给孩子穿什么衣服，一定要整洁。干净代表一定的文明程度。服装是一种文化。随着社会的发展，相信我们的家长们会把我们的孩子们打扮得更加美丽、活泼和大方。

第八章

做研究型教师

◆班主任为什么必须学习教育理论?

在小学教师队伍中，兢兢业业、勤勤恳恳在工作的是绝大多数。为什么教育效果差异很大?原因是多方面的，我认为最主要的原因是教育观念以及在观念指导下的工作方法不同造成的。

我们为什么要学习教育理论呢?专家们的理论是他们研究和实践的结晶，是前人教育科学研究的成果，是我们进一步探讨教育规律的基础，是值得我们借鉴的宝贵财富。比如教育家苏霍姆林斯基的《给教师的100条建议》。它能使我们的模糊认识一下子清晰起来，使我们点滴的经验逐渐系统起来，能引发我们对原来不注意的问题的思考，能把我们已经认识到但说不明白的道理一针见血地阐述清楚。比如如何看待有不同个性的孩子，如何对待内向的孩子，师生之间到底是一种什么样的关系，如何调动学生的学习积极性，孩子优良品德形成的心理过程，等等。

从1997年开始，我和我校的部分教师参加了国家“九五”研究课题“学习与心理健康促进工程”的学习与研究。这是在北京师范大学副校长董奇教授指导下进行的，有定期的专家讲座，有学习的书目，有定期的作业，有论文撰写。本课题在2000年结题，我获得了“教育实践奖”。在课题组结题的大会上，我作为组员在大会上汇报了我学习的情况。1999年我参加了北京师范大学举办的“心理学研究生课程班”的学习，2002年7月结业，我被评为“优秀学员”，获得优秀论文奖。在北京师范大学心理课题组和研究生课程班的学习使我在教育教学活动中改变了视角，能够从学生的角度和立场来看问题、处理问题。这是一个观念的转变，随之也发生了方法上的改变。这是我参加课题组学习的最大收获。

◆没有时间学习教育理论怎么办?

我知道，班主任搞教科研难度很大，尤其是小学班主任，工作时间长，还有时间和精力看书和进行教育科学研究吗?我认为，有!那就是看你想不想，如果想，就要学会见缝插针。作为教师，我要明确我是在干什么，怎样干才能提高效率。教科研使我越来越清楚，我们的工作一旦接近科学、符合规律，立刻就会产生意想不到的结果。实际上是，假如方法正确，用同样的时间完全可以干出不同的效果，甚至用更少的时间做出更多的工作。方法正确，就总是在进行积极的“引”的工作，学生在你的引导和启发下越来越进步，老师的情绪也越来越好，工作越做越有兴趣，形成良性循环。

学教育理论、看书时，我会边看边记，记的是我看书时产生的灵感，是从书中的观点演变过来的。比如，我看教育家苏霍姆林斯基的《给教师的100条建议》时，边看边记了以下内容，这些内容是不连贯的，但对我的影响很大:

要让每个孩子心目中都有一个大写的“我”字，这个“我”要靠老师对他的尊重来完成。

惩罚是教育失败的根源。因为惩罚会使学生拒绝合作。惩罚是老师的心理需要，不是学生的心理需要。对学生进行羞辱、讽刺、挖苦，把他们说得一无是处，都是惩罚，而且是违反原则的惩罚。

学生的心灵是非常娇嫩的，我们要小心翼翼地保护他们不受伤害。

苏霍姆林斯基在孩子入学的前四年，都不给孩子打分，他不想用分数来缚孩子。我知道了，老师给学生打分不是目的，而是手段。我要用这个手段来调动学生的学习积极性。

我们应当成为学生的引导者和指导者，而不能让他们把我们看成威胁和处罚他们的人。如果不是这样，师生之间必然有一条鸿沟，课堂将成为师生力量相互角逐的场所，而不是一个教与学的艺术乐园。

我们要让学生有一种强烈的希望，希望自己是一个发现者、研究者、探索者，是一个了不起的人，这是一种宝贵的生命火花。我们要让他们看到攀登理想的脚印，给他们指明道路，让他们看到成绩，为他们创造享受成功时欢乐的机会。

要想把我们的所爱所恨以及知识的火花从我们的心里移植到学生的心里是件困难的事，需要极大的热情，需要坚忍不拔的精神。

我们要把学习吃力的学生从忧虑的、冷淡的、无动于衷和漠不关心的心境中解脱出来，让他们体验到成功的喜悦。

学生对事物的冷漠态度是非常可怕的，热情是学生的一种非常可贵的情绪。

一上课，老师首先想到的应该是如何把孩子们的注意力吸引到教学活动中来，而不是首先想到整顿纪律。

学生犯了错误，老师发火的动机是什么？是为了个人面子还是培养人才？这是老师发火之前首先应该想到的问题。

学生在心理上感到威胁和压抑，将会影响他们的探索精神和创造精神。

问题比较多的孩子需要我们更多的容忍、耐心和关怀。

写下这些，不需要多少时间，但对转变自己的教育观念却十分有用。

再者，可以听讲座联系实际。我和老师们参加了北京师范大学的心理学课题组，每次我都认真记笔记，边听边记边联系自己的工作实际。

◆当工作中产生严重的困惑时怎么办？

当工作中产生严重的困惑时，如果能够认真思考，努力学习，勇于探索，那就是你的教育思想将要产生飞跃的前兆。但是，如果你怨天尤人，束手无策，抱怨学生一代不如一代，埋怨家长素质不高……，也是你的教师生涯即将结束的预兆。强者要选择前者。1984 年，我调入史家胡同小学，接了一个三年级班，我发现了很多奇怪的现象：有几个孩子不听老师讲课，考试却能得 90 多分；平时上课他不遵守纪律，老师讲飞碟时全班鸦雀无声；老师讲课他不理睬，要提起课外知识，他们争先恐后地抢着说，甚至对老师讲的内容敢于发表不同意见；有的孩子把家长给的加餐费买了课外书，有的人偷钱买课外书，有几个孩子干脆合伙儿去新华书店偷书……班上稀奇古怪的事情层出不穷，真令人难以招架。

我苦恼，晚上睡不着觉！我看书，书里没有答案，就像马卡连柯教育那些流浪儿时从书里找不到答案一样。当时，我急得胸口直疼，怎么办？还回我原来的学校去？不可能！得找出路！我意识到，我们这一代教师，在这个中国大变革的时代，也要担负起写“中国教育史”的使命了！

于是，我开始认真地思考，问题出在哪里？我想来想去，固然有诸多方面的原因，但是最重要的原因恐怕是教师自身的观念跟不上时代所致。绝对不能归罪于学生是独生子女，不能归罪于改革开放带来的负面影响，不能归罪于家庭教育不当。尽管这些都是造成现在学生难教的原因。

怎么办？学习！我看到美国心理学专家林格伦的《课堂教学心理学》中写道，创造型的孩子一般都不驯服、不顺从。噢！原来我的这班学生是“创造型人才”啊！难得遇上啊！这样，思想感情就变了，变“反感”为“欣赏”，这就看到了光明；变“学生适合我的教育”为“创造适合学生的教育”，这就与时代合上了拍！

再看这些孩子，眼前就出现了希望。他们爱看课外书，这不是求知欲强吗？是好事啊！观念一变，思路与措施跟着就变。我鼓励大家看课外书，在少先队活动课上组织“海阔天空漫谈”，让学生把自己看的课外知识讲给大家听。这时，学生的积极性非同一般，一个接一个地讲。不仅如此，我还发一个小作文本让大家创作，作品也念给大家听，孩子们兴奋不已。他们写的故事好几篇都被登在报纸上了。

孩子们对陈旧的“老师问学生答”的教学模式不感兴趣，不听我讲课，人家在下面看自己更感兴趣的课外书，一考试，分还不低。我当时怎么想？我对自己说：“孙蒲远，看来，你的学生能成才，没有你丝毫的功劳！因为，你在这个课堂上根本没有发挥教师的主导作用！”这种现象对我的刺激很大，也深深地刺伤了我作为教师的自尊心！

怎么办？只能改革课堂教学模式！变学生为课堂的主人，充分发挥学生的主体作用，创造适合孩子的教育。我抓住课文的重点，提出关键性的问题，让大家发表自己的意见，他们无论是从字词句方面讲自己的理解，还是从篇章结构写作方法上谈自己的体会，我一一给予充分的肯定。这一下，课堂活跃了，大家的注意力和积极性都回到课堂上来了，原来最淘气的孩子变成了最活跃的积极分子。即使有上级领导来听课，他们也敢滔滔不绝地发表自己的意见。当同学没有什么可讲的内容的时候，我再把新的知识和我的理解讲给大家听，这时，他们就会有恍然大悟的感觉，才认识到老师确实比自己高上一筹。只有这时，我才真正确立了自己的“主导地位”。

孩子们敢于给我提意见，有时甚至敢于和我进行争论，分明是思维活跃的表现，是现代人敢说敢干的创造精神的体现。出现这样的情形，是后人超越前人的可喜现象，我们为什么不接纳？为什么要反感呢？说明我们的头脑中缺乏民主意识，还没有把学生当做一个独立的“人”来看待和对待。看来，需要改变的是自己，是自己不合时代的观念。于是，我开始鼓励敢于提意见的学生，引导他们提意见的目的是搞清问题，学到真知。我还看到，独生子女的家庭教育也有它得天独厚的地方。每家只有一个孩子，家庭经济条件就要比过去的多子女优越一些，家长肯于为这一个孩子进行智力投资。他们可以给孩子买书、买玩具、买电脑、上网、带孩子去旅游……孩子们获取信息的渠道多了，所以他们见多识广、思维活跃。因为孩子是独生子女，孩子在家庭的地位相对比多子女在家里的地位高一些，也就是他们得到的民主多一些，于是，形成了独生子女敢说敢做的特点，这对他们创造性的发挥起到了积极的作用。

从以上的分析不难看出，这些孩子身上具有鲜明的时代特点，能这样看他们，就看到了教育的希望和前途。于是我组织了大量的丰富多彩的活动，结果，这个班在三年级时的少先队活动就获得了全国“创造杯”最佳活动奖。教完这个班，再接什么样的班我都不怵了，他们的表现太超前了，等于让我提前领略了时代前沿的学生。

◆为什么要写教育案例?

什么是教育案例？就是你改变一个孩子的过程，也可以是你处理一个事件的经过，还可以是你进行班级管理的某一项措施的实施过程，或是你开展某一个活动的前后情况……

老师一天就要处理很多事情，要选择典型事例来写。

我周围的很多优秀的班主任老师，他们在教育教学实践中，积累了非常丰富的经验。有的老师不管接一个什么样的班都会管理得井井有条，不管什么样的学生，到他的班里都会变得规矩起来。但是，有相当一部分班主任由于工作太忙或者其他原因，他们很少把这些经验总结出来供大家学习。现在和我同龄的老师都已经退休，他们的经验也就随着人的退休而带走了，很可惜！

写教育案例是记录、总结、提炼自己教育教学行为的过程。写案例有以下几个好处：

一、记录了自己的教育足迹。把自己的工作记录下来，是一份精神财富。

二、促使自己进行反思。自己的教育实践，写出来看一看，进行一下分析和思考，反思一下自己的行为是否符合教师行为，有利于改进工作，有利于教育思想的提高。

三、能够规范自己的教师行为。因为要把自己的工作写进案例，所以在对学生进行教育时会相对比较冷静，不符合教育原则的言行自己也知道是不能写进文章的，这样无形中规范了自己的教师行为，提高了教师的教育素养。

四、促使教师学习教育理论。因为案例中需要用教育理论作为依据，所以能够促使教师为自己的某一做法寻找理论依据而产生学习理论的愿望和做法。

五、能够注意收集自己的教育效果。老师们往往是一个问题处理完了就完了，一个学生经过教育变好了以后，又去忙别的工作去了，不会把心思放在研究解决完了的问题上。而通过写案例，就会总结是什么原因使这个孩子转变了，由此提炼出来的经验是什么，特别是还会注意到从什么地方看出这个孩子已经转变了。

◆怎样写教育案例？

以改变一个孩子的不良行为为例。

一、个案描述。首先详细描述他原来的表现，也就是你是在一个什么样的基础上进行工作的。“他特别淘气，不守纪律，不爱学习……”这种语言不叫“描述”，不具体。比如说一个学生学习成绩很差：期末考试各科都不及格，作业则隔几页写一个拼音字母，不是横着写，就是倒着写。

二、形成原因。很复杂，要了解他的各方面情况，家庭教育、同伴关系、同学对他的态度，孩子的心理健康状况，等等。

三、矫正措施。就是你具体怎么做的。“我不歧视他，关心他，帮助他”不是措施，看不到你到底做了什么，这些都是你措施中的概括句。你怎么不歧视他、你怎么关心他，举实际例子，这例子里是具体事情的描述。比如你和孩子的对话，孩子的细微变化，或感动，或犹豫，或不满，或伤心……能说明你工作做得细致深入，这部分内容是案例的主要内容。

四、效果。不能这样写：“后来他就进步了”，或者“收到了很好的效果”。要说明什么事情他进步了。比如说一个学生学习进步了，我就要写出他从一年级得十几分到四年级期末考试语文得了94分，而且是学校出题、老师换场监考、流水批卷。以前他爸爸每天请假，四点钟到校问老师作业，他还完不成作业。后来一个字词我让写两遍，他非写四遍。他原来经常随便打同学，现在同学跳绳摔倒的时候他能主动去扶、帮助掸土……用这些来说明他的进步。

效果要搜集。可以是这个孩子的行为改变，可以是他令人感动的话，可以是别的老师或同学对他的评价，可以是家长对他的评价。比如一个孩子的家长后来见到我，冲我鞠了三个躬，说：“孙老师，谢谢您，您挽救了我的孩子，我们家亲戚都说孩子变了，怎么感谢您呢？给您送一张大红喜报，您肯定不同意；买点东西送给您？听说知识分子不兴这一套！送您一本字典吧，备课用得着。”

有时为了搜集效果，我可能开座谈会，可能在班上进行讨论，可能找有关的孩子个别谈话，记下典型的发言。

五、启示和思考。从这个案例中，你得到什么启示，思考了什么问题。你从教育这个孩子中发现了什么规律性的东西，或者对自己的工作产生了什么反思，都可以写。

案例中应该有你为什么这样做的理论依据，我认为放在什么地方可以自己安排，不用很多，几句就行，也就是你的教育观点。

◆班主任为什么要有多方面的爱好？

班主任应有多方面的爱好、多方面的能力，这些在工作中全都有用武之地。我学习唱歌、弹琴、做曲子，就可以指导孩子们演唱“红五月歌咏比赛”的参赛歌曲，给孩子们写班歌，可以根据班队会的需要写适合孩子们演唱的歌曲。我学习写诗歌，每逢“六一”儿童节、教师节、新年联欢会、“三八”妇女节、国庆节等重大的活动，我都给孩子们写少先队员大会献词。我和我的学生多次承担市、区庆祝教师节的少先队员献词的任务。我从上世纪70年代就开始学习摄影，我的照相机总放在学校里，随时随地把孩子们的生活、学习，特别是活动照下来，给孩子们留下一个个美好的童年瞬间。我从小喜欢画画，指导孩子们画板报、出小报得心应手。我曾给一个班的学生画过新年贺卡，全班42个人，我画了42张新年贺卡，贺卡外边是画，里边是文字。我画的是什么呢？就是每个孩子自己，都是他们最闪光的瞬间的镜头。比如，有的孩子正在主持学校的大队会，有的学生正在指挥学校的鼓乐队，有的学生正在表演舞蹈，有的学生正在踢足球射门，有的学生正在推着车劳动……所以，当孩子们接过我赠给他们的贺卡时，格外惊喜与激动。我学着写儿童短剧、小相声、小快板、三句半、山东快书、拍手歌等，丰富了孩子们的生活和班队活动的内容，同时也提高了教育的趣味性和艺术性。我喜欢下棋，课间与孩子们在切磋棋艺的过程中增进了师生之间的感情……一个孩子在毕业留言中写道：“我难忘您那一幅幅栩栩如生的画，难忘您那婉转动听的歌声，难忘您那优雅的舞姿，更难忘您和我们共同生活和睦相处的这四年。四年来，您给了我们

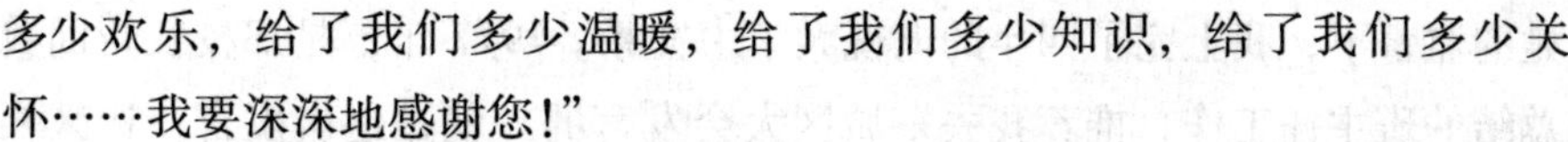

多少欢乐，给了我们多少温暖，给了我们多少知识，给了我们多少关怀……我要深深地感谢您！”

◆班主任的言谈举止、衣着打扮应该注意些什么？

就言谈举止风度仪表来说，我觉得班主任也应和一般人有所不同。班主任潇洒而又文质彬彬的风度会给他的学生以美的熏陶和享受，班主任高雅的气质对本班学生气质的形成会起着潜移默化的作用。我觉得作为班主任，衣着打扮要美观大方，甚至可以讲究，但不要追时髦，更不可邋遢和俗气；班主任对学生的态度要亲切和蔼，但不可婆婆妈妈；班主任有时需要一些严肃和矜持，但不可傲慢与盛气凌人；班主任在孩子们面前讲话要风趣幽默，却不可失于庸俗与油滑；班主任最好是多才多艺、能歌善舞，但绝对不要轻浮。这不是苛求，这是工作的需要。

◆我是怎样成长起来的？

我不是一个完美的人，太喜欢按自己的意愿做事，不太会适应社会，但是，我的工作历程是顺利的，这要感谢我遇到的各级领导。没有他们的培养，就没有我今天的成绩。刚工作时，教了个出了名的乱班，我退缩了，我对当时灯市口小学的姜秀清校长说：“我不当老师了，我就是去当农民，我也不当老师了！我不适合当老师。”姜校长说：“你是个优秀教师的苗子，你能当好老师！我给你换一个二年级班。”我接了一个二年级班，果然不乱了。我调到王府井小学后，有一个阶段，郑宝鋆校长和我一起备课，天天随堂听课，听后随即评课，并察看学生作业，了解教学效果，使我在教学上进步很快。平时她和我聊天，听我津津有味地谈我们班学生的事情，及时地给予我鼓励和指导。她的教育艺术对我影响很大。1961 年，我刚毕业，她让我上电视大学，当时我玩心大，没有主动学习的愿望，在她的监督下，我上完了四年的电视大学中文系。1977 年，是郑校长帮助我总结的班主任工作，推荐我去东城区大会发言的。就是这次发言，让区领导了解了我。

文化大革命刚刚结束，我在王府井小学工作的时候，东城区教研室的梁慧颜老师和王新老师每星期都到我的班听课两三次，每次听完课都会提出一些建设性的意见或建议，不仅有教学方面的指导，也包括教育方面的指点，对我的帮助都很大，使我提高很快。

调到史家胡同小学后，梁文校长对我既关心又严格。和我一起讨论班队会的内容、形式，甚至题目，和我一起研究我的论文内容，给我找与写论文有关的资料。有一次，该交论文了，我没写出来，她说："我等你写完交给我，我再交上去。"于是我只好赶快写。后来我的论文获奖了。

东城区是我成长的摇篮。1970 年，东城区送我去北京市教育局教材组编写数学教材。1979 年，东城区上报我去参评"全国优秀少先队辅导员"，评上后，几乎每一两年就要在全区范围内做一次发言。1986 年"六一"前夕，东城区教育局小教科科长刘幼琴老师让我参加光明日报社的座谈会，我的文章才有机会上《光明日报》。小教科的历届科长对我都十分关心，葛执华科长曾借给我前苏联的《女教师的笔记》，刘仁同科长给我创造了很多发展的机会……就在我即将退休的前两年，东城区教育局评我为"东城区十佳模范教师""十佳优秀班主任"，将我上报为"北京市紫禁杯优秀班主任"特等奖等，为评北京市特级教师奠定了基础。

◆怎样对待荣誉？

荣誉是我们辛勤耕耘的结果，是老师们和各级领导对自己的认可，但也可能是负担。有时候还可以说"荣誉就是灾难"，所以，荣誉不是我的追求。当我戴着大红花坐在领奖台上的时候，心情绝对不能用"激动、兴奋、快乐"等词来形容，压力很大。当老师们问起："昨晚电视里戴着大红花上台领奖的是你吗？"我总是无动于衷地说："不是，是你看花了眼了。"因为我知道自己不是样样做得都比别人好，因为我知道我只是某一

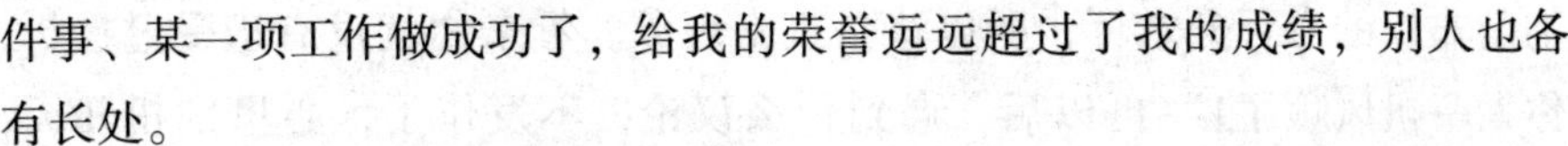

件事、某一项工作做成功了，给我的荣誉远远超过了我的成绩，别人也各有长处。

也正是如此，你的身边总会有个别人“不服气”。一次，当东城区教育局又要往市里给我申报一个荣誉称号的时候，一位班主任就对我直言道：“你是上帝的宠儿！我们一样做工作，但是荣誉却是你的，我就不服气！其实，要我看，你也比我们强不了多少！我这样说，你是不是听了很不舒服？”我平静地说：“没有不舒服，你说的有一定的道理，可以说，班主任都和我一样辛苦，荣誉却给了我，这是有点不公平。我没有不舒服的原因还有，我心里非常清楚：即使别人把我捧上天，我也知道我的工作还存在问题；即使别人把我踩在地下，我也知道我的工作有成绩。”话是这么说，其实我听了这样的话当然心里很别扭，就要求领导把我的名字撤下来，我希望在平静的生活中安心工作。但是领导说：“报不报你，不由你定；撤不撤你，也不由你定，也不由我定。”

最让我难以承受的是1979年我被评为全国优秀少先队辅导员，同时发了100元奖金。在大家当时还只有四五十元工资的情况下，这100元在人心目中的价值比现在的5000元似乎还多。尽管我拿出10元给每个办公室买了一大包糖（当时的物价便宜），还是明显地感受到有些人的冷淡和疏远。有人竟然对外校的老师说：“孙蒲远讲的活动指不定搞没搞呢！”言外之意是我在胡吹。我觉得这是对我人格的侮辱，于是，我不干了，我发作了！在一个有几十人的大办公室里，我发脾气了：“也不知道是谁，居然说我的活动没有搞！我能欺骗组织、欺骗群众吗？我好好工作本不是为了得一个什么称号，告诉你！我是党员，我是先进，但是，给我气受，我绝对不干！诬蔑我，我绝对不干！豁出去我什么都不是！谁再这样说我，我跟谁没完！”

这年的春节，教育局的小教科科长刘仁同和人事科科长等四位同志到我家拜年，同时教育我：“孙老师，可别再这样发脾气了。其实，对一个人来说，多大范围的人认识你，就会有多大范围的人在议论你，正常！”和我一起被评为全国优秀少先队辅导员的另一个同志说：“怎么学生毕业考试成绩不理想也归罪于我呢？我一天恨不得干24小时工作，还说我这说我那的，我都快得神经病了！”听了她的话，我反而似乎明白了什么。后来，中央团校的韩振东老师特意到我家安慰我说：“有人调查过，先进人物遭非议的占百分之百，所以这是正常现象。看来你就没有遭受过挫折，你太一帆风顺了！”再以后，遇到什么议论，不发作了，心里别扭几天，自己慢慢调整。

荣誉是党和国家对教师工作的重视，是各级领导对教师的鼓励，是对我们教育思想的认可，是对我们工作的肯定。作为教师，要珍惜自己获得的荣誉，要让自己的工作更加名副其实，还要抱着虚心的态度向别人学习，因为一个人不可能处处都比别人强。不能让那些“称号”把自己架起来。而且，荣誉只能说明过去，在获得一个荣誉称号的同时，就等于重新站在又一个起跑线上，而这次比赛你未必是前三名。因为时代在发展，后起之秀在不断崛起。获得荣誉是光荣的，但是好好工作不是为了获取荣誉。

后 记

怎样学会享受做班主任的幸福？

学生的进步是我最大的幸福。当我看到胆子小的孩子变得开朗了，攻击性强的孩子变得文质彬彬了，不爱学习的孩子知道主动写作业了，情感淡漠的孩子变得热情了……都会从内心产生由衷的喜悦。

我爱我的学生，我的学生感到幸福，我也感到幸福；同样，我也得到了我的学生的最真挚的爱。我记得一天中午，孩子们在午休，我趴在讲桌上不知不觉睡着了，之后发生的事情我是在好几个孩子的日记里看到的：全班安静极了，一个同学要打开铅笔盒，刚发出一点声音，所有同学都把目光移向了他，并用动作示意他不要出声音；有的同学轻轻地把窗子关上，以免风吹着我；有的同学用自己的大衣给我盖上，以免我着了凉；忽然进来了一个同学，大家非常担心他没有发现老师在休息，一边紧张地用手放在嘴边，示意他不要出声，一边用另一只手指着正在休息的我。我看完这些日记，非常感动。发日记本时，向孩子们表达了我深深的谢意。就这样，我和孩子之间结下了深厚的师生情谊。一个孩子在毕业留言中写道：“父母给了我肉体，而您，创造着、净化着我的灵魂。在我的心目中，您要比爸爸高大，比妈妈可亲。我永远不会忘记您，灵魂的工程师！”我对孩子的爱，孩子像一面镜子一样又把它折射回我的身上。一次课间，我正在教室里批改作业，一个小女孩在我对面托着腮笑眯眯地盯着我看，一看就是好半天……我开玩笑说：“你这么看着我，我都不好意思了。”她马上走过来，趴在我耳边悄悄地说：“我特别喜欢您，我想娶您。”我以为我听错了，问她：“你说的‘娶’是什么意思？”她说：“就是结婚呀！”搞得我哭笑不得，只好说：“结婚是大人们的事，咱们不提。”她说：“那好吧。”这孩子的话虽然荒唐，但也足以说明孩子对我的爱了。我十分珍惜这份感情，因为我知道这是教育孩子的前提和基础。我对一个个孩子所付出的心血孩子们是理解的。一个考入了中国芭蕾舞学校的孩子对他妈妈说：“我第一爱妈妈，第二爱孙老师，第三留着爱未来的妻子，第四爱爸爸。”这种排列使我啼笑皆非，却也表达了学生对我的一片心意。这也是我当班主任的欢乐和幸福。

教育是科学与艺术的结合。教师的爱恰恰是在教育学生中科学与艺术结合的集中体现。因为教师爱学生可以促进学生健全人格的发展，它是符合教育规律的，它是符合孩子生理心理特点的，因而说是科学的、是理智的、是深沉的、是伟大的。教师带着爱心的教育不同于生硬的说教，教师的爱像洒向孩子心灵的阳光和雨露，滋润着孩子的内心世界，唤发出孩子内心蕴藏着的热情，让孩子体验着人与人之间美好的情感交流，启发着孩子们去热爱生活，引导着孩子们去追求光明。

再者，家长的信任也是我很大的幸福。当家长对我说“孙老师，把孩子交给您，我放心”时，我就会感到非常自豪。二十多年前，一个孩子看不起并且不理睬以捡破烂维持生活的继母，我费尽心思使孩子有了转变，他能把菜里的肉夹给妈妈，摸黑去给有病的妈妈买药。他的妈妈非常感动，对我说：“这个孩子变得这么仁义了，这是随了谁呢？他就是随了您这个班主任了！”这话是对我的多么高的奖赏啊！

学生对班主任的爱也是做班主任工作的巨大动力。一个上了清华大学的毕业生每到假期都来看我，无话不谈。他的妈妈打电话给我：“孙老师，您真伟大。”我听后说：“这词用大了。”她说：“一点也不，孩子常提起您，不告诉我的事都去告诉您，我真有点‘嫉妒’您！”孩子对我的信任就是我的幸福。当孩子们第一次在报纸上看到参加国庆节宴会的人的名单中有我的名字时，他们在教室门口列队欢呼雀跃着向我祝贺，那场面使我想到了前苏联乡村女教师瓦尔娃拉·华西里耶夫娜获得列宁勋章时学生向她祝贺的情景。

当然，社会的认可也让我觉得自豪。一次，北京市家教会召开座谈会，谈在家教咨询中普遍存在的问题。会义由《班主任》杂志主编、北京市家教会副秘书长王宝祥主持。当时的市妇联少儿部部长甄砚也在。座谈会上，王宝祥提出每人发言8分钟，我就不打算发言了，因为参加会的有专家、大学教师、中学校长等，只有两名小学教师。当有的同志发言超过了时间时，王宝祥老师只好打断说：“我再重申一下，每人发言8分钟。不然，有的同志就发不上言了。”这时，甄砚说：“很多家长都问，哪天是孙老师值班，说明孙老师解决了他们一些问题，孙老师谈谈吧！”王宝祥说：“孙老师的照片上过我们的《班主任》杂志的封面。”我不能不谈了，于是就把我每个月值班时遇到的学生厌学情况归纳为7个类型，从表现、原因以及对策都非常简要地做了阐述。我的发言用了4分钟。王宝祥这时说：“再给孙老师8分钟。”我说：“别，大家都说说。”就在这时，《中国教育报》的记者递给我一个条子：“请您把刚才谈的每种类型各写一篇文章，我们为您开辟一个专栏。”市教育局德育研究室的主任闵乐夫同志也给我一个条子：“您把刚才的发言稿写出来，去北京广播电台录音。”后来他们说的都实现了。等大家都谈完，在涉及一个具体问题时，我又谈了几句，这时，王宝祥忽然又宣布：“孙老师发言不限时间！”这是我很有感慨的一天！说明我们工作在第一线的教师，有着获得教育动态的得天独厚的条件。

还有，在1986年5月份，教育局小教科的刘科长打电话通知我，让我参加光明日报社关于教育独生子女的座谈会。只提前了一天通知，每人发言30分钟。当天晚上，在孩子睡后，已经八点多了，我开始写发言稿，写到夜里一两点钟，写了4000多字。第二天，我去了光明日报社，我特意穿上为开会买的豆绿色外罩衣，背着一个绿色军挎包。到了会场，我想坐在一个角落，但工作人员让我坐在中间。签到时，我发现我旁边一位同志慢慢写着“国家教委”几个字，会议主持人一介绍与会者的姓名和职位，原来他是国家教委副主任柳斌同志，是来参加座谈会的职位最高的人，还有全国妇联书记处书记范崇燕和团中央的领导同志等。座谈的内容是独生子女教育的问题。主持人很有礼貌地让各位领导先发言，几位领导刚刚说完，我就说：“我先说吧，说完我还上课去呢！”我就说开了，我用我们班孩子们的生动事例来说明独生子女教育是有优势可以发挥的，与会者不时发出笑声。我说得很快，主持人说：“您慢点儿说。”我说：“每人不是只给30分钟吗？我不能超时。再说，你们不是录着音嘛！”我继续说着。我说完，柳斌同志说：“孙老师的发言很好，给人以信心。”一个专家说：“如果老师们都像孙老师这样，独生子女教育的问题就不成问题。”我因有课，发完言背起挎包就要走，四个编辑追出来，说已经和学校说好了，一定要在报社吃完饭再走，我又回去了。中午吃饭时，我坐在心理学专家吴凤岗教授旁边，问他我应该看哪本心理学的书。饭后，《光明日报》总编杜导正同志和我聊天，我说："《光明日报》管教育?"他说："管。"我问"管全国的?"他说："对。"我说："那你们就好好表扬那些重视教育的省、县、市、区。"他说："我们就是这样做的。""人家朝阳区拿着住房的钥匙钓走了我们东城区不少好老师，朝阳区有远见。"他笑了。我说："我得回学校了，下午我有课。"我往电梯间走，他也进了电梯，我说："您干什么去?""送您。"我心想，送我一个小学教师? 就说："不用送!"他还是随我下来了。到了楼下，他说："让我的司机送您回学校。"我当时确实非常意外，也非常感动，当时我们小学教师坐轿车的机会是很少的。第二天，《光明日报》的编辑王劲松同志来到我们学校，把我发言的全部内容都拿走了，包括学生的作文。5 月 28 日一早，听新闻时，我爱人说："刚才我在新闻里好像听到了你的名字。"原来，这天的《光明日报》在头版登了我的发言和我学生的作文。这一天，也是让我受宠宠惊的一天。

我多次被中央领导同志接见并合影，去人民大会堂宴会厅参加过国庆节的国宴，获得了六十多个荣誉证书。

现在我已经退休了，回顾三十多年来班主任工作，感慨万千，繁忙与辛苦自不必说，困惑也有过。但我在工作中的思考、探索与尝试曾给我带来了巨大的快乐，它使我的人生如此充实丰富，如此绚丽多彩，就像回荡在我心中的一支动听的歌。

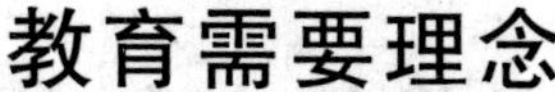

教育需要理念

申继亮

教育需要理念，但更需要有理念支持的实践，孙蒲远老师的著作《美丽的教育——写给年轻的班主任（全新修订版）》可以说是理论与实践有机融合的代表，具体来讲该书有以下几个特点：

首先，具有很突出的可操作性。

孙老师基于自己多年教学实践，尤其是做班主任的经验，比较系统全面地总结了解决各种具体问题的做法，不仅内容读起来使班主任们感到真实、熟悉，而且方法具体可行。

其次，具有系统性。

内容不仅包括教师如何解决学生的问题，也包括教师如何提高自我的问题；不仅包括有学生学习问题，也包括有学生道德、心理健康等问题；不仅涉及到教育的基本理念，也包括有非常具体的教育行为。总之，该著作全面系统地为年轻班主任提供了全方位指导。

第三，书中所反映的教育理念具有先进性。

书中以大量具体事例阐述了作者对教育的看法，从中可以看出，尊重学生个性特点、依照学生心理发展规律实施教育是其核心，这一理念是科学的、先进的、能充分体现新课改精神和要求的。

该书不仅具有可读性、科学性、全面性、先进性等特点，是一本有价值的作品，从书中讲述的内容，我们也可以发现孙老师的伟大之处：孙老师把教育视为事业，几乎奉献了自己的全部；把教育视为科学，孜孜不倦而追求；把教育视为艺术，倾心去创新。

（作者系著名教育专家）

中国当代教育名家文库

一、编辑说明

中国当代教育名家文库是朝华出版社“1+1”品牌教育图书的重要组成部分。该文库为整合国内外的教育学术资源，使教育工作者、家长、学生得到不同程度上的启发与滋养而设立，宗旨是“传播教育理念，打造学术品牌”。文库所选诸书兼具学术性、可读性、通透性，力求做到深入浅出，举一反三，我们希望从文库中能引导、发掘出真正的中国教育家。

二、编委会名单